böhlau

Gottfried Franz Kasparek (Hg.)

Mit Richard Tauber auf der Bühne

Von Jarmila Novotná bis Elisabeth Schwarzkopf

Ein Lesebuch

Veröffentlicht mit Unterstützung durch:
Kulturabteilung der Stadt Wien
Amt der OÖ Landesregierung
Stadt Salzburg

Bibliografische Information der Deutschen Nationalbibliothek:
Die Deutsche Nationalbibliothek verzeichnet diese Publikation in der
Deutschen Nationalbibliografie; detaillierte bibliografische Daten sind
im Internet über https://portal.dnb.de abrufbar.

© 2025 Böhlau, Zeltgasse 1, A-1080 Wien, ein Imprint der Brill-Gruppe
(Koninklijke Brill BV, Leiden, Niederlande; Brill USA Inc., Boston MA, USA; Brill
Asia Pte Ltd, Singapore; Brill Deutschland GmbH, Paderborn, Deutschland; Brill
Österreich GmbH, Wien, Österreich)
Koninklijke Brill BV umfasst die Imprints Brill, Brill Nijhoff, Brill Schöningh, Brill
Fink, Brill mentis, Brill Wageningen Academic, Vandenhoeck & Ruprecht, Böhlau und
V&R unipress.

Umschlagabbildung: Rosette Anday ist Carmen in der gleichnamigen Oper, mit
Richard Tauber als Don José.
Fotoagentur Dietrich & Co; ÖNB/Österreichische Nationalbibliothek

Einbandgestaltung: Michael Haderer, Wien
Satz: Michael Rauscher, Wien
Druck und Bindung: Generaldruckerei, Szeged
Gedruckt auf chlor- und säurefreiem Papier
Printed in the EU

Vandenhoeck & Ruprecht Verlage | www.vandenhoeck-ruprecht-verlage.com

ISBN 978-3-205-22098-5

Inhalt

Grußwort
    Von Ildikó Raimondi 9

Große Künstlerinnen, aus dem Schatten geholt
    Vorwort des Herausgebers Gottfried Franz Kasparek 11

Taubers Partnerinnen in Oper und Operette in Wien
(Staatsoper, Theater an der Wien)
    Von Teresa Hrdlicka 15

Vera Schwarz zwischen Oper und Operette – ein
Rezeptionsstück
    Von Iris Mangeng 35

Jarmila Novotná
Ein von Musik erfülltes Leben im 20. Jahrhundert
    Von Gottfried Franz Kasparek 61

Käthe Dorsch, eine Lehár-»Heldin«? Sie war doch eine
gefeierte Mimin!
    Von Heide Stockinger 75

»Warum hat jeder Frühling, ach, nur einen Mai …«
Rita Georg und Gitta Alpár
   Von Gottfried Franz Kasparek 95

Fritzi Massary, die Soubrette
   Von Albert Gier 107

»Sing mir ein Liebeslied …«
Auf der Bühne des Lebens mit Richard Tauber
   Von Gottfried Franz Kasparek 137

*»Die Frau, die jeder liebt …« – Henny Porten und
ihre Freundschaft mit Richard Tauber*
   Von Kai-Uwe Garrels 151

Die Hoffnung starb zuletzt
Mit Richard Tauber auf der Bühne in Wien 1938
   Von Gottfried Franz Kasparek 181

Trotz alledem: »The Land of Smiles«
Richard Tauber und seine Bühnenpartnerinnen in
Großbritannien und in Übersee von 1931 bis 1945
   *Unter Verwendung eines Beitrags von Daniel O'Hara
   von Gottfried Franz Kasparek* 191

Covent Garden, 27. September 1947
   Von Marina Jamritsch 203

*Hat denn Richard Tauber im luftleeren Raum
gesungen? Nachgeholte Erinnerungskultur ...*
Ein Epilog
   Von Heide Stockinger *221*

   Abbildungsverzeichnis *239*
   Autorinnen und Autoren *243*
   Personenregister *249*

Grußwort

Auf der Bühne mit Richard Tauber ...

wäre ich gerne gestanden.

Er, das ist Richard Tauber, eigentlich Denemy, nach dem Mädchennamen seiner Mutter Elisabeth Denemy, unehelich geboren im Jahr 1891 in Linz. Den Namen Tauber übernahm er von seinem Vater, dem Schauspieler Anton Richard Tauber. Mit diesem Namen wurde er der berühmteste Tenor seiner Zeit, ein Star auf Opernbühnen und in Operettentheatern. Rollenlieder, Opernarien und Schlager wurden auf Platten gepresst und millionenfach verkauft. Er war *der* Star in Filmen, die zu Kassenschlagern wurden, seine Gastspiele und Konzerte waren ausverkauft – all das machte ihn (angenehmerweise) auch zum Millionär.

Zugegeben: Er stand auch in der Gnade seines Geburtsjahres 1891. Als er im Ersten Weltkrieg zu den Waffen gerufen wird, kann er sich mit dem Hinweis der Erblindung seines rechten Auges (Monokel!) und die Notwendigkeit, die Mutter zu unterstützen, den »Dienstpflicht-Enthebungsschein« abholen.

Zum Höhepunkt seiner Karriere verhalfen ihm ebenso der Zeitgeist, so die »Goldenen Zwanzigerjahre Berlins«, und die reich gedeckte Tafel mit Komponisten und Sängerinnen der Ära. Der Zeitgeist vertrieb ihn, den »Halbjuden«, allerdings auch aus Wien und Berlin in die Emigration und in finanzielle Probleme.

Tauber wurde »der Tenor Franz Lehárs«, der ihm die wunderbarsten Melodien in die Goldkehle schrieb, »performte« Partien von Emmerich Kálmán, Leo Fall und Robert Stolz (wir wollen nicht vom »leichten Fach« sprechen), um nur einige zu nennen. Gleichzeitig war er in der Lage, große Opernpartien von Mozart, Verdi, Richard Strauss, Puccini und vielen anderen in europäischen Opernhäusern mit ungeheurem Erfolg zu präsentieren. Und zwar mit – und dafür sei Gottfried Franz Kasparek und seinem schreibenden Team gedankt – wunderbaren Bühnenpartnerinnen!

Ihre Stimmen hatten die Farben des Regenbogens (es gibt Tondokumente), sie waren nicht nur an seiner Seite, sie waren auch vorneweg. Sie waren großartige Sängerinnen und Darstellerinnen, viele sind bis heute Legende und ihre Namen (Maria Jeritza, Lotte Lehmann oder Jarmila Novotná) sind bekannt. Etliche (Mary Losseff, Vera Schwarz, Gitta Alpár) sind – zu Unrecht – in Vergessenheit geraten. Im vorliegenden Buch werden sie wieder auf die Bühne geholt, ihre Glanzpartien werfen große Lichter auf den Tenor Richard Tauber, ihre Erfolge und ebenso ihre Niederlagen durch den politischen »Zeitgeist« werden aufgezeigt.

Die Akribie und umfangreichen Recherchen haben großartige und interessante Frauenporträts entstehen lassen, ein Lesegenuss nicht nur für Musikliebende, sondern auch für solche, die es (sicher) werden.

Ildikó Raimondi

Große Künstlerinnen, aus dem Schatten geholt

Vorwort des Herausgebers Gottfried Franz Kasparek

Richard Tauber (1891–1948), geboren in Linz, war der Sohn eines vielseitigen Theatermanns und einer Soubrette. Er begann seine Opernlaufbahn 1913 in Chemnitz als Tamino in Mozarts »Zauberflöte«, stieg rasch zu einem der führenden lyrischen Tenöre in Dresden, Berlin und Wien auf und gastierte erfolgreich in Europa und den USA. Er war auch *der* Tenor Franz Lehárs, ein begnadeter Schubert-Interpret und machte große Karriere in Operette und Film, ohne deswegen die Oper und den Liedgesang jemals aufzugeben. Als »Halbjude« wurde er 1933 aus Deutschland und 1938 aus Österreich vertrieben und musste nach London emigrieren, wo er weiterhin Triumphe auf der Bühne und im Konzertsaal feierte und zudem als Komponist sowie als gefragter Dirigent klassischer Konzerte tätig war. Seine geliebte Heimat hat er nie wiedergesehen. Im Jahr 1946 traf er noch einmal Lehár in der Schweiz und wirkte, bereits todkrank, 1947 in einem legendären Gastspiel der Wiener Staatsoper in London mit.

Doch der »Jahrhunderttenor« Richard Tauber spielt in diesem Buch zwar wesentlich mit, aber nicht die Hauptrolle. Denn diese gehört Sängerinnen, meist Sopranistinnen, die seine Partnerinnen auf der Bühne waren – mitunter sehr häufig, mitunter auch nur in einer, aber bedeutenden Produktion. Viele von ihnen waren (Alt-)Österreicherinnen und sehr mit der Wiener Staatsoper und den Salzburger Festspielen, aber auch mit der MET in New York verbunden. Darunter gab es bis heute zumindest im Fachpublikum legendäre Stars wie Selma Kurz, Lotte Lehmann, Maria Reining und Maria Cebotari. Besonderes Interesse gilt darüber hinaus jenen Künstlerinnen, die nicht so bekannt geblieben sind und deren Stimmen dank erhaltener Tondokumente noch ebenfalls verzaubernd aus der Tiefe der Zeit zu uns klingen wie Rosette Anday, Adele Kern und Margherita Perras. Da sind ergreifende, oft auch bestürzende Schicksale zu entdecken, welche das von Kriegen, der Seuche des Rassismus und faschistischem Wahn geprägte 20. Jahrhundert spiegeln. Schicksale, häufig geprägt von Vertreibung und Heimatlosigkeit in der Emigration, aber in einigen Fällen auch von gefahrvollem Überleben im Terrorstaat des Nationalsozialismus, von erfolgreicher Rückkehr nach 1945 oder von mehr oder weniger erzwungener Anpassung und Mitläufertum.

Es ist ebenso ein Stück faszinierender Geschichte des Musiktheaters und der Kunst des Gesangs, die im Zentrum dieses Buches steht. Die Palette reicht von international gefeierten Mozart-, Verdi- und Richard Strauss-Interpretinnen wie Vera Schwarz und Jarmila Novotná, die auch heute noch jedes Opernpublikum begeistern würden, bis zu charismatischen, sehr dem Ausdruck ihrer Zeit verbundenen Vertreterinnen des vermeintlich »leichten« Fachs wie zum Beispiel eine – nach heutigen Begriffen – Performerin wie Fritzi Massary, die in ihrer Art ebenfalls zur Legende wurde. Und sie reicht von der in der Emigration in eine private Phantasiewelt entrückten Gitta Alpár bis zu einer Elisabeth Schwarzkopf, die, zweifellos eine große Sängerin, es sich in jedem System »richten« konnte.

Da es sich um ein »Lesebuch« handelt, spielt die Wissenschaft zwar eine sehr wichtige Rolle in der Recherche, aber die Beiträge, versehen mit vielen Zitaten und Fotos, sollen essayistische Qualität haben. Als

Herausgeber war es mir klar, dass die Beiträge neben einer Reihe von Feuilletons, die ich mir selber vorgenommen hatte, vor allem von Frauen, Autorinnen mit universitärem und journalistischem Hintergrund, sein sollten. Allen voran Heide Stockinger, die Herausgeberin der beiden vorherigen Lesebücher, welche als kompetente Verfasserin von zwei Artikeln und unverzichtbare Mentorin auch diesmal prominent vertreten ist. Ihr gilt mein herzlicher Dank für viele tolle Ideen, wichtige Korrekturen und spannende Diskussionen über Themen und Inhalte dieses Buches.

Die Wiener Musikwissenschaftlerin Teresa Hrdlicka, ihre Salzburger Kollegin Iris Mangeng von der Universität Mozarteum und die Kärntner Altphilologin und Italianistin Marina Jamritsch, alle auch Spezialistinnen für den klassischen Gesang, steuerten wesentliche Artikel bei, in denen nicht nur profunde Recherchen schöne Früchte bringen, sondern auch manch erhellende Blicke auf die speziellen Situationen von Frauen auf der Bühne den Horizont erweitern. Eine besondere Freude ist es, dass Frau Kammersängerin Ildikò Raimondi, viele Jahre ein Publikumsliebling der Wiener Staatsoper und nun auch Gesangsprofessorin am Mozarteum, das einfühlsame Grußwort geschrieben hat.

Der britische Tauber-Spezialist Daniel O'Hara konnte vor seinem plötzlichen Tod im Februar 2024 noch sehr wertvolle Anregungen und Überlegungen zum Artikel über Taubers Partnerinnen in London liefern. Der Bamberger Philologe und Librettoforscher Albert Gier, ein Kenner und Liebhaber der Operette, steuerte den Beitrag über Fritzi Massary bei. Da bei der Arbeit an den Texten bald klar wurde, dass Richard Tauber auf der Filmleinwand ebenfalls berühmte Partnerinnen hatte, spielt auch die »Kinobühne« immer wieder mit. Kai-Uwe Garrels, gemeinsam mit Heide Stockinger Herausgeber von Büchern über Tauber und Lehár, hat sich liebevoll und zeitgeschichtlich souverän mit der Freundschaft zwischen dem Tenor und dem Filmstar Henny Porten beschäftigt.

Ich danke allen, die an diesem Buch mitgearbeitet haben. Mein Salzburger Freund Oswald Panagl, Sprachwissenschaftler und Musikdramaturg, hat mir im Vorfeld viele Hinweise auf »Tauber und Co«

Abb. 1: Richard Tauber mit seiner Frau Diana Napier am Wiener Opernball, 16. Januar 1937.

gegeben. Ohne Kai-Uwe Garrels wären viele Fotos, die etwas zu erzählen haben, nicht zwischen den Texten gelandet. Dem Team des Böhlau-Verlags und dem Betreuer Martin Zellhofer danke ich vor allem für Interesse, Geduld und Beratung. Das Buch erhebt schon wegen seines Umfangs keinen Anspruch auf Vollständigkeit, sondern bietet, so hoffen wir alle, packenden Stoff zum Nach- und Weiterdenken und ein niveauvolles Lesevergnügen.

Salzburg, 3. Mai 2024

Taubers Partnerinnen in Oper und Operette in Wien (Staatsoper, Theater an der Wien)

Von Teresa Hrdlicka

Meine erste »Begegnung« mit dem Jahrhunderttenor Richard Tauber hatte ich im Alter von ca. zehn. Es war in den späten 1960er-Jahren. Ich spazierte mit meinem Vater Walter Reichenberger auf der Esplanade in Bad Ischl, wo wir traditionellerweise unsere Sommerferien verbrachten. Da traf mein Vater – so meine Wahrnehmung – einen »alten« Bekannten und unterhielt sich mit ihm. Anschließend erläuterte er mir: Das sei der Cousin von Richard Tauber gewesen, einer der berühmtesten Sänger aller Zeiten, und er zeigte hinüber auf das andere Traunufer, wo sich dessen Villa befand. Irgendwie war ich sehr beeindruckt von der Begegnung und vergaß sie nie. Erst Jahrzehnte später wurde mir der Zusammenhang klar: Mein Großvater Hugo Reichenberger war nicht nur der Dirigent von Taubers Erstauftritt an der Wiener Staatsoper 1920, sondern die beiden verband eine viele

Jahre währende Zusammenarbeit an dem Haus am Ring. Einem unserer Familienalben entnahm ich, dass es auch privaten Kontakt gegeben haben muss, da sich dort Fotos mit Richard Tauber im Sommerdomizil der Familie Reichenberger in Tegernsee befanden. Schlussendlich fand ich noch im Familiennachlass eine Porträtfotografie des großen Tenors mit einer Widmung an meinen Vater Walter Reichenberger, die sich heute im Ischler Heimatverein befindet.

Doch nun zum Thema: Bevor ich auf die Partnerinnen Taubers eingehe, ein kurzer Abriss seiner Wiener Auftritte.

Richard Tauber war an folgenden Wiener Theatern daheim: Staatsoper, Volksoper, Theater an der Wien, Johann-Strauß-Theater, Bürgertheater, Raimundtheater, Odeon – am meisten bekanntlich an der Wiener Staatsoper, wo er im Juni 1920 im Alter von 29 Jahren debütierte. Dass er nebenher auch in den großen Wiener Konzerthäusern wie Musikverein und Konzerthaus auftrat, versteht sich von selbst.

Der vielseitige Künstler Tauber begnügte sich nicht mit seiner Rolle als Opernsänger auf der Bühne und im Plattenstudio, für die er bis heute prominent ist, sondern betätigte sich außerdem – was nicht allgemein bekannt sein dürfte – auch als Dirigent, Komponist und Filmschauspieler.

Vor seinem Debüt in Wien hatte er als kontraktlich an die Dresdener Hofoper gebundener Sänger bereits gastweise an den Theatern von Breslau, Berlin, Chemnitz, Gera und Budapest gastiert. Tauber gab im Juni 1920 in einem viertägigen Gastspiel sein Debüt an der Wiener Volksoper unter der Direktion von Felix Weingartner. Es handelte sich um die sogenannten Junispiele, eine Nachspielzeit nach der abgelaufenen Saison mit Gästen aus Deutschland. Tauber hatte mit der Volksoper einen einjährigen Gastspielvertrag abgeschlossen. Sein Debüt in Wien an der Volksoper gab Tauber als Don José in Georges Bizets *Carmen* mit Mathilde Tischler-Ehrlich in der Titelrolle. Als »Ehrlich, Mathilde« hat sie immerhin einen Eintrag im Kutsch/Riemens: Drei Jahre älter als Tauber begann die Deutsche ihre Bühnenlaufbahn in Berlin und gehörte 1916 bis 1920 dem Deutschen Theater in Brünn (Brno) an. Nach seiner Darstellung des Tamino (Mozart *Die*

Zauberflöte) sah ein Kritiker des *Neuen 8-Uhr-Blattes* in Tauber bereits einen Nachfolger von Leo Slezak für die Staatsoper.

Die Gelegenheit, seine Stimme auch im ungleich größeren Haus am Ring zu probieren, ließ nicht lange auf sich warten. Franz Schalk, der erste Nachkriegsdirektor der Wiener Oper, war schon im Frühjahr 1918 in Pest auf den Tenor aufmerksam geworden und bat die Direktion in Dresden um eine Verlängerung von Taubers Wien-Urlaub für einen Gastauftritt in Giacomo Puccinis *La Bohème* am 16. Juni 1920 – drei Tage nach Beendigung seines Volksopern-Gastspiels. Nach dem Debüt als Rodolfo im großen Haus war Schalk der Meinung, dass Tauber »für eine allererste Stellung zurzeit noch nicht in Betracht« käme (Brief, 19.4.1921). Im Dezember 1920 setzte Tauber seine Gastauftritte an der Wiener Volksoper fort.

Im Frühjahr 1921 fragte die Staatsoper bei Tauber in Dresden an, ob er in *Tosca* gastieren könnte, wozu es aus terminlichen Gründen nicht kommt. Tauber ergreift die Gelegenheit und bietet Richard Strauss, seit 1919 gemeinsam mit Schalk Direktor der Oper, ein mehrwöchiges Gastspiel im Herbst an. Schalk hatte inzwischen seine Meinung vom Vorjahr revidiert und bietet dem an Dresden gebundenen Künstler an, nach Ablauf seines Vertrages an die Wiener Staatsoper zu wechseln.

Endlich kommt es von 9. bis 25. Oktober 1921 zu dem von Tauber gewünschten, sechs Aufführungen umfassenden Gastspiel an der Wiener Staatsoper, für ihn »die große Einführung in Wien« und »die Erfüllung eines Kindheitstraumes« (Brief, 10.9.1921). Als Ersatz für den 20 Jahre älteren beurlaubten Tenor Georg Maikl darf er als Don José (*Carmen*), Don Ottavio (*Don Giovanni*), Wilhelm Meister (*Mignon* von Ambroise Thomas), Tamino (*Die Zauberflöte*), Hoffmann (*Hoffmanns Erzählungen*) und Pedro (*Tiefland* von Eugen d'Albert) debütieren.

Ab September 1922 absolviert Richard Tauber als Ensemblemitglied der Wiener Staatsoper jährlich mehrwöchige Auftrittsserien. Nur in den Jahren zwischen 1928 und 1932 tritt eine mehrjährige Pause ein. Im Herbst 1932 kehrt der mittlerweile weltberühmte Tenor an das Haus am Ring zurück, um ihm bis zu seiner Emigration 1938 treu zu bleiben. Zu seinen Wiener Opernauftritten kommen noch solche an der Wiener Volksoper, Operettenpartien im Theater an der Wien und Konzertauftritte im Großen Konzerthaussaal hinzu.

Wien kannte in der Zwischenkriegszeit keinen Mangel an Tenören. An Konkurrenten gab es solche, die schon vor Tauber nach Wien gekommen waren: in erster Linie natürlich der Doyen der Hofoperntenöre Leo Slezak, der dänische Wagnersänger Erik Schmedes, der Brite Alfred Piccaver und der Norweger Karl Aagard Oestvig sowie die jüngeren Tenöre wie der Rumäne Trajan Grosavescu, der »König der polnischen Tenöre« Jan Kiepura, der für Tauber vor allem als Kalaf eine Konkurrenz bedeutete, in späteren Jahren dann Josef Kalenberg, Gunnar Graarud und Helge Rosvaenge.

In erster Linie als Mozartsänger gerühmt und verehrt, kann man von der Rolle des Don Ottavio in Mozarts *Don Giovanni* (damals noch *Don Juan*) als von Taubers Leibrolle reden: 26-mal hat er sie an der Wiener Oper interpretiert. Weitere Mozartrollen waren Belmonte und Tamino. Seine bevorzugten Mozart-Partnerinnen waren Rose Pauly, Maria Nemeth, Helene Wildbrunn und Anny Konetzni als Donna Anna, Marie Gerhart als Königin der Nacht, Claire Born, Elisabeth Schumann, Lotte Lehmann und Maria Reining als Pamina, Selma Kurz und Marie Gerhart als Konstanze.

Ganze 20-mal stand Tauber in einer weiteren »Lieblingsrolle« als Eisenstein in Johann Strauss' *Fledermaus* der Jahre 1922 bis 1928 auf der Staatsopernbühne, aber auch viermal als Alfred 1935 und 1936. Mit Abstand seine oftmaligste Partnerin als Rosalinde war Vera Schwarz, gefolgt von Margit Bokor und Wanda Achsel, aber auch Lotte Schöne und Adele Kern als Adele sowie Rosette Anday als Orlofsky. Anlässlich des Wiener Musik- und Theaterfestes im Herbst 1924 gelangte die *Fledermaus* am 11. Oktober zu einer Neueinstudierung. Es war bereits die zweite, seit die Operette ihren Einstand im Haus am Ring im Jahr 1894 gehalten hatte. Julius Korngold über Tauber und seine Partnerinnen Vera Schwarz als Rosalinde und Elisabeth Schumann als Adele:

»Herr Tauber ist ein famoser Eisenstein, der beste seit Schrödter. Im Opernthéater den Operettenhelden spielen zu können! Herr Tauber überfließt von toller Spiellaune, berauscht von sich, von seiner Rolle, von den sprühenden Weisen, die er zu singen hat, von den schönen Frauen, die ihm zuhören; sein Rhythmus, sein Tenor übertreffen sich selbst. Fräulein Schwarz, eine wohlerprobte, überlegene Rosalinde, hüllt ihre schöne Figur in kostbare Stoffe und pointiert, einen noblen parodistischen Ton festhaltend, wirksam Dialog und Gesangsphrase. Wie wohltuend diese musikalische und gesangstechnische Korrektheit! […] Frau Schumann, als Adele ein Stubenmädchen aus gutem norddeutschen Hause, sang ihre Couplets, mit Separatbeifall bedacht, aufs zierlichste.« (*Neue Freie Presse*, 13.10.1924, »J. K.«)

Auch der Hans in, wie es damals auf deutschen Theaterzetteln stand, Friedrich Smetanas *Verkaufter Braut* zählte zu seinen meist gesungenen Partien und begleitete ihn von 1922 bis drei Tage vor seinem endgültigen Abschied von Wien im März 1938. Er war mit der Marie der Jarmila Novotná die Premierenbesetzung in der Neuinszenierung vom Februar 1935 unter Josef Krips.

»Frau J. Novotna spielte die Marie als zarte, feine Dorfprinzessin; der holde Überschwang slawischer Liebesmelodie im letzten Akt klang gar artig von ihren Lippen. Reizend der schnippische Ton im Polkatakt und die anmutigen Stakkati; mehr Edelfräulein als Bauernmädchen. Kammersänger Tauber (als Hans Micha) bleibt sich in der Vollendung seines Könnens stets gleich; ich kann ihm stundenlang mit unermüdlicher Aufmerksamkeit zuhören. Die Leichtigkeit seines Ansatzes, Musikalität der Phrasenbildung, die Natürlichkeit seiner Art zu singen, bereiten großes Vergnügen. In der Darstellung paßte er sich galant seiner Mitspielerin an, zeigte feines, städtisches Wesen und manchmal sogar prinzliche Haltung, einen Übergang ins Vornehme.« (*Neues Wiener Journal*, 1.3.1935)

Große Erfolge feierte Richard Tauber in einem Dauerbrenner der Wiener Oper, dem seit seiner Premiere 1896 am Repertoire stehenden populären *Evangelimann* von Wilhelm Kienzl. Die Titelrolle des Mathias, eine Leibrolle von Erik Schmedes, begleitete ihn ebenfalls über 16 Jahre, mit wechselnden Partnerinnen als Martha wie Berta Kiurina, Lotte Lehmann, Wanda Achsel, Luise Helletsgruber. Besonders hervorzuheben wäre die Festvorstellung anlässlich Kienzls 70. Geburtstags am 17. Jänner 1927 unter Leitung des Komponisten. Im Publikum befanden sich höchste Vertreter der Gesellschaft und der Wiener Kunstwelt und Kienzl wurde in der Pause durch Bundeskanzler Ignaz Seipel mit dem Ehrenzeichen der Republik geehrt. Über Tauber und Lehmann heißt es in der *Reichspost*: »Frau Lehmann als Martha, Frau Paalen als Magdalena, Herr Tauber als Matthias, Herr Markhoff als Friedrich Engel schienen es sich zur besonderen Ehre zu machen, mit dem Besten ihres Künstlertums dem Jubilar ihre Huldigung darzubringen.« (18.1.1927)

Die um drei Jahre ältere Sopranistin Lotte Lehmann, seit 1916 an der Wiener Hofoper und große Puccini- und Strauss-Interpretin, war auch seine Partnerin als Pamina in der *Zauberflöte*, als Mimì in *La Bohème und* als Marietta in *Die tote Stadt* von Erich Wolfgang Korngold. In letzterer Oper interpretierte Tauber neunmal den Paul. An seiner Seite in der Rolle der Marietta: Vera Schwarz, Maria Jeritza und Lotte Lehmann, mit der er das berühmte Duett »Glück, das mir verblieb« auch auf Schallplatte eingesungen hat:

»In der 'Toten Stadt' hat Fräulein Lehmann die Marietta, die sie in Berlin mit vollem Erfolg gesungen hat, nun auch in Wien vorgeführt. Man hat, kurz gesagt, eine der bedeutendsten Leistungen der Künstlerin kennen gelernt. Den Gaben der Natur, einer liebenswürdigen, gewinnenden Persönlichkeit und einer warmen, wohllautgesättigten Stimme, tritt eine überraschend gesteigerte psychologisch-dramatische Gestaltungskraft mit der Note der Wahrhaftigkeit hinzu. Diese Marietta hat auch ein fühlendes Herz, kämpft den Kampf zwischen Lebensfreude und Askese, zwischen Leben und Tod aus überzeugtem Innern aus. Fräulein Lehmann grundiert die Gestalt mit ihrem Charme, ihrem sonnigen Wesen, ihrer naturhaften Frische, um darüber die Schatten der Schwermut schweben, selbstvergessene Leidenschaftlichkeit lodern zu lassen. Reizend in der Erscheinung, bietet die Künstlerin gleich im ersten Akt lebendige, deutliche Behandlung des Dialogs, tänzerischen Übermut, wie volles Ausschöpfen der lyrischen und mystischen Stimmungen. Der heiße Atem der Leidenschaft, mit dem sie das Schlußduett des zweiten Aktes durchglüht, bekommt in der Auseinandersetzung des dritten seelische Vertiefung. […] Dazu der oft gewürdigte meisterliche Paul des Herrn Tauber – im leidenschaftlichen dramatischen Zusammenspiel schienen sich Paul an Marietta, Marietta an Paul zu berauschen.« (*Neue Freie Presse*, 8.1.1925)

Außerdem eröffnete das Paar Tauber-Lehmann das denkwürdige Gastspiel der Wiener Staatsoper in Paris als Florestan und Leonore in Ludwig van Beethovens *Fidelio* unter der Leitung von Franz Schalk im Palais Garnier am 7. Mai 1928: »Mme Lotte Lehmann tient le role de Léonore avec une fougue romantique. Sa voix est d'une registre étendu et puissant. Mme Schumann chante avec goût et d'un aigu facile et éclatant. MM. Tauber et Mayr, que nous avions applaudis à l'Opéra des Champs-Elysées, incarnent Florestan et Rocco en chanteurs à la fois doués et savants.« (*Le Temps*, 9.5.1928)

Berndt W. Wessling zitiert die Primadonna Lehmann über Tauber: »Ich habe den guten Richard auch als Menschen geschätzt. Manche Kollegin behauptete, er sei arrogant und selbstsüchtig gewesen. Ich kann nur das Gegenteil behaupten. Wir kannten uns ja schon von der Zoppoter Waldoper. Inzwischen hatte er über Dresden seinen Weg gemacht und galt als einer der fähigsten Tenöre. Ich möchte sagen: Er war etwas ganz Besonderes. Anfänglich stellte ihn Piccaver in den Schatten. Und auch Slezak, der nun allerdings rasch alterte und öfters auch schon mal versagte, war ihm über. Aber Tauber war ein ganz ehrlicher, bestechend belcantistischer Sänger. Seine Pianissimos konnten nicht schöner, edler klingen. Dieses zärtliche Verhauchen. In Wien sang er meist Mozart, und da kam ich kaum mit ihm zusammen. Er war aber auch mein Alfred. Nie hat mich in der Bohème (Anm.; gemeint ist wohl Verdis *La Traviata*) ein Partner mehr inspiriert als Tauber. Piccaver sang göttlich, war aber eher kühl. Tauber sang menschlich und verbreitete einen lyrischen Zauber ohnegleichen. Er war Alfred. Aus tiefster Überzeugung. Vielleicht war er manchmal etwas zu sentimental. Aber ich mochte das. Auf dieser Linie lag, daß er sich später der Lehárschen Operette zuwandte. […].«

Über seine Partnerin Vera Schwarz in der Rolle der Marietta heißt es: »Einer Gesangsvirtuosin wie Vera Schwarz fließen die ekstatischen Intonationen der Marietta ebenso geläufig aus der Kehle wie die galanten 'Fledermaus'-Weisen. Ihr kunstvoller Singmechanismus weiß dem harten, spröden Material der Stimme für den lyrischen wie für den modern-dramatischen Ausdruck die gleiche, modulationsfähige Tongebung abzugewinnen. Und die schauspielerische Darstellung beherrscht sie mit Klugheit und theatralischem Raffinement.« (*Neues Wiener Tagblatt*, o. J.)

Im Oktober 1922 wurde eine Erstaufführung angesetzt, die sich höchst erfolgreich seit ihrer Uraufführung im Jahr 1920 auf deutschen Bühnen verbreitende mittelalterliche Märchenoper *Der Schatzgräber* von Franz Schreker. Der Wiener Aufführung waren schwierige Besetzungsverhandlungen vorausgegangen, denn Tauber weigerte sich vorerst, die Rolle des Narren zu übernehmen. Als hätte er den »Durchfall« der Oper vorausgeahnt: Sie wurde nach nur zwei Aufführungen abgesetzt. Julius Korngold hat Schrekers fünftes vollwertiges Bühnenwerk als wagnerisch-epigonal abgetan.

Taubers Partnerin als Els unter der Leitung von Franz Schalk war die deutsche große Wagner- und Strauss-Sopranistin Gertrude Kappel, von 1921 bis 1927 im Verband der Wiener Staatsoper: »Els wird von Frau Kappel mit schlagkräftiger Stimme und ausgearbeiteter Darstellung gegeben sowie mit aller Leidenschaftlichkeit, die sie als Wagner-Sängerin mitbringt. Erhöhte Temperatur von allem Beginn an macht diese Partie zu einer nicht leicht zu bewältigenden. […] Ausgezeichnet ist Herr Tauber als Narr, bißchen überbeweglich am Anfang, dann aber nach der plötzlichen Läuterung warm und bewegend in Ton und Ausdruck.« (*Neue Freie Presse*, 19.10.1922, Julius Korngold)

Als tragisches Paar Turiddu und Santuzza in Pietro Mascagnis *Cavalleria rusticana* standen Kappel und Tauber im Herbst 1924 gemeinsam auf der Bühne. Von den drei Auftritten Taubers als Alfredo in Verdis *La Traviata* (damals noch *Violetta*) sei jene denkwürdige Aufführung unter der Leitung von Pietro Mascagni hervorgehoben, mit keiner Geringeren als Selma Kurz in der Titelrolle und dem 68-jährigen Bariton Mattia Battistini als Vater Germont. Elsa Bienenfeld weiß darüber zu berichten:

»Den Vogel schoß in dieser Aufführung Frau Kurz ab, die eine in jeder Hinsicht vollendete Meisterleistung bot. Die Stimme klang in ihrer wunderbaren Süße makellos klar und rein, durch die natürliche Schönheit schon bezaubernd. Ganz großartig die gesangstechnische Durcharbeitung der Partie. Bis ins feinste sorgfältig alle zartesten Biegungen der Kantilene, mit erlesener Kunst, die von unermüdlichem Fleiß zeigt, jede Phrase musikalisch und im Ausdruck. In der Darstellung mit einer schier ergreifenden Kraft eindringlich gestaltend. Auch in dieser Hinsicht hat die rastlos an sich arbeitende Künstlerin sich immer mehr vervollkommnet. In ihr verkörpert sich der edelste Stil wienerischer Opernkunst, übrigens gehört ihre Gabe auf der Bühne in großer Toilette schön und vornehm auszusehen mit zu der ungewöhnlich hervorragenden Interpretation dieser Rolle. Man genoß eine in jeder Hinsicht vorbildliche Leistung der Opernprimadonna Wiens. Als Alfred warf Herr Tauber seine unbekümmerte Jugend in die Wagschale. Reichlich 'forsch' sah er in dem Sportanzug aus, den er sich für den zweiten Akt beigebogen hatte. Im übrigen hielt er seinen illustren Partnern ehrenvoll stand.« (*Neues Wiener Journal*, 29.11.1924)

In einer längeren Aufführungsserie von Eugen d'Alberts Erfolgsoper *Tiefland* – an der Staatsoper nicht weniger als 250-mal in den Jahren bis 1955 zu hören – war Anny Konetzni an sieben Abenden seine Partnerin als Martha. »Eine Prachtfigur, die nicht den Spuren berühmter Vorbilder folgt, sondern ebenso mutig wie überzeugend aus eigener Empfindung und Eingebung schöpft, stellt Kammersängerin Anny Konetzni als Martha auf die Bühne. Welche Wärme und Wahrhaftigkeit des Ausdruckes enthüllt gleich ihr Monolog. Die Stimme strömt, strömt mit Macht und mit prachtvoller, durch keinerlei gesangstechnische Mätzchen eingeengter Natürlichkeit. Die Künstlerin verfügt über alle Akzente des Schmerzes und der wilden Leidenschaft, und wie ergreifend leidet sie stumm in der Brautnachtszene! In dieser Szene besonders hat sich Richard Tauber in alle Herzen gespielt und gesungen. So viel naturnahe Herzlichkeit und Naivität vermag nur reifste Kunst glaubwürdig darzustellen. Reiffste Kunst verklärt auch jede musikalische Phrase Taubers, mag diese Phrase im edlen Vollklang der Stimme ausschwärmen oder in einem meisterhaft gestützten Pianissimo verklingen. Freuen wir uns, daß ein Künstler wie Tauber der Oper wiedergewonnen ist.« (*Neue Freie Presse*, 26.1.1936)

Geradezu als Sensation gefeiert wurde das Rollendebüt als Donna Anna von Anny Konetzni mit Tauber an ihrer Seite, nämlich am 11. Jänner 1938: »Kammersängerin Anny Konetzni hat Mozarts Donna Anna zum erstenmal gesungen und sich, wie gleich festgestellt sei, die Rolle, die eine der gewichtigsten und schwierigsten ihres Faches ist, in bewunderungswürdigem Maße erobert, ja die Künstlerin ist in entscheidenden Momenten, in der Rache-Arie und in der F-Dur-Arie, in den Ensembles und namentlich in dem prachtvollen Terzett förmlich über sich selbst hinausgewachsen. Stand die Schönheit und Mächtigkeit der Stimme von Anfang an außer Zweifel, so durfte man von der künstlerischen Stimmdosierung, die erst die geforderte Beweglichkeit ermöglichte, ebenso angenehm überrascht sein wie von der Innerlichkeit und Ausdruckstiefe, die sich die in den Bezirken des Tragischen und Pathetischen heimische Wagner-Sängerin erst abzuringen hatte, und auch überzeugend abgerungen hat. Welche Feinheit der Bindungen, welche Beseelung der Phrase und vor allem: welche stimmliche Leuchtkraft in den Augenblicken des Affekts!« (*Neue Freie Presse*, 13.1.1938)

Nur sieben Wochen vor Taubers Emigration hatte er sein Wiener Rollendebüt als Primus Thaller in Wilhelm Kienzls Oper *Der Kuhreigen* (Uraufführung 1911) unter der Leitung von Felix von Weingartner. Es handelte sich um eine Neueinstudierung des in der französischen Revolution angesiedelten »musikalischen Schauspiels in drei Aufzügen« des greisen österreichischen Komponisten. Taubers Partnerin als Blanchefleur war Margit Bokor:

»Von der Blanchefleur der Margit Bokor geht ein eigentümlich zarter und herber Duft aus. Das im Grunde unglückliche Wesen erhält ein glückliches und glückverheißendes Lächeln und die fragenden Augen eines Kindes. Und die Stimme klingt in manchen Lagen seltsam keusch und rätselhaft.« Über Richard Tauber in der Rolle des Schweizergardisten heißt es: »Mag Herr Tauber auch hie und da mit den Tücken der Materie zu kämpfen haben, immer fesselt und erwärmt seine eminente Musikalität und seine vorbildlich zu nennende Gesangskultur. Jede Phrase, die Tauber ohne Rückfall in Manieren vergangener Tage singt, erhält Physiognomie und adeliges Wesen.« (*Neue*

Freie Presse, 14.1.1938) *Der Kuhreigen* wurde nach nur drei Aufführungen noch im Jänner 1938 abgesetzt.

Tauber hatte nie Berührungsängste gegenüber dem Genre Operette, die er schon seit den Anfängen seiner Wiener Zeit pflegte. Von der Direktion der Wiener Staatsoper wurden seine Ausflüge in die »leichte Muse« immer mit Geringschätzung gesehen und es wurde auch versucht, diese möglichst einzuschränken. Vor allem als Interpret der reiferen Werke des großen Franz Lehár konnte Tauber Welterfolge verzeichnen und ein Millionenpublikum erreichen. Er wurde zu einer Art Muse des um 20 Jahre älteren Komponisten, der ihn einen »gottbegnadeten Sänger« nannte. Unter der Direktion von Clemens Krauss änderte sich die Stimmung und Lehárs letzte große deutschsprachige Operette, eigentlich »Musikalische Komödie« *Giuditta*, die er Richard Tauber auf den Leib geschrieben hat, kam im Jänner 1934 im Haus am Ring zur Uraufführung. Sie wurde ein Publikumsmagnet und half dem Opernthreater die maroden Kassen zu füllen. Unter der Ära Kerber-Walter versuchte man, an diesen Erfolg anzuknüpfen, indem eine weitere Lehár-Tauber-Operette Einzug hielt: *Das Land des Lächelns* im Jänner 1938. Als Partnerinnen standen Tauber die tschechische Sopranistin Jarmila Novotná (*Giuditta*) und die Wienerin Maria Reining (*Land des Lächelns*) gegenüber, beide nur ausnahmsweise (abgesehen von der *Fledermaus*) einen Ausflug in das Operettenfach wagend. Beide Operetten standen bei ihren Premieren unter der Stabführung des Komponisten persönlich:

»Richard Tauber ist schon als rattenfängerischer Grammophonsänger von ungemessener Popularität. Wenn aus dem lyrischen Taubenschlag Lehars ein Tauber-Schlager hinausflattert, potenziert der Interpret Reiz und Süßigkeit. […] Und Jarmila Novotná an seiner Seite! Der Komponist suchte zuerst die Jeritza für die Partie, aber sie wollte sich nicht finden lassen. Die Novotná hat vielleicht weniger die 'ewige Glut', wohl aber das ewig Betörende der Schönheit. Ihr harmonisches Wesen, das sich der harmonischen Ausgeglichenheit der Silberstimme zugesellt, löst auch das letzte Band zwischen Giuditta und Carmen. Sie ist, wenn Giuditta Karriere macht, ganz und halb mondän, immer mit Noblesse. Sicher faßt sie auch die Hochlage an, die der Komponist seiner Heldin zumutet, und mit dramatischer Schlagkraft, wenn sich Giuditta mit einem verzweifelten Elektra-Tanz für die Freuden des Nachtlebens vorbereitet. Wenn die schlanke, schöne Frau strahlend die Szene betritt, hat der faszinierte Octavio nur Genossen im Zuschauerraum; und die Kritik wird fahnenflüchtig und wirft die Waffen von sich.« (*Neue Freie Presse,* 21.1.1934, Julius Korngold)

»Im Theater an der Wien standen seinerzeit Vera Schwarz und Richard Tauber an der Wiege des wieder neugeborenen Werkes [*Das Land des Lächelns,* Anm.]. Diesmal hatte Herr Tauber in Maria Reining eine schön singende, hübsch aussehende, nur im Spiel noch ein wenig beschwerte Partnerin. […] Den Vogel schoß natürlich Kammersänger Richard Tauber ab. Seine Prachtleistung als Prinz Sou-Chong ist oft genug gewürdigt worden. Dieser Chinese versteht zu singen, wie man es auch in Europa nicht oft zu hören bekommt. Was ist da Stimme, was erlesenste Gesangskunst! Das Des-Dur-Lied muß der Künstler, alle da capo-Rekorde in der Oper schlagend, immer wieder singen.« (*Neue Freie Presse,* 1.2.1938). Die besprochene Erstaufführung am 30. Jänner 1938 war eine Festvorstellung unter dem Ehrenschutz der Bundesregierung in Gegenwart von Bundeskanzler Kurt Schuschnigg.

In *Giuditta* stand Richard Tauber 41-mal auf der Bühne der Staatsoper, am 7. März 1938 gab er mit der Rolle des Octavio unwissentlich seinen Abschiedsabend. Tags darauf begab er sich über Nizza nach Mailand, wo er von Hugo Gruder-Guntram zu einer Operettentournee durch Italien erwartet wurde. Der Einmarsch deutscher Truppen in Österreich und der »Anschluss« verhinderten eine Rückkehr Taubers nach Wien.

Nach dem Ende des Zweiten Weltkrieges und nur drei Monate vor seinem Tod hatte Tauber, der nie nach Österreich zurückgekehrt war, noch einmal die Gelegenheit, mit dem Ensemble der Wiener Staatsoper aufzutreten: als Don Ottavio in Mozarts *Don Giovanni* im legendären Gastspiel der Oper in London am 27. September 1947 unter der Leitung von Josef Krips, auch er jüdischer Herkunft und während des Nazi-Regimes mit Berufsverbot belegt.

Nun zum Thema Richard Tauber und Franz Lehár, das allein Bücher füllen würde. Der Ausnahmetenor war so etwas wie eine Muse für den zwanzig Jahre älteren Komponisten geworden und etliche seiner Operettenerfolge waren Tauber zu verdanken: *Paganini, Der Zarewitsch, Friederike* und eben *Das Land des Lächelns*. In den frühen 1920er-Jahren gastierte Tauber oftmals am Theater an der Wien, der wichtigsten Stätte der Wiener Operettenpflege, meist in Serienaufführungen. Diese waren: Franz Lehárs *Frasquita* und *Zigeunerliebe*, Bruno Granichstädtens *Bacchusnacht*, Oscar Straus' *Der letzte Walzer* und *Die Perlen der Cleopatra* sowie Johann Strauss (Sohn) *Eine Nacht in Venedig* in der Bearbeitung von Erich Wolfgang Korngold. Seine Partnerinnen waren Martha Serak, Else Kochhann, Luise Kartousch, Betty Fischer, Fritzi Massary.

Hervorzuheben wäre die Uraufführung von *Die Perlen der Cleopatra* am 17. November 1923, die als Sensation und als »neue Massary-Operette« gehandelt wurde. Tauber kreierte darin die Rolle des Silvius: »Eine solche Summe von Berühmtheit, von Können jeder Art ist noch nie auf eine Operette verwendet worden. Vor allem Fritzi Massary. Über ihre ganze Art soll gelegentlich noch einiges gesagt werden. Diese einzigartige Künstlerin, die dem Fach nach nicht Sängerin oder Soubrette, sondern beides und außerdem noch Diseuse, interessante Schauspielerin und Tänzerin ist, hat mit der Cleopatra ihren großen Wiener Pompadour-Erfolg bestätigt. Dabei ist sie diesmal ganz anders: anfangs vielleicht nicht ganz frei von näselnder Manier, aber dann entwickelt sich vor den Augen des Zuschauers eine mondain-historische Frauenfigur von unwiderstehlichem Charme, der im delikat-frechen Chansonvortrag seinen faszinierenden Höhepunkt erreicht. Das ist die eine darstellerische Sensation des Abends.« (*Neue Freie Presse*, 20.11.1923)

Als Operettenereignis der Saison 1930 wurde die Wiener Erstaufführung von Franz Lehárs *Das Land des Lächelns*, deren Uraufführung der Meister an Berlin vergeben hatte, am 26.9.1930 im Theater an der Wien begrüßt, mit Vera Schwarz an Taubers Seite und unter der Leitung von Lehár höchstpersönlich: »Vera Schwarz und Richard Tauber sind mit dem Werke so verwachsen, daß es ohne diese beiden Künstler kaum noch denkbar wäre. Mühelos hat Frau Schwarz auf dem Umwege über die Oper zur Operette höherer Ordnung zurückgefunden.

Über ihrer Musikalität, ihre Stimme, ihre in so vielen Belangen vorbildliche Gesangstechnik ist kein Wort mehr zu verlieren. Vorbildlich auch ihre vornehme Zurückhaltung im Spiel, die kultivierte Behandlung des gesprochenen Wortes. Den großen Erfolg brachte ihr der Vortrag des Liedes 'Ich möchte wieder einmal die Heimat sehen' mit einem strahlenden C als Abschluß.« Über Tauber als Prinz Sou-Chong, der zu seiner Leibrolle wurde und die er schon in Berlin und München interpretiert hatte und seine Arien bis zu fünfmal wiederholen musste: »Aber dieser Chinese versteht zu singen, wie man es in Europa seit Carusos Tagen nicht oft erlebte. Was ist da Stimme, was erlesenste Gesangskunst!« (*Neue Freie Presse*, 27.9.1930)

Seinen letzten Auftritt im Theater an der Wien gab Richard Tauber in der von ihm komponierten Operette *Der singende Traum* im Dezember 1934, der letzten Aufführung nach einer langen Serie seit Anfang Oktober des Jahres.

Kurzbiografien von Taubers Partnerinnen:

Margit Bokor (1905–1949)

Partnerin als Blanchefleur (*Der Kuhreigen*) und Rosalinde *(Die Fledermaus)*
Die ungarische Sopranistin debütierte an der Budapester Nationaloper und war von 1931 bis 1935 Mitglied der Staatsoper Dresden, wo sie die Rolle der Zdenka in Richard Strauss' *Arabella* kreierte. Seit 1934 bei den Salzburger Festspielen vorrangig in Strauss- und Mozartopern war sie von 1935 bis 1938 an der Wiener Staatsoper engagiert. Sie wanderte nach Nordamerika aus.

Gertrude Kappel (1884–1971)

Partnerin als Santuzza *(Cavalleria rusticana)* und Els *(Der Schatzgräber)*
Die aus Sachsen stammende Sopranistin wechselte während des Studiums vom Alt- ins Sopranfach und debütierte 1907 als Leonore im *Fidelio* am Opernhaus Hannover. Von 1921 bis 1927 gehörte sie der

Abb. 2: Margit Bokor als
›Octavian‹ in der Oper *Der
Rosenkavalier* von Richard
Strauss.

Wiener Staatsoper an, wo sie vor allem in Wagner-Rollen wie Senta
(Der fliegende Holländer), Ortrud *(Lohengrin)*, Isolde *(Tristan und
Isolde)*, aber auch in der Titelrolle der *Königin von Saba* von Carl Goldmark und eben als Santuzza brillierte. Weitere Stationen ihrer Karriere waren München (1927–1932) und gleichzeitig New York (an der
MET 1927–1936). 1937 trat sie im Alter von 53 Jahren von der Bühne
zurück.

ANNY (auch ANNI) KONETZNI (1902–1968)
Partnerin als Marie *(Die verkaufte Braut)*, Donna Anna *(Don Giovanni)*, Martha *(Tiefland)*
Die Ungarin Konetzni studierte am Wiener Konservatorium und in
Berlin und debütierte an der Wiener Volksoper 1926 in Wagners *Rienzi*. 1929 an das Stadttheater von Chemnitz berufen, wirkte sie Anfang der 1930er-Jahre an der Berliner Staatsoper und ab 1933 auch an
der Wiener Staatsoper, wo sie bis 1954 als große Wagner- und

Abb. 3: Die Opernsängerin Selma Kurz.

Strauss-Sängerin eine glanzvolle Karriere hatte. Große Triumphe feierte sie in der Rolle der Feldmarschallin *(Der Rosenkavalier)*. Tourneen führten sie bis nach New York und Südamerika. Eine »kraftvolle, dunkel timbrierte hochdramatische Stimme« wurde ihr attestiert (Kutsch/Riemens).

SELMA KURZ (1874–1933)
Partnerin als Konstanze *(Die Entführung aus dem Serail)*, Rosina *(Il Barbiere di Siviglia)*, Mimì *(La Bohème)*, Violetta *(La Traviata)*, Mignon *(Mignon)*, Oscar *(Un Ballo in maschera)*
Die Koloratursopranistin Selma Kurz war die einzige Partnerin Taubers, die noch von Gustav Mahler 1899 an die Wiener Hofoper berufen wurde. Vorherige Stationen waren die Opernhäuser von Hamburg und Frankfurt am Main. Höhepunkte ihrer erstaunlichen Karriere waren die Titelrolle in der Erstaufführung von *Madame Butterfly*, die Saffi in der Hofopernpremiere von *Der Zigeunerbaron*, die Zerbinetta

in der Uraufführung von Strauss' *Ariadne auf Naxos*. Ihre meistgesungenen Partien waren Mimì in *La Bohème*, Violetta in *La Traviata* und Gilda in *Rigoletto*. Bis 1927 stand sie beinahe 1000-mal auf der Bühne der Wiener Staatsoper. Gastspiele führten sie an die großen Opernhäuser von London, Paris, Monte Carlo, Budapest, Prag, Amsterdam etc. Ihre Cavatine des Pagen Oscar im *Maskenball* erreichte Kultstatus. Kutsch/Riemens attestiert ihr: »mühelose Bewältigung schwierigster Koloraturpassagen, Subtilität ihres Stilgefühls, vor allem aber ihre endlosen, ganz unvergleichlichen Triller«.

Lotte Lehmann (1888–1976)
Partnerin als Mimì *(La Bohème)*, Pamina *(Die Zauberflöte)*, Martha *(Der Evangelimann)*, Mignon *(Mignon)*, Marietta *(Die tote Stadt)*, Turandot *(Turandot)*
Die gebürtige Deutsche wurde an der Wiener Hof- und Staatsoper so richtig heimisch. In Wien fand sie 1916 ihre eigentliche künstlerische Heimat und glänzte bis zum Jahr 1936 in etlichen Strauss- und Wagnerrollen. Ob Eva in den *Meistersingern von Nürnberg*, Elisabeth in *Tannhäuser*, Elsa in *Lohengrin* – immer stand sie im Fokus der Aufmerksamkeit. Bei Taubers Debüt an der Wiener Staatsoper am 16. Juni 1920 stand Lehmann als Mimì mit ihm auf der Bühne. »Erstaunlich, daß die Wiener Lotte Lehmann als schwindsüchtige Mimi akzeptierten. Sie neigte zur Fülle, sah alles andere als krank oder depressiv aus. Aber sie erfüllte die Rollen (auch Butterfly) mit soviel Innigkeit und soviel Hingabe, daß man die Erscheinung vergaß. In einen japanischen Kimono gehüllt, in ein dürftiges Pariser Vorstadtkleid […]« (Berndt W. Wessling). Lotte Lehmann sang auch bei den Salzburger Festspielen und gastierte regelmäßig an der Covent Garden Opera London, an der Pariser Grand Opéra, ab 1930 auch in Nordamerika. 1938 verließ sie Europa und wirkte die letzten elf Jahre ihrer Karriere an der Metropolitan Opera New York. Sie »besaß eine der schönsten Stimmen des 20. Jahrhunderts« (Kutsch/Riemens).

Abb. 4: Maria Reining und Richard Tauber am 30. Januar 1938 in *Das Land des Lächelns* in der Wiener Staatsoper.

MARIA REINING (1903–1991)
Partnerin als Pamina *(Die Zauberflöte)*, Lisa *(Das Land des Lächelns)*
Die aus Wien stammende Sopranistin Maria Reining debütierte 1931 an der Wiener Staatsoper. Nach Zwischenstationen in Darmstadt und München holte sie Hans Knappertsbusch 1937 ein zweites Mal an die Staatsoper, wo sie bis 1956 Ensemblemitglied blieb. Die Pamina in der *Zauberflöte* und die Gräfin in *Le nozze di Figaro* gehörten zu ihren meist gesungenen Mozartpartien. Aber auch Eva in *Die Meistersinger*, Agathe im *Freischütz* und Cio-Cio-San in *Madame Butterfly* interpretierte sie über ein Dutzend Mal. Bei den Salzburger Festspielen war sie vor allem in Strauss-Rollen präsent. Ihr Name befand sich auf der sogenannten Gottbegnadeten-Liste des nationalsozialistischen Regimes. »Neben der Leuchtkraft ihres Soprans bewunderte man ihren feinsinnigen Vortrag und ihr hohes Stilgefühl« (Kutsch/Riemens).

ELISABETH SCHUMANN (1888–1952)
Partnerin als Blondchen *(Die Entführung aus dem Serail)*, Adele *(Die Fledermaus)*, Pamina *(Die Zauberflöte)*
Die aus Thüringen stammende Sopranistin debütierte 1909 am Opernhaus von Hamburg und gastierte bereits 1914/15 an der Metropolitan Opera New York. 1919 wurde sie an die Wiener Staatsoper berufen, wo sie bis 1937 zu den beliebtesten Sängerinnen gehörte. Zu ihren Glanzrollen zählte neben der Sophie im *Rosenkavalier* die Adele in der *Fledermaus* und die Mozartpartien der Pamina und Susanna. Letztere interpretierte sie im Haus am Ring 60-mal. Sie war in den 1920er und 1930er-Jahren festes Mitglied der Salzburger Festspiele und gastierte außerdem an den Opernhäusern von London, Mailand, Berlin, Paris, München. Weltruf erlangte die mit dem Dirigenten der Wiener Oper Karl Alwin verheiratete Sängerin als Liedinterpretin u. a. auf einer Tournee durch Nordamerika mit Richard Strauss als Begleiter. 1938 verließ sie Österreich und lebte fortan in New York. »Auf der Bühne erfreuten die Leichtigkeit, der silbrige Glanz wie der elegante Fluß ihrer Koloraturstimme« (Kutsch/Riemens).

Auf den politischen Umsturz im März 1938 folgte eine Welle der Entlassungen und Abgänge. Der künstlerische Aderlass betraf alle Abteilungen der Staatsoper von Regisseur Lothar Wallerstein bis zum Geiger Arnold Rosé. Folgende Sängerinnen teilten das Emigrantenschicksal mit Richard Tauber und schieden aus: Margit Bokor, Rosette Anday, Claire Born, Lotte Lehmann, Elisabeth Schumann, Maria Jeritza.

Vera Schwarz zwischen Oper und Operette – ein Rezeptionsstück

Von Iris Mangeng

Vera Schwarz […] hat in ihrer Heimat zahllose schwärmerische Verehrer und Verehrerinnen, als Persönlichkeit wie als Künstlerin. Heute ist sie eine Sängerin von internationalem Ruf, deren herrliche Stimme in der Wiener Oper jahrelang zu hören war und die in ihrem Repertoire Musikdramen, große Oper und Operette vereinigt. (*Wiener Sonn- und Montags-Zeitung*, 9.11.1931)

Würdigende Charakterisierungen von Vera Schwarz lassen sich im Feuilleton wie in musikalischen Fachzeitschriften zu ihren Lebzeiten zahlreiche finden. Die eingangs zitierte vermag jedoch selbst aus den spärlichen Einträgen heutiger musikwissenschaftlicher Nachschlagewerke sowie diverser Veröffentlichungen von Musiktheaterspezialisten und -liebhabern durch folgende Besonderheit herauszustechen: Sie betont wertungsfrei die Vielseitigkeit der Künstlerin als Sängerin in Operette, Oper und Musikdrama und kommt vor allem ohne die

Erwähnung Richard Taubers aus. Zugegeben, bezüglich Letzterem muss der Vollständigkeit halber erwähnt werden, dass in jenem das Zitat beinhaltenden Zeitungsbeitrag mit dem Titel *Vera Schwarz per Radio nach Amerika engagiert. Ihre Stimme hat durch das Radio in Amerika große Begeisterung erweckt* von einem Radiokonzert berichtet wird, bei dem Tauber zwar mitgewirkt hat, ein daraus hervorgehendes Engagement durch den amerikanischen Theaterimpresario und Manager »Roxy« allerdings nur Vera Schwarz zuteil wurde. Richard Tauber verkommt zur Randnotiz, der Fokus des Artikels gehört Vera Schwarz.

Mit dieser Einleitung ist der Inhalt des vorliegenden Beitrags bereits aufgefächert: Er wird von Leben, Wirken und Wirkung der *prima donna* Vera Schwarz (geb. am 10.7.1889 in Agram/Zagreb) handeln, von der – bis dato – leider so gut wie keine auffindbaren biografisch verwertbaren, privaten Aufzeichnungen, Briefe oder sonstige Nachlassdokumente aufzufinden sind. Für diesen Text wird auf Rezeptionszeugnisse aus der Tagespresse, Publizistik und Fachzeitschriften zurückgegriffen, Orte und Zeit der Handlung werden mit Ausführungen zu verschiedenen Diskursen und Phänomenen zwischen 'Hoch- und populärer Massenkultur' kontextualisiert. Richard Tauber wird eine Nebenrolle erhalten – was wäre Musiktheater(-geschichte) ohne Tenor – wie auch der Unterhaltungsmagnat »Roxy« – eine (Für-)Sprecherrolle – sowie die Diven-Konkurrentinnen Fritzi Massary und Maria Jeritza. Die nicht zu unterschätzende Rolle der Vertrauten übernimmt die »Theatermutter« Melanie Schwarz (gewissermaßen eine Alt-Partie).

I. Akt: Introduktion in der Operette

Ich bin [...] mit 14 Jahren nach Wien gebracht worden, weil ich als Kind schon sehr schön Klavier gespielt habe und mit 14 Jahren schon bei [Leschetizky] eingeschrieben war. [...] Und nur durch einen Zufall ist meine Stimme sozusagen entdeckt worden und ich bin hinüber zum Gesang. Ich hab' dann angefangen zu studieren, ich bin zum Professor Forstén gegangen, der ein Lehrer der berühmten Josie Petru war, die an der Oper gesungen hat, und der war begeistert. Er hat mich sofort genommen und ich habe bei ihm studiert. Meine Familie war leider sehr dagegen, nur meine Mutter war bei mir und die wollten uns das Geld sperren, wenn ich Gesang studieren würde, und das ließ ich mir nicht gefallen. Da bin ich einfach zum Theater an der Wien gegangen und bin sofort engagiert worden […]. (Interview ORF Radio Salzburg, 1959)

Mit dieser fast lapidaren, aber medieninszenatorisch sehr klugen Darstellung fasst Vera Schwarz 1959 in einem Interview für das ORF Radio Salzburg ihre ersten Schritte Richtung Bühne zusammen. In Ermangelung objektiver Zeugnisse zur Verifizierung dieser Schilderung muss etwa bis heute im Dunklen bleiben, durch welche Art Zufall ihre Stimme »entdeckt« wurde und wer diese Entdeckung machte. Nicht in Erfahrung zu bringen ist auch, wer aus der Familie Schwarz sich gegen ihre Gesangsausbildung sperrte. Der Vater, der Luftschiffkonstrukteur Ing. David Schwarz, war zu diesem Zeitpunkt bereits verstorben, der Cousin Srećko (auch Felix) Albini (1869–1933) wirkte selbst von 1903 bis 1909 als Dirigent und Komponist von Operetten in Wien und von der Mutter Melanie Schwarz ist bekannt, dass sie die Ausbildung und Karriere ihrer Tochter nach Kräften förderte. Zumindest weiß sie sich ab den 1920er-Jahren als »Theatermutter« bzw. Interviewsprachrohr, »Sekretärin, […] Reisebegleiterin und nötigenfalls auch [als] Manager[in]« (*Neues Wiener Journal*, 9.11.1921), die »die Laufbahn ihrer Tochter vom Anfang an mitgemacht und wichtige Entscheidungen getroffen [hat]« entsprechend zu inszenieren: »Von den Toiletten angefangen bis zu den Noten, von den Proben bis zu den Verträgen, von den Eisenbahnzügen, bis zu den Kritiken, von allem weiß, um alles kümmert sich Mama Schwarz […].« (*Die Bühne* Nr. 13, 5.2.1925). Aus ihrem in der Zwischenkriegszeit schon sehr interview- bzw. medienkundigen Mund speist sich jedenfalls ein schönes Detail zum großen Moment, als die Tochter der damals wohl besten Adresse für Klavierunterricht in Wien (Leschetizky) den Rücken kehrte, um erstmals dem renommierten Bariton Philip (Filip) Forstén vorzusingen:

»Ja,« sagt die Mama, »ich war von Veras Entschluß mehr als erstaunt. Niemand bei uns zu Hause hatte eigentlich bemerkt, daß sie Stimme hätte, wir haben sie kaum je singen gehört. Wirkliches Interesse schien sie damals nur für ihr Klavier zu haben. Aber ich war von jeher gewohnt, in Vera eine Tochter zu haben, die das, was sie wollte, auch gekonnt hat. Wir gingen also zum Professor, um sie prüfen zu lassen. Er ließ sie ein paar Skalen singen und sagte: »Ja, was wollen Sie also von mir? Sie können ja singen, die Stimme sitzt, ich wüßte nicht, was ich mit Ihnen beginnen sollte. Ich verschwende nur meine Zeit mit Ihnen, und ich habe keine Zeit!« Es kostete wahrhaftig Mühe, ihn zu bewegen, meiner Tochter doch Unterricht zu geben.« (*Neues Wiener Journal*, 9.11.1921)

Im weiteren Textverlauf des schriftlich zusammengefassten Interviews findet sich anschließend eine Darstellung zum Werdegang von Vera Schwarz als Operetten- und spätere Opernsängerin, die sich als ganz für die öffentliche Wahrnehmung zurechtgelegt herausstellt. Für eine lückenlose biografische Aufarbeitung eignet sich dies weniger, als für aufschlussreiche Einblicke in puncto Image- und Mythenbildung:

Vera Schwarz studierte zwei Jahre ihre lyrischen und dramatischen Opernpartien, dann stand sie eines Tages in »Rund um die Liebe« neben Girardi auf den Brettern des Johann-Strauß-Theaters und war … Operettensängerin.
[… Nun singt sie] in der Wiener Staatsoper, was sie sich vermutlich schon damals vorgenommen hatte, als ihr Name noch auf dem Zettel des Johann-Strauß-Theaters stand. »Es hat nämlich«, stellt sie fest, »nur sehr äußerliche Richtigkeit, wenn man mich als gewesene Operettensängerin hinstellt. Ich ging als junges Mädchen zur Operette, weil es mit achtzehn Jahren schwierig gewesen wäre, wählerisch zu sein und auf die Möglichkeit, große Partien zu spielen und zu singen, zu verzichten. […] Um nicht spazieren oder jetzt schon von Wien weggehen zu müssen, nahm ich das Angebot, als erste Sängerin in der Operette aufzutreten, ohne viel Überlegung an. Mindestens war hier einige Bühnenroutine zu erwerben […].« (*Neues Wiener Journal*, 9.11.1921)

Wird in anderen Veröffentlichungen darüber spekuliert, dass Vera Schwarz sich zunächst der Operette zuwandte, weil Forstén angeblich der Meinung war, ihre Stimme wäre für die Opernhäuser nicht groß genug, so erscheint das hier dargelegte Argument vom Ausprobieren in großen Rollen zumindest nachvollziehbar. Freilich ist bei alledem zu berücksichtigen, dass dieses Interview an jenem wichtigen Zeitpunkt in der Karriere von Vera Schwarz gegeben wurde, als sie – mittlerweile in Hamburg und Berlin als Opernsängerin erfolgreich – sich auch dem Wiener Publikum in diesem Genre und in direkter Konkurrenz zu Maria Jeritza beweisen musste.

Zunächst sollen jedoch noch schlaglichtartig die ersten Schritte von Schwarz auf jenen Operettenbühnen betrachtet werden, der sie mehr als nur Bühnenroutine zu verdanken hat, nämlich ihren Aufstieg zur Operettendiva. Das eigentliche Bühnendebüt der 19-jährigen Vera Schwarz fand am 28.9.1908 im Theater an der Wien als Freda (Sopran-Hauptpartie) in Johann Strauss' Operette *Waldmeister* statt. Aus einer Vielzahl an überwiegend positiven Kritiken lassen sich schon zu diesem Zeitpunkt einige jener Charakteristika der Sängerin herauslesen, die sie ihre ganze Bühnenkarriere lang wird wahren können: hohe gesangliche Kultur einer vollen Sopranstimme (mit starker Mezzosopranlage), Spielbegabung sowie eine elegante, schöne Bühnenerscheinung. Letzteres unterstreicht *Das interessante Blatt* sogar mit dem Abdruck eines Fotos neben einer Vorstellungskritik (Abb. 1). Es wird bei Weitem nicht das letzte sein …

Auftrittslied: Viva la Diva

> Samstag feierte unsere Operettendiva ihren Ehrenabend: Vera Schwarz sang ihre »Glanzrolle« im »Luxemburg«. Vera Schwarz war schöner denn je, glänzte in prachtvollen Toiletten und hatte in Stimme und Laune einen ihrer besten Abende. Unsere Operette verliert in Fräulein Schwarz sehr viel. Denn sie besitzt die Erfordernisse einer Operettendiva – eine königliche Erscheinung, Schönheit, Talent zu Spiel und Tanz – und darüber hinaus eine sehr willkommene Gabe: eine weiche, liebliche Stimme, die Kraft und

vor allem feine Schule hat; sie sang uns so manchmal mit viel musikalischem Geschmack zur Freude, und wenn ihr vorgestern das Publikum mit Jubel und Blumen bewies, daß sie sich tief in die Herzen der Grazer gesungen hat, so hatte es recht. Vera Schwarz verdiente diesen Dank vollauf, da sie Talent und Schönheit mit ernstem Fleiße paarte und die Achtung vor diesem Publikum sie stets zu vollen ganzen Leistungen trug. (*Grazer Volksblatt*, 8.5.1911)

Diese Kritik – ein Abgesang auf die geschätzte Künstlerin, die nach zwei Saisons an der Grazer Oper im September 1911 zurück nach Wien ans Johann-Strauß-Theater wechselt – gibt einen nicht zu unterschätzenden Einblick in die damalige Rezeption von Sängerinnen, im Speziellen der »Operettendiva«. Dieses Label, das »Vera Schwarz, gegenwärtig wohl d[ie] best[e] Operettendiva« in diesem Fall von der *Neue Freie Presse* noch im Jahr 14.11.1930 erhält, bezieht sich zunächst auf das von ihr gesungene Operettenrepertoire. »Während man in anderen Sparten, von anderen Medien ganz zu schweigen, durch künstlerische oder persönliche Ausstrahlung zur Diva erhoben wird, ist man es in der Operette durch bloße Besetzung«, bringt der Theaterwissenschaftler und Operettenforscher Stefan Frey die theatertechnische Dimension der »Operettendiva« als verbreiteten Rollentypus auf den Punkt. Darunter sind im engeren Sinne Partien zu verstehen, in denen tatsächlich eine umjubelte Bühnenkünstlerin gespielt wird. Paradigmatisch hierfür sind Sylva Varescu (Emmerich Kálmán: *Die Csárdásfürstin*), Hanna Glawari (Franz Lehár: *Die lustige Witwe*), Barberina (Leo Ascher: *La Barberina*) – mit denen auch Vera Schwarz nachweislich reüssieren konnte – die »Massary-Schöpfungen« Manon Cavallini (Oscar Straus: *Eine Frau, die weiß, was sie will*) und Teresina (Straus: *Die Teresina*), die Dubarry (Theo Mackeben nach Carl Millöcker: *Die Dubarry*; Gitta Alpár auf den Leib geschrieben), Clivia (Nico Dostal: *Clivia*; kreiert von Lillie Claus), etc. Die oben erwähnte »Glanzrolle im Luxemburg« – Angèle Didier (Lehár: *Der Graf von Luxemburg*) – hingegen verweist bereits auf einen erweiterten Sinn und allgemeineren Sprachgebrauch von »Operettendiva«. Oft wurden und werden auch jene Partien als Diven-Rollen bezeichnet, in denen die

Hauptdarstellerin als Adelige bzw. (angebliche oder auch zukünftige) Gräfin, Königin, Kaiserin, Göttin oder bourgeoise wohlhabende (amerikanische) Exzentrikerin glänzen kann – und diesem Typus entspricht ein Großteil aller weiblichen Operettenhauptrollen. Schon am Beginn ihrer Karriere – vor allem an der Grazer Oper feierte Vera Schwarz große Erfolge in entsprechenden Partien: Helena (Jacques Offenbach: *Die schöne Helena*), Prinzessin Helene (Straus: *Ein Walzertraum*), Dolly Doverland (Lehár: *Endlich allein*), Alice (Leo Fall: *Die Dollarprinzessin*) oder Gabriele (Strauss: *Wiener Blut*). Später sollten u. a. Rosalinde (Strauss: *Die Fledermaus*), Blanka von Lossin (Lehár: *Die blaue Mazur*), die Fürstinnen Anna Elisa (Lehár: *Paganini*) und Jadja Milewska-Polotay (Robert Stolz: *Venus in Seide*) und Lisa (Lehár: *Das Land des Lächelns*) folgen.

Das weit über 50 Operettenpartien umfassende Repertoire, das Vera Schwarz im Lauf ihrer Bühnenkarriere gespielt hat, umfasst zwar auch Rollentypen wie das »süße Mädel« (z. B. Lola, Heinrich Reinhardt: *Das süße Mädel*), temperamentvolle »Zigeunermädchen« (z. B. Saffi, Strauss: *Der Zigeunerbaron*) und Handwerkertöchter (Suza, Lehár: *Der Rastelbinder*) u. a. m. Der launische, exzentrische, eigensinnige, selbstbewusste und verführerische Diven-Typus (Überschneidungen mit Deutungsmustern wie Vamp oder Femme fatal sind gegeben) entwickelte sich schnell zu ihrem mit Abstand am häufigsten gespielten in der Operette. Dass dies in direktem Verhältnis zu den bereits hervorgehobenen »Erfordernisse(n) einer Operettendiva – eine königliche Erscheinung, Schönheit, Talent zu Spiel und Tanz« steht, ist nicht zu bezweifeln. Die hier noch als zusätzliche »sehr willkommene Gabe« betonten stimmlichen Qualitäten werden ausschlaggebend sein, dass Vera Schwarz schnell auch in der Oper zur gefeierten Sängerin – und nicht nur von Diven-Rollen – werden wird. Um es mit Stefan Frey zu sagen: In der Operette dieser Zeit lag jedoch »mehr noch als in gesanglicher Perfektion« eine weitere »spezifische Qualität der Operettendiven«, die Vera Schwarz von Anbeginn beherrschte, »im eleganten Vorführen des Kostüms, in der gekonnten Handhabung der Requisiten, in der Fähigkeit, die Dinge in Bewegung zu setzen«. Vera Schwarz war zu ihrer Zeit somit prädestiniert für die Diven-Hauptrollen in der Operette – zumal in Graz auch als »1. Operettensängerin« angestellt. Dies spiegelt sich bereits in folgender Rezension ihres Debüts an der Grazer Oper wider:

> […] so sei vor allem der Genugtuung über die Aquisition des Fräuleins Vera Schwarz Ausdruck gegeben. Wenn auch die Slowakin Suza dem graziösen Naturell der neuen Operettendiva nicht ganz günstig gelegen ist, so ließ das Debüt in dieser Rolle doch die vorteilhaftesten Schlüsse für die künstlerischen Qualitäten des Fräuleins Schwarz zu. Eine neue Bühnenerscheinung, rassiges Temperament, hübsche Stimmmittel und all das Äußerliche drum und dran […]. (*Grazer Volksblatt*, 6.9.1909)

Entr'acte: Und all das Äußerliche drum und dran

Was beim Konzept »Diva« (in welchem Genre auch immer) betont werden muss, ist, dass dieses mindestens zwei Ebenen hat, die verschränkt werden: Rollentypus und reale Darstellerin. Für viele naheliegender war/ist eine Diva – gerade in der ersten Hälfte des 20. Jh., besonders in der Zwischenkriegszeit – eine reale Künstlerin mit einer speziellen Ausstrahlung, deren öffentliche Wahrnehmung nicht zuletzt durch die von ihr gespielten Rollen beeinflusst wurde. Dies betrifft den Aspekt »Image«, dessen (gezielte) Ausformung besonders für den kommerziellen Erfolg von sämtlichen Künstlern ab dieser Zeit der beginnenden Massenmedien und Unterhaltungsindustrie stetig an Bedeutung gewinnt. Fritzi Massary ist unbestritten jene Künstlerin, die sich am allerbesten nicht nur auf der Bühne, sondern auch darüber hinaus als Operettendiva bzw. extravagante Frau zu inszenieren, dieses Image zu pflegen und entsprechend zu verkaufen gewusst hat. Auch Gitta Alpár und Lillie Claus kann ein divenhaftes Image attestiert werden, wenn auch nicht auf dem geradezu als 'professionell' einzustufenden Level der Massary. Diese hatte bereits seit den 1920er-Jahren großen Wert darauf gelegt, dass die öffentlich zirkulierenden Bilder von ihr sie stets als Stilikone darstellten, egal ob es sich um Mode oder Autos handelte. Ihr Image war multimedial, wurde zur

Marke und konnte sogar auf eigens produzierte »Massary-Zigaretten« übertragen werden. Dieses »neue« Frauenbild, »das sich in extremer Weise von der Lebensrealität bürgerlicher Frauen entfernt hatte, nur um dadurch umso größeren Reiz für das Publikum zu gewinnen« (Marion Linhardt), war so einflussreich, dass es sogar auf seine ursprüngliche Grundlage – die Operette – zurückwirkte. Massary ließ sich mit der »Massary-Operette« quasi ein eigenes Genre rund um ihre Persönlichkeit und Bühnenerscheinung auf den Leib schreiben (z. B. Straus' *Eine Frau, die weiß, was sie will* oder die eigens für sie umgearbeitete *Faschingsfee* von Kálmán).

Von einem derartig ausgeprägten Image als Diva ist Vera Schwarz fern. Im Gegensatz zu Fritzi Massary konzentriert sich ihre öffentliche Wahrnehmung auf eine »klassischen Schönheit«, die sie zweifelsohne war: große, schlanke Erscheinung, blonde Haare, liebliche Gesichtszüge, gepaart mit edler, hochwertiger Mode. Häufig zierte Schwarz das Cover eines Magazins (z. B. Abb. 2) und nicht nur in den frühen Rezensionen wird ihre »Schönheit« kommentiert mit »schöner denn je, glänzte in prachtvollen Toiletten« (*Grazer Volksblatt*, 8.5.1911), »schöne und sympathische Theatergestalt, voller Eleganz und Anmut, sehr natürlich und überzeugend, edel und schick in den Toiletten« (*Narodne novine*, 12.5.1914) oder »hüllt ihre schöne Figur in kostbare Stoffe« (*Neue Freie Presse*, 13.10.1924). Noch 1934 »freut sich [das Publikum oder wohl vor allem der männliche Rezensent] an der blühenden Schönheit« (*Die Stunde*, 7.9.1934) der Sängerin.

Wie es schon an anderen Stellen deutlich geworden ist, wird das Attribut »Schönheit« in vielen Rezensionen gar in einer Zeile mit der Kleidung der Sängerin genannt bzw. direkt mit dieser verschränkt. Die Wahrnehmung von Sängerinnen lag nicht nur auf deren Gesangskunst, sondern auf deren Gesamterscheinung: »Gesangskunst, Aussehen, Pose und Bewegung, Kleidung und Schmuck wurden von Publikum und Kritik als Kunst der Sängerin gewürdigt – und dies zu Recht; denn all diese Aspekte wurden von ihnen weitgehend selbst verantwortet«, betont Musikwissenschaftlerin Rebecca Grotjahn. Solange bis sich im 20. Jh. Regisseure als neue Machtinstanz etablierten, kann man also buchstäblich von der »sich selbst inszenierenden Sängerin« sprechen.

Abb. 1: Vera Schwarz, Das interessante Blatt, 15.10.1908.

Abb. 6: Coverbild: Der Humorist, 20.10.1909.

Abb. 7: Die Bühne Nr. 169 (1928).

In diesem Zusammenhang soll der direkte Zusammenhang von Textil- und Musikbranche, auf den Theodor W. Adorno (im Fall der populären Genres wie der Operette) zuerst hinwies, nicht unberücksichtigt bleiben, war er doch auch im Fall von Vera Schwarz vom Theaterzettel abzulesen:

»Pelze der Frau Vera Schwarz vom Internationalen Pelzhaus Penizek & Rainer«
(Theaterzettel der Staatsoper vom 19.2.1936 zu Franz Salmhofers *Dame im Traum*)

In Wien wurde Vera Schwarz vor allem als Opernsängerin zur begehrten Werbeträgerin, deren Ausstattung die Modehäuser und Juweliere aus Reklamegründen sehr gern übernahmen und dafür auch Anzeigen in Fachmagazinen platziert wurden (Abb. 3). Die rasante Weiterentwicklung der Medienbrache in dieser Zeit lässt sich auch daran beobachten, dass Zeitungen wie Magazine der »Mode auf der Bühne« (z. B. in: *Sport im Bild. Das Blatt der guten Gesellschaft*, Nr. 15, 1921) zunehmend eine eigene Berichterstattung widmen und auch Vera Schwarz' Garderobe als Ausdruck der neusten Mode rezipierten:

Sensationstoiletten aus dem *Land des Lächelns*
Vera Schwarz ist von Old Bond Street wirklich ganz herrlich angezogen worden. Aller-allerletzte Mode vereinigte sich mit sicherem Verständnis für Bühnenwirkungen zu blendenden Effekten. Sie trug (auf unserer Skizze, Figur 1 und 2): eine herrliche, große Abendrobe im neuen, hellen Patou-Myrthengrün, […].«
(*Die Stunde – Abendzeitung »Der Wiener Tag«*, 28.9.1930)

Was auf sämtlichen von Vera Schwarz' erhaltenen Fotoporträts oder Rollenfotos nicht zu übersehen ist, dass sie – mit Ausnahme der Rollenfotos zum *Rosenkavalier*-Octavian – ein Spektrum von Frauenbildern zwischen feengleichem Wesen, Unschuld und mondäner Grand Dame sowie die »typisch weiblichen« Sphären des Schönen, des Ornaments, des Schmucks betonen. »Die Verquickung von modischen

Abb. 8: Skizze der »Sensationstoiletten aus dem Land des Lächelns«.

Accessoires und Körper, Posen, Garderobe, Pelz und Perlenketten, zuweilen – farblich passend – Schoßhund oder Katze. Sie alle stehen für Reinheit und Göttlichkeit, für Reichtum und gesellschaftliches Ansehen«, unterstreicht die Musikwissenschaftlerin Barbara Zuber den wesentlichen Anteil, den Fotoporträts an der Imagebildung bzw. Mediatisierung und Zelebrierung einer (Opern-)Sängerin und damit der Ausformung als einflussreiche kulturelle Bedeutungsträgerinnen haben. Übrigens zeigt sich Vera Schwarz nicht nur wiederholt mit Pelz, Perlen und Blumen inszeniert, sondern auch mit Schoßhund ('Didi', die im Rahmen eines Zeitschriften-Interviews nicht bloß erwähnt wird, sondern sogar Eingang im Titel des Beitrags für den *Österreichische[n] Radio-Amateur* 2/20 (1925) findet: »Radio für die Frau. Vera Schwarz, 'Didi' und Radio«). Dass sich dieses Image beispielsweise von jenem der Massary als zeitlos klassischer, nobel zurückhaltender, quasi sittsamer absetzt, und somit wahrscheinlich auch eine andere

Zielgruppe – das Opernpublikum? – ansprechen sollte, zeigt sich nicht zuletzt auch daran, dass Schwarz nicht für Zigaretten, sondern wiederholt für »Riva Royal-Seife« werben konnte. Doch das Image der »weißen Primadonna« hatte längst auch schon eine andere, eine Operndiva für sich entdeckt: Maria Jeritza.

II. AKT: *In der Oper*

Im Dezember 1914, wenige Monate nach Ausbruch des Ersten Weltkrieges, feierte Vera Schwarz im Rahmen einer Benefizvorstellung ihr bejubeltes Rollendebüt als *Fledermaus*-Rosalinde. Diese zählt zu den anspruchsvollsten Operettenpartien für Sopran, wurde damals schon als »außerhalb des Rahmens, der [Leistungsfähigkeit einer Operettensängerin]« betrachtet und der Erfolg dieses Abends dürfte die Sängerin darin bestärkt haben, nun auch das Opernfach ernsthaft in Angriff zu nehmen. »Während dem Weltkrieg war meine Bühnenkarriere unterbrochen und ich fing an Opernpartien zu studieren. Als Lotte Lehmann Hamburg verließ wurde ich als ihre Nachfolgerin engagiert«, erinnert sich Vera Schwarz 1958. Der Wechsel von der Operette zur Oper gestaltete sich dann auch gleich als sehr eindeutiges Statement, debütierte Schwarz im September 1915 am Stadttheater Hamburg doch mit keiner geringeren Partie als der Elsa in Richard Wagners *Lohengrin*. In dieser Rolle gab sie im Herbst 1919 auch ihr Debüt an der Berliner Staatsoper, in dessen Ensemble sie berufen wurde.

> […] Und drei Jahre später, als die großen Sängerinnen sie schon fürchteten, kam sie nach Wien. Sie war gerufen worden, um für die erkrankte Jeritza als »Tosca« einzuspringen; nach dem zweiten Akt hatte sie den Vertrag in Händen, der sie verpflichtete, in Hinkunft ihre Tätigkeit zwischen der Berliner und der Wiener Staatsoper zu teilen. (*Weltpresse*, 17.9.1949)

Am 10. 2. 1921 präsentierte sich Vera Schwarz dem Wiener Publikum, das sie bis dato als ausgezeichnete Operettensängerin in Erinnerung hatte, also in der Rolle der Floria Tosca an der Wiener Staatsoper – *die*

Operndivenrolle schlechthin, noch dazu die Paraderolle *der* realen Diva Maria Jeritza und mit deren Erfolgsduopartner Alfred Piccaver als Mario Cavaradossi. Theatermutter Melanie Schwarz, die bei jedem Auftritt ihrer Tochter im Publikum saß, um diese mit frenetischem Beifall zu unterstützen und »über die Stimmung im Hause einiges zu spionieren«, weiß diesen großen Moment wirkungsvoll zu beschreiben:

> Mama Schwarz versäumte keine einzige Vorstellung, in der ihre Tochter sang. Sie saß mitten im Parkett und stimmte besonders laut in den Applaus des Publikums ein. Dabei sagte sie laut nach rechts und links: »Entzückend, herrlich! Wer ist denn diese gottbegnadete Sängerin?«
>
> Einmal saß hinter ihr ein Bekannter, den sie nicht gesehen hatte. Er beugte sich vor und sagte, für alle vernehmbar: »Aber, gnädige Frau, das müßten *Sie* doch wissen!«
>
> Erinnerungen von Margarete Slezak: *Der Apfel fällt nicht weit vom Stamm*, München 1953, S. 46.

> [Die] Nachbarn waren beim Lesen des Zettels ziemlich indigniert, daß die Jeritzarolle heute abend nicht von der Jeritza gesungen wurde. Nach dem ersten Akt aber schienen sie doch der Meinung zu sein, daß das viele Geld für diesen Platz vielleicht nicht hinausgeworfen sei, beim Gebet der Tosca applaudierten sie, und vor dem dritten Akt sagten sie …
>
> »Ach,« unterbricht Vera Schwarz, »was sollen sie gesagt haben? Daß Frau Jeritza eine große Künstlerin ist und Künstler, die Eigenes geben wollen, miteinander nicht verglichen werden können.« (*Neues Wiener Journal*, 9.11.1921)

Das freilich auch für den Druck schriftlich entsprechend aufbereitete Interview lässt hier Vera Schwarz sehr diplomatisch und medienwirksam intervenieren – eine Inszenierung, die bei Weitem nicht den Vorstellungen einer Diva entspricht, die beansprucht »die größte Schauspielerin zu sein, und entsprechend Konkurrentinnen [kritisiert] oder deren Leistung [schmälert].« (Hans-Otto Hügel) Obwohl Schwarz – fast schon naiv – von der Nichtvergleichbarkeit großer Künstler spricht, hatte sie selbst jedoch genau dies auszuhalten, stand sie doch von nun an in einem direkten Konkurrenzverhältnis mit der bisherigen Lokalmatadorin Jeritza, mit der sie etliche Repertoirepartien teilte. Mehr oder, wie im Folgenden immerhin posthumen Fall, eher weniger schmeichelnde Vergleiche mit der weltweit bekannten Sängerin waren/sind beinahe unumgänglich:

> »Mit ihrem auffallenden hellblonden Haar und ihren Erfolgen in Rollen wie Tosca und Marietta in Korngolds *Die tote Stadt* war sie bei uns in der IV. Galerie als die Jeritza des armen Mannes bekannt.« (Spike Hughes)

Durch die häufige Abwesenheit der *Primadonna assoluta*, die zwischen 1921 und 1932 dem Ensemble der New Yorker Metropolitan Opera angehörte und die Wiener Staatsoper nur noch sporadisch beehrte, konnte Vera Schwarz ihre enormen Qualitäten als Sängerin wie Darstellerin jedoch nicht nur in zahlreichen »Jeritza-Rollen« (u. a. Tosca, Marietta, Carmen, Aida, Octavian, Primadonna/Ariadne, Minnie, Elisabeth, Rachel) unter Beweis stellen und sich schnell die Gunst des Wiener Publikums und Feuilletons erobern. Mit dem Ehrentitel »Kammersängerin« ausgezeichnet pflegte sie in unzähligen Gastspielen und vom September 1924 bis August 1929 auch als festes Mitglied der Wiener Staatsoper ihr letztlich über 40 Opernpartien umfassendes, äußerst vielfältiges Repertoire von Wolfgang A. Mozarts Pamina und Gräfin über Giuseppe Verdis Leonora bis hin zu Giacomo Puccinis *Butterfly* und Strauss' *Salome*. Besonders große mediale Aufmerksamkeit wurde ihr als Anita und Renate in den Erst- und Uraufführungsserien von Ernst Kreneks *Jonny spielt auf* (1929) sowie Franz Salmhofers *Die Dame im Traum* (1936) zu Teil.

Im beginnenden Zeitalter der Massenmedien und mit dessen Hunger nach Sensationen erhielt Vera Schwarz als Liebling des Wiener (und Grazer) Publikums, das seit jeher eine besondere, fast innige Beziehung zu seinen verehrten Künstlern unterhielt, noch weitere »Rollen« und Publicity:

»Ein Kampf um Rosalinde. Vera Schwarz kontra Selma Kurz und das Kompromiß [sic] der Operndirektion« (*Die Stunde*, 27.10.1925)

»Der Kampf um die Garderobe der Frau Jeritza. Vera Schwarz erzwingt ihren Eintritt« (*Grazer Tagblatt*, 14.9.1929)

»Aus dem Gerichtssaale. Lohengrin auf Italienisch. Eine Klage gegen die Staatsopernsängerin Vera Schwarz« (*Neue Freie Presse*, 5.7.1927)

III. Akt: Neue Medien, neue Karrierewege

In die lebendige Gegenwart hinein ragt eine Künstlerin von besonderem Rang, die der Operette abgeschworen hat: Vera Schwarz, die heute, worüber viel zu sagen sich ja erübrigt, nicht allein eine leuchtende Zierde der Staatsoper ist, sondern auch im Ausland, namentlich in Berlin, wo sie lange auf Händen getragen wurde, zu den verwöhnten Lieblingen des Publikums zählt. Die Operettenkarriere von Vera Schwarz war kurz, aber reich an Erfolgen. Der Klang ihrer feinmodulierten Stimme ließ schon damals voraussehen, daß diese bezaubernde – Schwarzkünstlerin um eine hübsche Anzahl Terzen höher steigen werde. In der Tat leuchtete ihr eines Tages das Glück, als ihr ein verlockender Antrag ins Haus geflattert kam, den Flirt mit der Operette aufzugeben und sich dauernd dem seriösen Freier Oper zu vermählen. Vera Schwarz, die in so glücklicher Ehe mit der Oper lebt, hat das wahrlich nicht zu bereuen. (*Die Bühne* Nr. 216, Dez. 1928)

Dieser Auszug entstammt einem polemisch-zynischen Artikel mit dem sprechenden Titel »Flucht von der Operette« des Journalisten und Theaterkritikers Siegfried Löwy, der Vera Schwarz, Amalie Materna, Antonie Schläger u. a. als »Operettenflüchtling[e]« feiert, »deren Name seit ihrer Wirksamkeit auf dem neuen Boden [der Oper] weitaus größeren Klang besitz[en], als zur Zeit, in welcher sie auf dem Altar von Johann Strauß, Millöcker, Suppé, Offenbach, Lecocq usw. geopfert haben.« Hierbei handelt es sich um ein exemplarisches Beispiel von vielen, für den teilweise übersteigert emotionalisiert geführten und bis heute nachwirkenden Diskurs um die Trennung bzw. Konkurrenz zwischen sogenannter ernster Musik und Unterhaltungsmusik, Hochkultur und massentauglicher, kommerzialisierter Populärkultur. Eine differenzierte Einlassung darüber, inwiefern sozialhistorischen Dimensionen (gesellschaftliche Umbruchphase der Zeit bzw. Krise der bürgerlichen Hegemonie und Hochkultur die u. a. in einer entsprechenden Neubewertung von Massen- und Populärkultur spiegelt) oder die Professionalisierung des Unterhaltungstheaters zur wertenden Ausdifferenzierung bzw. dem Verhältnis der niederen, massentauglichen Operette versus der hohen Oper für gebildete Stände in der Wahrnehmung zeitgenössischer Meinungsbildender hatten, würde den Rahmen dieses Beitrags sprengen. Im Fall von Vera Schwarz (und ihrer mütterlichen Pressesprecherin) muss man nicht lange zwischen den Zeilen lesen, um in den Interviews aus der Zwischenkriegszeit (und darüber hinaus) eine deutliche persönliche Positionierung in Richtung Oper erkennen zu können. Inwiefern dies bewusst zur Imagebildung und/oder Bestätigung des Narrativs »stolze(r) Aufstieg aus der Niederung der Operette zur Opernprimadonna« (*Grazer Volksblatt*, 16.1.1922) geschehen ist, lässt sich nicht sagen.

Fakt ist zum einen, dass sich Vera Schwarz noch 1959 bei einer Interviewfrage nach ihrer Lieblingsrolle um eine Antwort windet, dann *Aida* und *Tosca* und im Nachsatz »*Lohengrin* [Elsa] oder *Rosenkavalier* [Octavian] und vor allem *Carmen*« nennt. Zum anderen zeigt ihre Biografie, dass sie zwar in »glücklicher Ehe mit der Oper lebt[e]«, aber »den Flirt mit der Operette« alles andere als aufgegeben hatte – im Gegenteil. Siegfried Löwy hätte seine Attacke eigentlich schon ein halbes Jahr nach Erscheinen radikal umschreiben müssen, denn da erfolgte gewissermaßen ein »Sündenfall«: Vera Schwarz, die inzwischen von Paris bis Budapest, von London und Amsterdam bis nach Agram/Zagreb gastierte und im Sommer 1929 noch den Octavian im *Rosenkavalier* bei den Salzburger Festspielen gab, löste im September 1929 ihren Vertrag mit der Wiener Staatsoper. Berlin und dessen wirtschaftlich blühende, finanziell äußerst einträgliche Operettenszene und fortgeschrittene Unterhaltungsindustrie lockten: 1929 bis 1933 war Schwarz im Ensemble des Berliner Metropoltheaters und parallel dazu von 1931 bis 1933 auch wieder an der Berliner Staatsoper engagiert, in der mittlerweile etliche Operetten gespielt wurden, deren Hauptrollen Schwarz verkörperte.

Sie ist bekannterweise nicht die einzige Opernsängerin, der gerade in der Zwischenkriegszeit die Operette »eine Sünde wert« war. Wie u. a. Stefan Frey in seinem Beitrag »'Eine Sünde wert': Operette als künstlerischer Seitensprung« gut dokumentiert, sind auch Käthe Dorsch, Gitta Alpár, (mit weniger Erfolg) Leo Slezak ... und natürlich Richard Tauber als »Genre-Grenzgänger« unterwegs. Im heutigen Rückblick (auf die Engagements ab 1929 an div. Häusern weltweit), lässt sich bei Vera Schwarz' Rückkehr zur Operette allerdings weniger von einem »künstlerischen Seitensprung« sprechen, denn als vom Versuch (?), ein Gleichgewicht zwischen den Genres zu halten – gewissermaßen einer Hybridität von Hoch- und Populärkultur –, auch wenn die Rezeption (aus dieser Zeit) fast ausschließlich auf ihren Part im berühmtesten Operettentandem zwischen den Weltkriegen fokussiert erscheint.

Medienduett mit Tauber

Richard Tauber war für Vera Schwarz kein neuer Bühnenpartner, auch nicht im Opernrepertoire. Bereits 1921 hatten sie zusammen in Georges Bizets *Carmen* die Bühne der Berliner Staatsoper geteilt, Wien kannte sie u. a. als Tosca und Cavaradossi (Puccini: *Tosca*; 1924/1927), Marietta und Paul (Erich Wolfgang Korngold: *Die tote Stadt*; 1922) sowie Amelia und Gustaf III. (Verdi: *Un ballo in maschera*; 1924). Kultstatus haben die beiden Sänger jedoch bekannterweise im Operettengenre, vor allem im Spätwerk Lehárs erlangt, z. B. mit *Paganini* (1926) und natürlich *Das Land des Lächelns* (UA, 1929), jenes Stück, das die beiden über 600-mal gegeben haben. Der Erfolg des Stücks mit den Erfolgsgaranten Schwarz und Tauber war nicht nur in Berlin überwältigend, auch die Wiener Presse jubelte:

> So kann man Operette machen, so macht sich Operette von selber. Das ist Großstadt-Niveau, das rechtfertigt die 70 Schilling, die man dafür zahlt,

Tauber mit dem Hunderttausend-Dollar-Glanz in der Stimme unter chinesischen Tränen lächeln zu sehen und die schmetternden hohen Cs der Vera Schwarz zu erwarten, die diese splendide Frau nur so durch die Luft wirbelt. Das ganze hat etwas Sportliches, etwas vom Variete. Eine Nummer besser als die andere. Ein Rekord schlägt den anderen. Was kann nach der Tauber-Stimme noch kommen? Die Vera Schwarz-Stimme. Was gibt es nach Taubers As? Sie werden staunen! Das zweimal gestrichene C der Schwarz. Passen Sie auf, wie sie sich da hineinlegen wird. Und alles paßt auf, alles ist entzückt, alles ist begeistert. Es ist schrecklich schön ...« (*Die Stunde* – Abendzeitung »Der Wiener Tag«, 28.9.1930)

Die Grundlagen für das Erfolgsduo sind freilich nicht nur Gesangs- und Darstellungsqualitäten, sondern auch die ideale Passgenauigkeit für das kompositorische Spätwerk von Lehár sowie dessen mediale Reproduktion – Faktoren, die in den sich damals steil entwickelnden Branchen Musikindustrie und Massenmedien untrennbar verbunden sind. Die Verbreitung von Rundfunk und Tonträgern respektive Schallplatten ermöglichten es, musikalische Darbietungen aufzuzeichnen und mit deren Wiedergabe eine viel breitere Öffentlichkeit zu erreichen als mit jeder Bühnenvorstellung. Damit eröffneten sich Sängern ganz neue Möglichkeiten, um ihre Bekanntheit und ihren Marktwert zu steigern, denn Bühnen-, Konzert- und Schallplattenkarriere befeuerten sich gegenseitig: Erfolg in dem einen Bereich förderte den Erfolg im anderen. Da die Tonträgerproduktion zudem gerade zu Beginn unter den Vorzeichen der Vermarktung speziell dafür geeigneter Kleinformen (Lied, Arie, Schlager, Song, auch Duett) »unter besonderer Bezugnahme auf den Singenden als Star« stand, wirkte dies wiederum entsprechend auf Neukompositionen im Bereich des populären Musiktheaters zurück. An diesem Punkt treffen sich nun neue Musikmedien mit Lehárs musikalischen Ambitionen, seine Operetten der Opernform anzunähern. Gemeinsam mit Tauber »machte [er] aus der Operette, was sie bis dahin nie war: ein Melodram, dem die Kleinform des sentimentalen Schlagers das Pathos der großen Oper verlieh.« (Ethel Matala de Mazza) Während der Trend der kommerziell verwertbaren musikalischen Genreangleichung die Karrieren von Sängerinnen wie Vera Schwarz, die über die »Strahlkraft einer großen und schönen Stimme [verfügen]« beflügelte, beschleunigte diese Konkurrenz andererseits die Dämmerung der Diva Fritzi Massary.

Solo in Amerika: Dich, teure Halle, grüß' ich

»Vera Schwarz per Radio nach Amerika engagiert. Ihre Stimme hat durch das Radio in Amerika große Begeisterung erweckt.«

Vera Schwarz hatte vor einigen Tagen in Berlin, wo sie an der Staatsoper wirkt, ein hübsches Erlebnis, das sogar einem verwöhnten Opernstar, wie sie es ist, nicht jeden Tag passiert und noch den großen Vorzug hat, daß es ihr schwere Dollar eintragen wird. Vera Schwarz sang am 11. Oktober in Berlin in einem Radiokonzert, das vom amerikanischen Radioindustriellen Roxy zur Übertragung an alle in seinem Besitz stehenden amerikanischen Radiosender bestimmt war. [...] Als sie fertig war [Anm.: mit Elisabeths Hallenarie aus Wagners *Tannhäuser*], teilte ihr Herr Roxy, der in Berlin weilte, mit, daß ihr Engagement nach Amerika bereits perfekt sei, sofern sie nur gewillt wäre, ihren Namen unter dem vorbereiteten Stückchen Papier zu setzen. (*Wiener Sonn- und Montags-Zeitung*, 9.11.1931)

Ein gutes Jahr nach diesem Radiokonzert – bei dem Schwarz ihren Bühnenpartner Tauber wie erwähnt zu überglänzen vermag –, gibt die Sängerin dann ihr »Sensationelles Debut« in Amerika, und dieses bei keinem geringeren »Event« der Superlative als der Eröffnung der Radio City Music Hall am 27.12.1932: »Die Kritik widmet ihr überschwängliche [sic] Berichte, der Vertrag mit ihr wurde sofort von Roxy um drei Monate verlängert. Auf Grund ihres Erfolges finden auch Verhandlungen statt, um sie für ein längeres Gastspiel an die Metropolitan Opera zu verpflichten«, weiß das *Neue Wiener Journal* (30.12.1932) zu berichten.

Zum Engagement an der MET ist es nicht gekommen, doch ihr Förderer Samuel Lionel »Roxy« Rothafel (als »Rothapfel« im damals preußischen Bromberg, jetzt polnischen Bydgoszcz geboren) war als der seiner Zeit einflussreichste Theaterimpresario, Pionier im Kino- und Rundfunkmanagement und Visionär im Bereich der massentauglichen Live-Unterhaltung in Amerika, ohnehin *die* Schlüsselfigur der expandierenden Unterhaltungsindustrie in Übersee. Als Theatermanager (u. a. des damals größten Theaters der Welt, der Radio City Music Hall, inkl. dem angrenzenden etwas kleineren R-K-O Roxy/Center Theatre), hatte er in der vielseitig begabten und einsetzbaren Vera Schwarz eine ideale Starkünstlerin für seine teilweise spektakulären Multimedia-Veranstaltungen gefunden, die Musik, Tanz, Theater und Film verbanden. Auch über seine eigene Radiosendung (»The Roxy Hour«, früher: »Roxy and His Gang«), die ein Millionenpublikum erreichte, machte er den Namen der Sängerin innerhalb kürzester Zeit nachhaltig bekannt. Als Vera Schwarz knapp sieben Jahre später in die USA emigrierte, konnte sie jedenfalls auf ein nicht gering zu schätzendes existenzsicherndes kulturelles Kontaktnetzwerk zurückgreifen.

Retardierendes Moment: Alles vorbei! Alle sind Fremde und Feinde um mich

Mit einer Vorstellung von Strauss' *Wiener Blut* ging die Sängerinnenkarriere von Vera Schwarz in Deutschland zu Ende. Mit dem Ermächtigungsgesetz für die NSDAP-Regierung unter Adolf Hitler vom 23.3.1933 wurde in der Folge u. a. damit begonnen, alle jüdischen Theaterangehörigen zu drangsalieren und zu entlassen. Wie Richard Tauber, Gitta Alpár, Fritzi Massary und unzählige andere Künstler verließ auch die »jüdischstämmige« Vera Schwarz Berlin und wechselte in ihre Wahlheimat Wien. Dort konnte sie an der Staatsoper wieder große Rollen übernehmen und u. a. in Salmhofers *Die Dame im Traum* (UA 1935) die Rolle der Renate kreieren. Ausgiebige Konzerttätigkeit führte sie außerdem in zahlreiche österreichische Städte und Kurorte, in denen der Liveauftritt der sonst meist nur aus Radioübertragungen oder von Schallplatten bekannten Sängerin Begeisterungsstürme auslöste. Doch auch in Österreich ließ der Schwarz'sche Schwanengesang nicht mehr lange auf sich warten: Am 23.2.1938 sang Vera Schwarz an der

Seite von Richard Tauber ein letztes Mal *Das Land des Lächelns*, ehe beide nach dem »Anschluss« im März 1938 mit über 30 weiteren Mitgliedern des künstlerischen Personals (darunter Bruno Walter, Josef Krips, Lotte Lehmann, Margarete Wallmann etc.) entlassen wurden.

Es ergab sich, dass das Glyndebourne-Festival, das im selben Jahr mit *Macbeth* erstmals eine Verdi-Oper zur Aufführung brachte, zehn Tage vor der Premiere noch/wieder ohne Sängerin für die überaus anspruchsvolle und heikel zu besetzende Lady Macbeth dastand (nachdem schon zwei Sängerinnen abgesagt hatten). Vera Schwarz lernte diese extreme Partie binnen weniger Tage auf dem Weg nach England. Ein geradezu tollkühner Akt, der in der Kritik entsprechend berücksichtigt wurde: »Vera Schwarz war am ersten Abend sichtlich erschöpft, aber obwohl ihr Gesang darunter litt, war ihre schauspielerische Leistung außerordentlich beeindruckend.« (Spike Hughes)

Finale als Gesangs-»Professor«

»Vera Schwarz und Fritzi Massary leben beide in Hollywood und geben Unterricht«, weiß die *Weltpresse* im August 1946 zu berichten. Während sich die Unterrichtstätigkeit von Fritzi Massary bislang noch nicht bestätigen lässt, hat Vera Schwarz nach der Emigration in die USA im Ausbilden erwachsener Stimmen eine neue Leidenschaft für den Nachsommer ihrer aktiven Gesangskarriere gefunden. Nachdem Vera Schwarz mit ihrer Mutter im Dezember 1938 die USA erreichen, sind in den folgenden Jahren zwar noch vereinzelte Opernengagements in New York, Chicago und San Francisco (meist als Tosca und Carmen) verzeichnet, vor allem aber Konzertauftritte (der letzte öffentliche in einem Richard-Tauber-Gedenkkonzert im Februar 1948 im New Yorker Barbizon-Plaza Theatre).

»Die seelische Depression über den Tod der über alles geliebten Mutter [Anm.: 1939] machte ihr längere Zeit das Singen unmöglich, und sie übersiedelte nach Hollywood, übernahm die Leitung des musikalischen Studios der Metro-Goldwyn«, teilt die *Weltpresse* in einem zusammengefassten Interview anlässlich von Schwarz' erster Rückkehr auf europäischen Boden im Jahr 1949 mit. Ein Auftritt am Beginn ihrer Karriere hatte derart bleibenden Eindruck beim Filmproduzenten und Mitbegründer Metro-Goldwyn-Mayer hinterlassen, dass dieser sich an Vera Schwarz erinnerte und ihr ermöglichte, mit den Schauspielern seiner Gesellschaft zu arbeiten: »Ich kam in dieses Land und arbeitete zunächst für MGM; Mr. Mayer erinnerte sich an meinen Gesang in Karlsbad viele Jahre zuvor. Ich unterrichtete Stars wie Nelson Eddy, Jeanette MacDonald, Ilona Massey – eine höchst interessante und lohnende Aufgabe«, erinnert sich Schwarz 1958 gegenüber *Opera News* an ihre Zeit als Neo-Pädagogin.

Wie Margarete Slezak, die Tochter des berühmten Tenors Leo Slezak, in ihren Memoiren *Der Apfel fällt nicht weit vom Stamm* allerdings zu erzählen weiß, war das Unterrichten für Vera Schwarz keine ganz neue Erfahrung: »[Ich machte] der Kammersängerin Vera Schwarz einen Besuch und bat sie, meine Stimme zu prüfen. Frau Schwarz fand, daß es sich lohne, meine Stimme auszubilden, und versprach mir, unter Wahrung strengster Diskretion meiner Familie gegenüber, mir Unterricht zu geben.« Die Gesangsausbildung (in den 1920er-Jahren) war so fruchtbar, dass die junge Slezak eines Tages bei ihrem Rollendebüt als Rachel in Fromental Halévys *La Juive* erstmals gemeinsam mit ihrem berühmten Vater auf der Brünner Bühne auftreten konnte.

»Gerade als sie wieder zu singen anfangen wollte, kam der schreckliche Autounfall [Anm.: 1947?]; Kopf und Hände wurden schwer verletzt, anderthalb Jahre war es der Sängerin nicht möglich, den Mund so weit zu öffnen, um ein paar Töne singen zu können«, weiß die *Weltpresse* (17.9.1949) noch mehr private Details aus dem Exilleben von Vera Schwarz zu berichten: »Nach dem Unfall übersiedelte ich, um den Ort des Schreckens zu vergessen, nach New York. Vier Schüler begleiteten mich, und ich machte ein großes Studio auf.« (*Weltpresse*, 17.9.1949) In diesem gaben sich dann in den nächsten Jahren zahlreiche Solisten der MET und berühmte Sänger wie Hilde Güden, Max Lorenz, Astrid Varnay, Marni Nixon, Risë Stevens, Patrice Munsel, John van Kesteren etc. die Ehre, von Schwarz zu lernen.

Im August 1952 gab die gefragte Gesangslehrerin dann erstmals ihren Erfahrungsschatz im Rahmen der Sommerakademie am Mozarteum Salzburg weiter, und kehrte auch in den folgenden Jahren jeden Sommer für ein paar Monate nach Österreich zurück. Ihre letzte Sommerakademie am Mozarteum gab Vera Schwarz 1961. Von enormem öffentlichem Interesse war außerdem ihre erste öffentliche Meisterklasse im Musikstudio des österreichischen Pavillons auf der Weltausstellung/Expo 1958 in Brüssel. Eigenen Angaben zufolge soll ihr Herbert von Karajan schon kurz nach seiner Übernahme der Direktion der Wiener Staatsoper angeboten haben, dauerhaft mit seinen Sängern zu arbeiten: »Karajan hat mir vor kurzem vorgeschlagen, als ständiger Coach für seine Sänger nach Wien zurückzukommen – eine Position, die ich gerne annehmen würde, wenn ich weiterhin mit meinen amerikanischen Schülern arbeiten könnte«, lässt Schwarz die Leserschaft der *Opera News* 1958 wissen. Zu einem derartigen Coaching-Agreement mit der Wiener Staatsoper ist es nicht gekommen – über Gründe lässt sich nur spekulieren. Vera Schwarz' Verdienste um die Gesangspädagogik bzw. Pflege des sängerischen Nachwuchses aus und in aller Welt wurden jedenfalls im Jahr 1959 mit der Verleihung des Titels »Professor« ausgezeichnet.

Mit fortschreitendem Alter tauschte Schwarz 1962 ihren New Yorker Wohnsitz für einen Ruhestand in ihrer künstlerische Wahlheimat Wien. Anfang Dezember 1964 verstarb sie jedoch im 76. Lebensjahr im ehemaligen Sanatorium Rekawinkel in Pressbaum/Niederösterreich – jenem Ort im Wienerwald, an dem auch der *Fledermaus*-Librettist Richard Genée seinen Lebensabend verbracht hatte.

Abgesang

Eine Künstlerin vom Formate der Vera Schwarz vermag im Kreise ihres Könnens die größten Gegensätze zu umspannen: ja gerade die Verbindung des Verschiedenartigen, das Vermögen, Widerstrebendes zu persönlicher Einheit zu bringen, macht die Größe der Wirkung aus, die stets eine große Strahlungskraft zur Voraussetzung hat. Vera Schwarz sang diesmal die Elisabeth und die Venus [Anm.: *Venus in Seide* von Stolz], also Partien, die schon in der äußeren Charakteristik bezeichnend sind für Gegensätze des

Empfindens. In der Oper Wagners nutzte die Künstlerin Inbegriff der Verhaltenheit und Keuschheit sein, in der Operette von Stolz war sie das Inbild des sinnlichen Weibes, das sich durch Temperament und Rasse »in Seide« eines blendenden Erfolges hüllt. Stimmlich steht Vera Schwarz heute wie nur je auf voller Höhe, überzeugend durch die Sattheit eines strahlenden Tones, dessen Ausdrucksregister dem Zarten und Innigen wie dem Dramatischen und Schlagkräftigen gleich geneigt ist. Daß auch in der Darstellung alle Möglichkeiten ausgeschöpft werden, ist fast müßig zu sagen. (*Süddeutsches (Grazer) Tagblatt*, 8.1.1934)

Verwendete Literatur

Stefan Frey: »Ein bisschen Trallala…«. Fritzi Massary oder die Operetten-Diva, in: *Diva – Die Inszenierung der übermenschlichen Frau. Interdisziplinäre Untersuchungen zu einem kulturellen Phänomen des 19. und 20. Jahrhunderts*, hrsg. von Rebecca Grotjahn, Dörte Schmidt und Thomas Seedorf, Schliengen/Markgräflerland 2011 (= Forum Musikwissenschaft, Bd. 7), S. 184–194, bes. S. 187.

Marion Linhardt: *Inszenierungen der Frau – Frau in der Inszenierung. Operette in Wien zwischen 1865 und 1900*, Tutzing 1997, S. 18.

Rebecca Grotjahn: Singen – Körper – Medien, in: *Stimme – Körper – Medien. Gesang im 20. und 21. Jahrhundert*, hrsg. von Nils Grosch und Thomas Seedorf, Lilienthal 2021, S. 13–39, hier S. 30.

Barbara Zuber: Die inszenierte Diva. Zur Ikonographie der weißen Primadonna im 19. und frühen 20. Jahrhundert, in: *Diva – Die Inszenierung der übermenschlichen Frau. Interdisziplinäre Untersuchungen zu einem kulturellen Phänomen des 19. und 20. Jahrhunderts*, hrsg. von Rebecca Grotjahn, Dörte Schmidt und Thomas Seedorf, Schliengen/Markgräflerland 2011 (= Forum Musikwissenschaft, Bd. 7), S. 147–157, hier S. 147.

Hans-Otto Hügel: Das selbstentworfene Bild der Diva. Erzählstrategien in der Autobiographie von Sarah Bernhardt, in: *Diva – Die Inszenierung der übermenschlichen Frau. Interdisziplinäre Untersuchungen zu einem kulturellen Phänomen des 19. und 20. Jahrhunderts*, hrsg. von Rebecca Grotjahn, Dörte

Schmidt und Thomas Seedorf, Schliengen/Markgräflerland 2011 (= Forum Musikwissenschaft, Bd. 7), S. 37–57, hier S. 51.

Spike Hughes: *Glyndebourne: A History of the Festival Opera*, London 1981, S. 128 und 129.

Stefan Frey: »'Eine Sünde wert': Operette als künstlerischer Seitensprung., Richard Tauber und andere Genre-Grenzgänger, in: *Kunst der Oberfläche. Operette zwischen Bravour und Banalität*, hrsg. von Bettina Brandl-Risi, Clemens Risi und Komische Oper Berlin, Leipzig 2015, S. 111–124.

Ethel Matala de Mazza: Die Diva. Operettenschicksale einer Kunstfigur, in: *Kunst der Oberfläche. Operette zwischen Bravour und Banalität*, hrsg. von Bettina Brandl-Risi, Clemens Risi und Komische Oper Berlin, Leipzig 2015, S. 93–110, hier S. 104.

Jarmila Novotná

Ein von Musik erfülltes Leben im 20. Jahrhundert

Von Gottfried Franz Kasparek

Die Duse der Oper

»… Ich war 17, als ich die Traviata zum ersten Mal gesungen habe und es ist eine Rolle, die eine außergewöhnliche Gelegenheit bietet, alle Facetten des Talents sowohl stimmlich als auch theatralisch zu zeigen. Körperlich ist die Rolle gleichermaßen anspruchsvoll und das Fehlen einer dieser Eigenschaften kann zum Scheitern führen. Die Uraufführung des Werks in Venedig war eine Katastrophe, da die Sopranistin 200 Pfund wog. Ich hatte Glück mit meiner ersten Traviata an der Metropolitan Opera im Jahr 1940. Die Kritiker sagten, ich sei eine singende Duse. Ich hatte das Glück, mit Max Reinhardt in Berlin zusammenzuarbeiten, und er hat mir geholfen, mein natürliches schauspielerisches Talent optimal auszuschöpfen. Ich habe so viel von ihm gelernt […] Man sollte nicht mich sehen, sondern die Frau, die ich darstellen musste. Ich finde, man sollte der Charakter sein. Natürlich porträtiert man sie, weil man es selbst tut, aber wenn man vorher alles

Abb. 9: Jarmila Novotná, Opernsängerin und Lehárs erste »Giuditta«.

über die Rolle studiert, kann man wirklich die Art und Weise entwickeln, die die Figur an den Tag legen muss. Reinhardt hat mir beigebracht, die Figur zu sein. Das ist das Wichtigste. Heutzutage singen viele junge Leute wunderschön und technisch gut, aber ich habe Auftritte erlebt, bei denen ich am Ende nicht geweint habe. Es überraschte mich, dass ich nicht gerührt war.« (Jarmila Novotná 1988)

Giuseppe Verdis Violetta Valery in »La Traviata« war eine ihrer Glanzrollen und der Auftritt an der MET war natürlich nicht ihr erster in dieser Partie. Die »Duse« meint die einst weltberühmte italienische Schauspielerin Eleonora Duse (1858–1924). In diesem hier zitierten Interview mit dem US-amerikanischen Journalisten Bruce Duffie aus dem Jahr 1988 erzählt Jarmila Novotná mit Geist, Witz und Herzenswärme über ihre großen Opernrollen, ihre Liebe zu Mozart, Verdi, Puccini und natürlich auch zu Bedřich Smetana, in dessen »Prodaná nevěsta« (Die verkaufte Braut) sie im Jahr 1925 erstmals eine Opernbühne, die des Nationaltheaters Prag, betreten hatte, und zwar gleich in der Hauptrolle der Mařenka (Marie). Am Konzertpodium hatte die am 23. September 1907 geborene Prager Tschechin schon im Vorjahr debütiert. Bereits anfangs 1926 wurde sie als Violetta Valery gefeiert und 1928 als Gilda in Verdis »Rigoletto« in Verona. In Prag wurden am Nationaltheater alle Opern tschechisch gesungen, aber ihre erste Lehrerin am Konservatorium, Ema Destinnová, international besser bekannt als Star der MET und häufige Caruso-Partnerin Emmy Destinn, hatte ihre hochbegabte Schülerin mit dem sinnlich-silbernen Timbre sicher schon auf italienische Aufführungen vorbereitet. Das Deutsche war der jungen Künstlerin aus der damals noch zweisprachigen böhmischen Metropole ohnehin nicht fremd, später erlernte sie Französisch – auch für Jules Massenets »Manon«, die sie sehr mochte – und Englisch. Noch dazu hatte sie bereits Meisterkurse beim berühmten Gesangspädagogen Antonio Guarnieri in Mailand besucht.

Aus einer begabten jungen Sängerin wird »die Novotná«

Maestro Otto Klemperer engagierte Jarmila Novotná 1929 an die Berliner Krolloper, wo sie bis 1933 im Ensemble blieb. Daneben gastierte sie in Stücken Jacques Offenbachs an Max Reinhardts Berliner Schauspielhaus, als auch optisch ideale »Schöne Helena« und als Puppe Olympia in »Hoffmanns Erzählungen«. Sie war also zunächst vor allem eine brillante Koloratursopranistin, deren Spieltalent Reinhardt intensiv förderte. So konnte sie am 20. Jänner 1933 im Admiralspalast auch packend eine Operettendiva in dem Stück »Frühlingsstürme« von Jaromir Weinberger darstellen – an der Seite von Richard Tauber. Weinberger, ein Landsmann der Sängerin, ist bis heute insbesondere mit seiner köstlichen böhmischen Volksoper »Švanda dudák« (Schwanda, der Dudelsackpfeifer, Prag 1927) bekannt geblieben. In seiner Operette verleugnete er den Opernkomponisten nicht, zollte aber auch der Swingära seinen Tribut. Das hybride, doch lohnende, mittlerweile wiederentdeckte und teils rekonstruierte Werk verschwand in Berlin wegen der Machtergreifung Hitlers schnell von der Bühne, denn Weinberger war jüdischer Abstammung und der »Halbjude« Tauber, eben noch ein umjubelter Star der deutschen Bühne, wurde sogar tätlich angegriffen. Weinberger ging zunächst nach Prag und Wien und später in die USA. Schon am 19. Jänner 1929 hatte Jarmila Novotná als Gilda das Publikum der Wiener Staatsoper erobert und gastierte seitdem immer wieder in der Donaustadt, wohin sie nun fest ins Engagement ging und wo sich die ihre Heimat liebende Frau wohler fühlte als im Nazireich. Wien war, wie noch 1968 der emigrierte Dichter Pavel Kohout meinte, »die größte tschechische Stadt« – ein paar Blicke ins Telefonbuch beweisen auch jetzt noch, dass dies eine gewisse Berechtigung hat.

Hier sind kurze Ausblicke und Einblicke in die beachtliche Filmkarriere und in das unspektakuläre Privatleben der Sängerin am Platz. Jarmila Novotná hatte 1932 mit dem Kultregisseur Max Ophüls den ersten Opernfilm der Geschichte, »Die verkaufte Braut«, gedreht, nicht mit Tauber, sondern mit dem Bariton Willy Domgraf-Fassbaender als Hans. Im Jahr 1934 drehte der tschechische Regisseur Karel Lamač in Wien mit ihr in der Titelrolle »Frasquita« nach Franz Lehárs Operette – wieder nicht mit Tauber, sondern mit dem »arischen« Tenor Hans-Heinz Bollmann, denn der Film sollte auch am deutschen Merkt reüssieren, wie es dann auch geschah. »Die Novotná« war zweifellos in kurzer Zeit ein europäischer Star geworden und trat oftmals als Gast in München, Rom, Paris und Brüssel auf. Ihren Geburtsnamen behielt sie als Künstlerin lebenslang, bürgerlich hieß sie seit 1931 (nach anderen Quellen 1933) Jarmila Daubek. Ihr Angetrauter, Baron Jiři (Georg) Daubek (auch Doubek, 1890–1981) war ein musisch gebildeter böhmischer Landedelmann und Geschäftsmann, der seine Güter verwaltete und sich bis zu seinem Tod als liebevoller Begleiter seiner Frau erwies. Die Ehe verlief offensichtlich glücklich und war mit zwei Kindern gesegnet, welche die Vornamen ihrer Eltern erhielten. Georg und Jarmila Daubek wuchsen großteils in den USA auf. Unter den weiteren Filmen unter Mitwirkung Jarmila Novotnás, einem guten Dutzend, darunter noch einer Operettenverfilmung (»Der letzte Walzer« nach Oscar Straus, 1936) ragen »The Search« (1948, deutsch »Die Gezeichneten«) von Fred Zinnemann und »The great Caruso« (1951, »Der große Caruso«) von Richard Thorpe heraus. Im ersten spielte sie berührend eine verzweifelte Mutter, die in den Wirren des Krieges ihr Kind sucht, im zweiten war sie ebenfalls vor allem als Schauspielerin tätig und begegnete Enrico Caruso, der von einer Tenorlegende der Nachkriegszeit verkörpert wurde, dem Italo-Amerikaner Mario Lanza. Dies geschah übrigens in einer Zeit, in der Jarmila Novotná als *die* Traviata der MET galt, war also sicher kein altersbedingtes Ausweichen in eine andere Sparte der Kunst, sondern eine zusätzliche Befriedigung der einst von Max Reinhardt erweckten darstellerischen Begabung.

Publikumsliebling in Österreich

Was hat »die Novotná« in Wien und Salzburg bis 1938 nicht alles gesungen und gespielt! Wolfgang Amadé Mozart war einer ihrer Lieblinge unter den Opernkomponisten. So konnte man sie abwechselnd als Gräfin und Cherubin in, wie damals am Programmzettel stehend, da deutsch gesungen, »Die Hochzeit des Figaro« erleben. Im Jahr 1935 gab sie die Contessa, 1937 den Cherubino auch auf Italienisch bei den Salzburger Festspielen unter der Leitung von Bruno Walter; von »Le Nozze di Figaro« ist ein kostbares Livedokument vom August 1937 erhalten geblieben und auf CD erschienen. Der Page lag ihr, wie sie selbst erzählte, noch mehr am Herzen als die Contessa. Als Fiordiligi in »Cosí fan tutte« erfreute sie das Publikum ebenfalls in Wien und Salzburg, ihre letzte Wiener Pamina in der »Zauberflöte« fand am 23. April 1938 statt. Zu ihren liebsten Rollen zählte die Eurydike in Christoph (Willibald) Glucks »Orpheus und Eurydike«, damals in deutscher Fassung, mit der sie 1949 noch einmal mit Joseph Krips am Pult zu den Salzburger Festspielen zurückgekehrt war. Zwischen 1935 und 1938 war sie in Wien häufig der Octavian im »Rosenkavalier«, dessen Komponist Richard Strauss so begeistert von ihr war, dass er sie zur »Arabella« überreden wollte. Sie studierte die Partie, legte sie aber aus stimmtechnischen Gründen wieder beiseite. Dagegen kehrte sie nach dem Krieg zwar nicht mehr in die Wiener Staatsoper, aber 1949 auch als Octavian in das Salzburger Festspielhaus zurück, mit dem legendären Dirigenten George Szell – und zwei Stars, die in der Nazizeit in Deutschland verblieben waren, Maria Reining als Marschallin und Jaro Prohaska als Ochs. Letzterer, ein echter Tscheche aus Wien, war noch dazu ein gefeierter Hans Sachs in Bayreuth unter den auf der Festwiese der »Meistersinger von Nürnberg« wehenden Hakenkreuzfahnen, Wilhelm Furtwänglers Leitung und mit Adolf Hitler im Publikum gewesen. Wir wissen nicht, was Octavian und Ochs in Salzburger Probenpausen besprochen haben … möglich, dass sie einander schon kannten, denn der Bassist war 1936/37 in der Wiener Staatsoper aufgetreten, allerdings in keiner Vorstellung mit Jarmila Novotná und fast nur in Werken Wagners.

Jarmila Novotná war ein Koloratursopran mit strahlenden Höhen und tragfähiger Mittellage und Tiefe, was ihr gestattete, das nicht allzu sehr mit Orchesterwogen unterlegte lyrische Fach und manche sonst eher Mezzosopranen zugedachte Rollen wie Octavian oder Orlofsky in der »Fledermaus« des Johann Strauss zu singen. Sie wusste genau, was ihr lag und was nicht – so hat sie um Richard Wagner mit Ausnahme einer späten »Rheingold«-Freia in New York ebenso einen Bogen gemacht wie um Georges Bizets »Carmen«, die sich viele Dirigenten und Regisseure von ihr sehr gewünscht haben. So hat sie Giacomo Puccinis »Tosca« nur in Konzerten gesungen, aber sehr wohl und sehr erfolgreich seine Mimí in »La Bohéme« und seine »Madame Butterfly« auch oft auf der Bühne interpretiert, mit der ihr ganz eigenen, bezaubernden, erfühlten Wärme und Gesangskultur. Sie war eine wunderbare Tatjana in Pjotr Iljitsch Tschaikowskys »Eugen Onegin« und als Marie in »ihrer« Oper schlechthin, der »Verkauften Braut«, trat sie in Wien 21-mal auf. Dass statt Bedřich hier Friedrich Smetana am Programm stand, störte sie nicht, denn sie wusste wohl, dass der Schöpfer der tschechischen Nationalmusik sich ursprünglich selbst so geschrieben hatte und sein Meisterwerk seinen Siegeszug um die Welt einst in deutscher Fassung von Wien aus angetreten hatte. Im Jahr 1936 war sie als Frasquita, nicht von Lehár oder Bizet, sondern von Hugo Wolf in Wien zu sehen. Dessen Oper »Der Corregidor« wurde von Zeit zu Zeit wiederbelebt und die Hauptrolle der lebenslustigen

Müllerin Frasquita war eine schöne Aufgabe. Ihre letzte Vorstellung im Haus am Ring war »La Traviata« am 25. April 1938 mit Anton Dermota als Alfred Germont. Dass sie damals noch unbehelligt in Wien auftreten durfte, spricht übrigens ebenso wie die Mitwirkung bei in Deutschland erlaubten Filmen nach 1933 gegen eine mitunter vermutete Abstammung, die den rassistischen »Nürnberger Gesetzen« nicht entsprach.

Mit Richard Tauber trat sie, abgesehen von »Giuditta«, relativ selten auf, nur in einigen Vorstellungen der »Verkauften Braut« und der »Madame Butterfly« sowie am 31. Dezember 1933 in der traditionellen Silvester-»Fledermaus« – in der freilich beide keine Rollen im Stück verkörperten. Es handelte sich um die oft üblichen Einlagen im zweiten Akt. Welche es waren, ist im Archiv leider nicht verzeichnet. Und wann war ihre letzte »Giuditta«-Vorstellung? Franz Lehárs explizit für die Wiener Staatsoper geschaffene »musikalische Komödie« stand mit Jarmila Novotná und Richard Tauber zum letzten Mal am 7. März 1938 am Programm, also fünf Tage vor dem Einmarsch der Nazi-Truppen. Dirigent war Carl Alwin. Es war dies die 43. Vorstellung seit der Uraufführung am 20. Jänner 1934. Jarmila Nobotná war 42-mal in der Titelrolle und nur zweimal mit anderen Tenorpartnern als Tauber auf der Bühne. Das von der Kritik nicht gerade in den Opernhimmel gehobene Stück war also ein veritabler Publikumserfolg, denn die Hüter der Kassengebarung waren schon damals beinhart. Die *Ehrung eines radikalen Melodikers* (so Joseph Marx in einer der wenigen positiven Kritiken) hatte sich im Repertoire durchgesetzt.

Die zweimal verlassene Heimat

Am 11. März 1938, am Tag vor dem Einmarsch, spielte man in der Oper »Eugen Onegin« mit Jarmila Novotná als Tatjana. Der junge Marcel Prawy (1911–2003), damals Sekretär des mit Tauber befreundeten polnischen Startenors Jan Kiepura, später, nach seiner Rückkehr aus dem US-Exil, unvergesslicher Dramaturg und Opernführer in seiner Heimatstadt Wien und nahezu weltweit bekannt und beliebt, war in dieser Vorstellung wie, wenn er in Wien weilte, in fast jeder der Opernhäuser seiner Heimatstadt. In seinen im Jahr 1996 erschienenen Lebenserinnerungen erzählt er eine grotesk anmutende Anekdote, deren Wahrheitsgehalt hoch ist, denn er gehörte auch zum Freundeskreis von Jarmila Novotná:

> *»Sie erzählte mir später, wie sich während der Vorstellung bereits wilde Gerüchte verbreiteten.«* Danach *»fuhr sie mit ihrem Gatten, Baron Doubek, nach Hause. Da wurde plötzlich ihr Auto von einem Wachmann energisch angehalten. Baron Doubek versuchte, ihm klarzumachen, wer seine berühmte Gattin sei, er möge sie in Ruhe lassen.«* Da sagte der Wachmann: *»Aber ja! Ich habe gesehen, Sie fahren mit einer tschechischen Nummer und ich wollte Sie nur bitten, mich über die Grenze mitzunehmen…«*

Jarmila Novotná erfüllte offensichtlich ihren Wiener Vertrag bis Ende April 1938, gastierte noch in Italien und Frankreich und zog sich schließlich als leidenschaftliche Gegnerin des Faschismus und überzeugte Pazifistin in die USA zurück. Am 15. März 1939, exakt am Tag des Einmarsches der deutschen Truppen in Prag, erreichte sie mit Mann und Kindern New York. Baron Doubek hatte seine böhmischen Güter zurückgelassen, die er auf dem Papier noch bis 1950 besaß. In den Vereinigten Staaten setzte sich die sprachbegabte und charismatische Künstlerin schnell durch, zunächst trat sie in Los Angeles und San Francisco auf und von 1940 bis 1956 war sie fest an der New Yorker Metropolitan Opera (MET) engagiert. Sie spielte dort ihre Glanzrollen, dazu kamen die schon erwähnte Freia, die Antonia in Offenbachs »Les Contes d'Hoffmann« und die Mélisande in Claude Debussys »Pelléas et Mélisande«. Die Aufführungen der MET fanden großteils in den Originalsprachen statt. Im Interview mit Bruce Duffie meinte sie, Komödien wie »Die Hochzeit des Figaro« seien in Übersetzungen für das Publikum leichter verständlich, erzählte aber auch, wie in Boston ein Versuch, Debussys sehr an die französische Sprache gebundene Oper auf englisch zu singen, katastrophal schief gegangen war. An 208 Abenden trat sie an der MET auf, davon waren nicht weniger als 103 ihren drei stets umjubelten Hosenrollen Cherubino, Octavian und Orlofsky gewidmet.

Im Jahr 1942 veranstaltete sie Benefizkonzerte für die Opfer des grässlichen Massakers, welches die SS im böhmischen Dorf Lidice verübt hatte. Sie sang tschechische Lieder; am Klavier wurde sie begleitet von Jan Masaryk, dem emigrierten Sohn des Mitbegründers und ersten Präsidenten der Tschechoslowakei. Jan Masaryk sollte 1948 als Außenminister ein Opfer des kommunistischen Putsches in Prag werden (»Dritter Prager Fenstersturz«). Des Öfteren gastierte sie in Buenos Aires und in Rio de Janeiro. Ihren Abschied von der MET nahm sie am 15. Jänner 1956 als Orllovsky in der »Fledermaus«. Schon ab 1946 war sie wieder in Europa unterwegs, so auch 1947 in Prag als Tatjana. Eine dauerhafte Rückkehr in die Heimat war vorgesehen, doch die politische Entwicklung trieb sie und ihre Familie zum zweiten Mal in die Emigration.

Ein glückliches Alter

Jarmila Novotnás letzter größerer Auftritt in einem Opernhaus scheint 1957 in Wien stattgefunden zu haben. Genauere Daten lassen sich mangels eines tauglichen Archivs der Wiener Volksoper leider nicht ermitteln. Doch es ist sicher, dass der alte Freund Marcel Prawy sie damals für eine Vorstellungsserie der Operette »Madame Pompadour« von Leo Fall gewinnen konnte und dass diese Abende vom Publikum gefeiert wurden. Anschließend blieb sie in Wien, bezog eine Wohnung in Hietzing und lebte dort eher zurückgezogen bis zum Tod ihres Mannes im Jahr 1981. Der Schreiber dieses Beitrags war in den 1970er-Jahren Stammgast am Stehplatz der Wiener Staatsoper und erinnert sich an eine attraktive ältere Dame, die mitunter neben Prawy freundlich lächelnd in der Direktionsloge saß – und es wurde im Hause geraunt, »die Novotná« sei da. Zu einer persönlichen Begegnung kam es leider nie. Da ihre Kinder in Amerika lebten, übersiedelte sie 1981 nach New York, kam aber hin und wieder auf ein paar Tage nach Wien. Im Jahr 1987 trat sie anlässlich ihres 80. Geburtstags in einer von Prawy veranstalteten und ebenso kundig wie launig moderierten Fernsehshow im ORF auf.

Nach dem Ende der CSSR kehrte Jarmila Novotná ab 1989 etliche Male in ihre Heimat zurück, traf den Schriftsteller und Staatspräsidenten Vaclav Havel, initiierte Kulturprojekte und wurde hoch geehrt. Sie verfasste eine Autobiografie in ihrer Muttersprache, »Byla jsem stastna« (Ich war glücklich), erschienen 1991 in Prag. Das Buch ist zwar in einer englischen Version unter dem Titel »My Life in Song« antiquarisch erhältlich, wurde aber bislang nicht ins Deutsche übersetzt. Vor einigen Jahren wurde ein Asteroid nach Jarmila Novotná benannt – und im Prager Stadtteil Radotin, wo sie einst gelebt hat, eine Straße. Sie verstarb am 9. Februar 1994 in New York. Ihre Urne ruht in der Gruft der Familie ihres Gatten im Park von Schloss Liteň (Litten) bei Beroun, südwestlich von Prag. Im restaurierten Schloss findet seit 2012 das »Novotná Festival« statt. Der Sohn der Namensgeberin, George Daubek, ein liebenswürdiger und rüstiger alter Herr, ist im Beirat des Festivalvereins und auf YouTube mit einer kurzen Begrüßung in tschechischer Sprache zu hören und zu sehen.

Der Zauber einer Stimme und einer Persönlichkeit

Es gibt eine Aufnahme der von Bruno Walter geleiteten Vorstellung von Mozarts »Don Giovanni« an der MET am 7. März 1942, in der Jarmila Novotná eine »resche und resolute« Donna Elvira war. »Eine Winzigkeit mag den wahren Ensemblegeist dieser Truppe bezeugen: Als der rhythmisch etwas unruhige Alexander Kipnis im Sextett des zweiten Aktes aus dem Takt gerät und (bei: Perdon, perdono …) zweimal falsch einsetzt, kommt ihm Jarmila Novotna, die als Elvira gerade einige Takte Pause hat, geistesgegenwärtig zu Hilfe, und singt ihm seinen Part eine Oktave höher einfach vor, bis jener wieder Tritt fasst. Kann man sich eine solche spontane Hilfe heute überhaupt noch vorstellen? An diesem Abend kreisten wirklich alle Schutzengel über New York …« So schrieb Attila Csampai 1996 in seiner Besprechung des damals auf CD erschienenen historischen Dokuments im Rondo-Magazin.

Die CD wird immer noch angeboten, ebenso wie die gleichfalls in der MET entstandenen Aufnahmen von Glucks »Orpheus und Eurydike« und Verdis »La Traviata« sowie die Salzburger Festspiel-Dokumente von »Le Nozze di Figaro« (1937) und »Der Rosenkavalier« (1949). Letzteren gibt es auch aus der MET (1946, ebenfalls unter George Szell, mit der bemerkenswerten Irene Jessner als Marschallin und einem weiteren prominenten Emigranten, Emanuel List, als Ochs). In beiden Aufnahmen der Strauss-Oper ist Jarmila Novotná in der Rolle des Octavian zu genießen, stimmlich unschlagbar, im Ausdruck berückend, als sehr junger Mann glaubwürdig in jeder sensiblen Nuance und im »Weanerischen« der Mariandl-Szenen so echt wirkend, als wäre sie in Ottakring aufgewachsen. Bei all diesen Aufnahmen ist man natürlich mit einer trotz allem »Remasterings« oft gewöhnungsbedürftigen Tontechnik konfrontiert, aber man gewöhnt sich beim Hören schnell daran. Die Stimmen kommen meist gut zur Geltung. Dies gilt auch für ein »Opera-Recital« mit einem Querschnitt durch das italienische, französische und tschechische Repertoire der Sängerin und für auf etliche Sammel-CDs wie »Franz Lehár dirigiert« oder »Goldene Operette« verstreute Ausschnitte aus »Giuditta«. Mit einigem Glück bekommt man auch noch eine tschechische CD aus dem Jahr 1992, auf der die von Jarmila Novotná zwischen 1926 und 1956 in ihrer Muttersprache aufgenommenen Lieder und Arien vereint sind, darunter auch die von Jan Masaryk am Klavier ausdrucksvoll begleiteten und offenbar auch arrangierten Volkslieder für Lidice (New York 1942). Dies ist ein kostbares Dokument, welches zutiefst berührt.

Im Jahr 1991 entstand ein Fernsehinterview mit Jarmila Novotná in Prag, welches auf YouTube zu finden ist. Auch wenn man des Tschechischen nicht mächtig ist, bewundert man die elegante Eloquenz und fröhliche Natürlichkeit der immer noch »reschen und resoluten« Künstlerin. In diesem gut halbstündigen Film sind zudem einige kostbare Ausschnitte aus Schwarz-Weiß-Streifen der Dreißigerjahre eingestreut. Wer kennt heute noch den Musikfilm »Der Kosak und die Nachtigall« von 1935, in dem eine sehr damenhafte Nachtigall einen zündenden Schlager des Wahlwieners Willy Schmidt-Gentner (1894–1967), der Dutzende Filmmusiken komponiert hat, singt? Oder eine tschechische Verfilmung von Smetanas sehr unterschätzter Volksoper »Hubička« (Der Kuss), in der Jarmila Novotná als böhmisches Bauernmädel in Tracht zu bewundern ist und mit slawischer Seele und Jubel in der Stimme ein wundersames Liebeslied singt? Und gar die schon erwähnte Zelluloidversion von Lehárs »Frasquita«, in der sie in das Kostüm des spanischen »Zigeunermädchens« schlüpft und das mit leiser Wehmut grundierte Lied »Wüßt ich, wer morgen mein Liebster ist …« mit einer derart faszinierenden Mischung aus Inbrunst und mitreißendem Operettenpep singt und derart sinnesfroh spielt und tanzt, dass einem auch heute noch heiß und kalt wird. Welch eine Singschauspielerin! Und so geht Operette!

Auf ihre Aufnahme von Giudittas Lied »Meine Lippen, die küssen so heiß«, könnte man, obwohl sie verkürzt ist, süchtig werden. Und was geschieht, wenn sie die pubertierende Unrast des Jünglings Cherubino auf den Punkt bringt? Die unter Lachen weinende Traviata? Die Briefszene der heillos verliebten Tatjana? Es geschieht Verzauberung und ganz großes Theater. Aus der Tiefe der Zeit, unter der Leitung des Komponisten, erklingt mit den Wiener Philharmonikern 1934 das Duett aus Lehárs »Giuditta«, »Schön wie die blaue Sommernacht«. Ein Paar im Liebesrausch, doch im Rausch ist die latente Tragik mitkomponiert. Und die Stimmen von Jarmila Novotná und Richard Tauber, Silberklang und bronzenes Timbre, verschmelzen zu einer glückhaften Einheit, die für Momente möglich ist.

Anmerkung

Die Hauptwörter in den italienischen Titeln werden in diesem Beitrag immer groß geschrieben, weil dies historisch richtig ist. Die Kleinschreibung gibt es erst seit einer italienischen Rechtschreibreform vor etwa fünfzig Jahren.

Verwendete Literatur und Quellen

www.bruceduffie.com
www.rondomagazin.de

www.wikipedia.at
www.zamekliten.cz (Jarmila Novotná Festival)
www.youtube.com
https://archiv.wiener-staatsoper.at
https://www.salzburgerfestspiele.at/startseite-archiv
Marcel Prawy erzählt aus seinem Leben, Wien 1996

Käthe Dorsch, eine Lehár-»Heldin«?
Sie war doch eine gefeierte Mimin!

Von Heide Stockinger

Zwei Lebenswege kreuzen sich

Käthe Dorsch (29.12.1890–25.12.1957) war weder »nur« Soubrette, schon gar nicht Primadonna, sie war eine genreübergreifende Künstlerin. Nach ihrer Operettenphase in der Jugend und gelegentlichen Auftritten an Berliner Häusern, auch noch in den Zwanzigerjahren, gewann sie vor allem Profil als Schauspielerin, als Filmstar, und in den Jahren ab 1939 als Ensemblemitglied des Wiener Burgtheaters.

1928 kreuzten sich in Berlin die Wege einer beliebten Bühnendarstellerin und eines berühmten Sängers. Käthe Dorsch ließ sich nämlich dazu überreden, die Titelpartie in Franz Lehárs Singspiel *Friederike* zu singen. Sie schlüpft in die Rolle der Sesenheimer Pfarrerstochter, die sich unsterblich in den jungen Goethe verliebt, der in Straßburg Jurisprudenz studiert. Der angehende Dichter schafft es aus dem bildungsbürgerlichen Bücherschrank in Gestalt des Richard

Tauber auf die Operettenbühne, aber die aus seiner *Dichtung und Wahrheit* entsprungene Friederike bekommt er trotz seiner lyrischen Ergüsse (»O Mädchen, mein Mädchen, wie lieb ich dich«) am Ende doch nicht.

»Im Jahre 1927«, erinnert sich Tauber in seinen Memoiren, »folgte [auf *Paganini*] ohne Widerspruch – Direktor Saltenburg wusste ja, es wird ein Geschäft – *Zarewitsch*, abermals im Deutschen Künstlertheater [16. Jänner]. Das Berliner Spekulantentum – Berlin war schon vor der Kriegszeit eine Theaterbörse – hatte sich der beiden Namen Lehár/Tauber bemächtigt. Die Gebrüder Rotter [Alfred 1886–1933 und Fritz Rotter 1888–1939], geschäftstüchtige Theaterfachleute, wollten die Konjunktur nicht vorübergehen lassen, ließen das Metropol-Theater durch Umbau vergrößern und prächtig herrichten, und im Herbst 1928 fand die Uraufführung von *Friederike* im Metropol-Theater statt, und Käthe Dorsch als Friederike bot darstellerisch und in ihrem gesanglichen Vortrag eine Sensation.«

Zum Zeitpunkt der *Friederike*-Produktion waren Käthe Dorsch, so wie auch Richard Tauber schon Mitte dreißig. Da aber »die Dorsch« und auch »der Tauber« schon vom Berliner Theaterpublikum zu Publikumslieblingen erkoren waren, stand Lehárs neuestes Werk unter einem guten Stern. Was vielleicht auf den ersten Blick nicht auf Anhieb einleuchtend ist, nämlich, dass sie ein Traumpaar auf der Bühne abgeben würden, haben die Gebrüder Rotter ihrem Theaterinstinkt vertrauend vorausgesehen.

Für das von Heinz Ludwigg 1928 herausgegebene Buch »Gesicht und Maske Band I, Richard Tauber« erklärte sich Käthe Dorsch bereit, einen Beitrag zu schreiben über ihre Erfahrungen mit ihrem berühmten Bühnenpartner. Sie berichtete in drei Abschnitten: Bevor die Proben begannen, während der Proben und nach einigen Bühnenaufführungen.

Mein Partner
Ich soll sagen, was ich über Tauber denke, was ich von ihm halte? / Ist der Zeitpunkt dazu nicht zu früh, jetzt, wo die Proben zur »Friederike« noch gar nicht begonnen haben? Kenne ich denn überhaupt Richard Tauber?

Abb. 10: Richard Tauber und Käthe Dorsch in *Friederike*, Berlin Oktober 1928.

Ich habe es mir überlegt, natürlich kenne ich ihn. / Tauber, den Opernsänger, Tauber, den Operettensänger, Tauber, den Platten-Sänger. / Aber Tauber, den Kollegen? / Vorläufig also kenne ich ihn nur »vom hören«. / Und muß ich da erst kommen, um zu sagen, wie gewaltig seine Wirkungen sind, und diese Wirkungen nichts verlieren, wenn man ihn nicht sieht, sondern nur hört?

Ich bin wieder eine Etappe weiter. / Jetzt, nach einigen Proben, nach einigen Stunden, in denen wir über unsere Rollen sprachen, weiß ich, daß ich von ihm als Mensch, Kollege und Künstler sehr begeistert bin. / Und: Von Tauber angesungen zu werden und dafür auch noch eine Gage bekommen – ist einfach herrlich. / Aber man frage mich (auch ich werde mich fragen) nach der Premiere, wenn er mich in Grund und Boden, wenn er mich totgesungen hat und gar nichts mehr von mir übrig ist - - - / Ob ich dann meine Meinung nicht geändert habe?

Ich habe meine Meinung nicht geändert. / Jetzt, durch unser tägliches Zusammenspielen, habe ich ihn noch mehr, noch besser kennengelernt. / Ich bleibe dabei: Richard Tauber ist es wert, daß man sich für ihn begeistert.

Der Aufstieg zur vielseitigen Bühnendarstellerin im Berlin der Weimarer Republik

Käthe (Katharina) Dorsch wurde am 29.12.1890 als Tochter des Lebkuchenbäckers Christoph und dessen Ehefrau Magdalena in Neumarkt in der Oberpfalz geboren. 1893 zog die Familie nach Nürnberg. Käthe erhält wie auch ihr Bruder Klavierunterricht. Nach dem frühen Tod des Vaters im Jahr 1901 besucht sie zunächst die Handelsschule. Sie ist 15 Jahre alt, als sie sich als »Volk« zu einer Aufführung der »Meistersinger von Nürnberg« meldet. Sie wird in den Extrachor des Nürnberger Stadttheaters aufgenommen. Sie schnuppert Theaterluft! Sie nimmt Unterricht bei einem Nürnberger Schauspieler. Sie tritt als Ännchen in Max Halbes Stück *Jugend* auf. Es folgen kleinere Rollen, auch in Hanau das Klärchen in *Egmont*. Sie erhält 1908 in Mainz ein Engagement als Operettensängerin. Sie ist das Annamirl in Leo Falls Operette *Der fidele Bauer*, sie ist in Georg Jarnos gleichnamiger Operette die Försterchristel, die Valencienne in Lehárs *Die lustige Witwe*, in Jean Gilberts gleichnamiger Operette die keusche Susanne und zuletzt die Peppi in *Wiener Blut*. Der Sänger Rudolf Christians vom Königlichen Schauspielhaus in Berlin gastierte in Mainz als Otello (Tochter Mady Christians wurde Sängerin und (Film-)Schauspielerin). Dieser Mann, der Inbegriff des »Helden«, übernahm später das Deutsche Theater in New York. Rudolf Christians sah Käthe Dorsch als Peppi und veranlasste Max Monti, den Direktor des Neuen Operettentheaters in Berlin, sich mit ihr in Verbindung zu setzen. Ab 1911 tritt Käthe Dorsch in Berlin auf. Eine ihrer ersten Operettenrollen in Berlin – sie war ja immer auch als Schauspielerin in belanglosen Bühnenstücken zu sehen – wird in zweiter Besetzung die weibliche Hauptpartie im *Lieben Augustin* von Leo Fall sein. Ihre Unauffälligkeit, wenn sie nicht »in Maske« war, verunsicherte nicht nur Direktor Monti, sondern veranlasste auch noch Jahre später den Librettisten Rudolf Österreicher ironisch festzustellen: »So sehen also in Berlin die Soubretten aus«, als ihm Oscar Straus, dessen Operette *Ein Walzertraum* 1925 mit Mady Christians in Szene ging, die Dorsch vorstellte.

Durch ihre Darstellungskunst auf der Operettenbühne wertete die noch junge Käthe Dorsch während ihrer ersten Zeit als Allrounderin in Berlin, also noch während des Ersten Weltkrieges, das Ansehen des Faches »Soubrette« auf, und somit das Genre Operette. Größere Bekanntheit hat sich Käthe Dorsch schon im Jahr 1916 in der Operette *Der Soldat der Marie* von Leo Ascher ersungen. Diese nutzte sie, um ihr Ziel, »die totale Schauspielerin«, zu erreichen. Am 1.10.1919 führte Alfred Rotter im Trianon-Theater, das ihm und seinem Bruder Fritz gehörte, das Stück *Maskerade* von Ludwig Fulda auf. 1904 als »Schauspiel« entstanden, wird es nun als Komödie gegeben, mit Käthe Dorsch in der Hauptrolle, die sie »voll ausgefüllt« habe. Das Publikum habe durch sie einiges zu lachen und einiges zu weinen gehabt, wird berichtet, Tränen der Rührung hätten mit Schmunzeln und Ausbruch von Heiterkeit abgewechselt. Den Rotters kommt das Verdienst zu, die wandlungsfähige Käthe Dorsch, »entdeckt« und »groß« gemacht zu haben.

Käthe Dorsch wechselte ins Residenztheater (auch eine »Rotter-Bühne«!), spielte hier in dem Stück *Evchen Humbrecht* (im Original *Die Kindsmörderin*) von Heinrich Leopold Wagner (1747–1779). Die Premiere fand am 29.11.1919 statt. Der Beifall, zuerst nur von der Claque besorgt, sei dann »stark« geworden, hieß es in der Presse. Die Aufführung brachte Käthe Dorsch den Durchbruch als Schauspielerin. Ebenfalls »ein Ereignis« war sie in dem Bühnenwerk *Die Flamme* von Hans Müller, einem »reißerischen« Stück vom Typus »trauriges Schicksal einer Dirne«, das heute auf Spielplänen nicht mehr auftaucht. In den Jahren danach war sie immer auch schon im sogenannten ernsten Fach beschäftigt, unter anderem als Gretchen im *Faust*, als Rose Bernd (Gerhart Hauptmann), als Nora (Henrik Ibsen). Käthe Dorsch war angekommen in Berlin, dessen literarischen Betrieb die Gebrüder Rotter fest in der Hand hatten – bis sie in der zweiten Hälfte der Zwanzigerjahre die lukrative Operettenproduktion für sich entdeckten.

Die theaterbesessenen, literaturkundigen Rotters, Theaterbetreiber, -besitzer -pächter, Regisseure und Produzenten bauen sich nach dem Ersten Weltkrieg über die Jahre hinweg ein Theaterimperium auf. Nur punktuell kann hier darauf hingewiesen werden, wie viele Berliner

Häuser sie bis zum Jahr 1933, teils ohne Spielkonzessionen, betreiben. Das Trianon-Theater übernehmen die Rotters im Jahr 1919, schrittweise auch das Residenztheater, aber mit eingeschränkter Spielerlaubnis. Das Zentraltheater gehört ihnen seit 1922/23. Das Lessing-Theater, das an sie 1923 übergeht – mit dem Erbe der verstorbenen Eltern können sie es kaufen – ist nun ökonomisch ihr wichtigster Besitz. Lediglich gepachtet sind das Kleine Theater und das Theater des Westens. In Letzterem wird, wie auch im renovierten Metropol-Theater, Operette gespielt – davon später!

Im Jahr 1920 wurde Käthe Dorsch, die mit kleineren Rollen schon auf eine ansehnliche Filmografie verweisen konnte, die Frau des Filmschauspielers Harry Liedtke. Der gutaussehende Publikumsliebling hatte Käthe Dorschs Qualitäten aber nicht im Stummfilm entdeckt, sondern am Theater, und er glaubte an ihr Talent. Ludwig Berger zitiert Harry Liedtke in seiner 1957 in Wien erschienenen Käthe Dorsch-Biografie: »[…] die ist viel zu schade, um in der Talmi-Welt der Operettengefühle stecken zu bleiben.« Ja, solche herablassenden Worte von Theaterkritikern und schreibenden Meinungsmachern zu »leichter« Kost am Theater finden sich in Berliner Tageszeitungen zuhauf.

In der Regie von Fritz Rotter folgte im Trianon-Theater im Jahr 1920 ein weiteres Stück über schwierige Liebe: das aus dem Jahr 1906 stammende Drama *Myrrha* von Eduard Stucken. Der gestrenge Literaturkritiker und Dorsch-Biograf Herbert Jhering meint: »Ein anderer Regisseur als Fritz Rotter hätte hier versagen müssen. Dieser beherrschte den Zuschauerraum […].« Jherings ironisches Lob spielt an auf die Claqueure, die den Schlussapplaus bei den Rotter-Premieren organisierten. Die Dorsch, hebt er aber hervor, habe »überzeugt«. Auch andere Zeitungen blasen ins selbe Horn: »Kät[h]e Dorsch wird morgen wieder Operette trällern. Hier ist sie in ihrer Rolle von ernstester Bescheidenheit, theaterfern, kunstnah, von dem heiligen Wesen schlichter Gestaltung erfüllt. Eine Zukunft, wenn sie selbst sie nicht zerstört.«

Es ist eine schillernde, hektische Zeit, als die Dorsch in Berliner Theaterhäusern zum Bühnenliebling heranwuchs. Und nichts ist, mit

Abb. 11: Käthe Dorsch
1929.

Abstand betrachtet, so typisch für diese Weimarer Zwischenzeit der frühen Zwanzigerjahre wie die Rotter-Produktionen. Noch bevor der Tonfilm Ähnliches wagt, ist auf den Bühnen der Rotters alles schon zu sehen, und das in bunter Mischung, das unterhaltsame, teils frivole Stück ohne Tiefgang, das Volksstück, Boulevard, Operette, Revue, aber auch das ernste »Zeitstück«. Dem Publikum gefällt es, schlechte Kritiken kümmern es nicht. Der Siegeszug der »Rotterei« sei unaufhaltsam, so ein heute vergessener Kritiker abschätzig. Kurt Tucholsky geißelt das »Starsystem« der Rotters, aber der Biograf und Theaterkritiker Herbert Jhering, der sonst auch kein gutes Haar an den Gebrüdern lässt, muss zumindest zugeben, dass die Rotters um das Geschmacksbedürfnis eines Durchschnittspublikums bestens Bescheid wüssten.

Ein kurzer Abstecher zum literarischen Bühnengeschehen, das die Rotters mitverantwortet haben: Im Jahr 1920 inszeniert Alfred Rotter im Metropol-Theater das Stück *Im Weißen Rössl*, das erst 1930, von Ralph Benatzky und Kollegen vertont, als Operette aufgeführt wird.

Auf den Spielplänen stehen des Weiteren Stücke von Frank Wedekind, Hermann Sudermann, George Bernard Shaw, Oscar Wilde, Arthur Schnitzler, Gerhart Hauptmann, Henrik Ibsen, August Strindberg, aber auch von Ludwig Anzengruber, Georges Feydeau, viel später auch vom Skandalautor Arnolt Bronnen, und viel belanglose Dutzendware, die zum Beispiel *Veronika* und *Großmama* heißen.

Die Jahre 1921 bis 1923 sind paradoxerweise günstige Jahre für die Theater, trotz Arbeitslosigkeit und Armut. Die voranschreitende Geldentwertung hatte zur Folge, dass man sich beeilte, Geld besser heute als morgen auszugeben. Und anders als der Theaterkritiker es wahrnimmt, sind die frivolen Salonstücke auf den Bühnen, die den gesellschaftlichen Konventionen den Rücken kehren, nicht lediglich ein Merkmal für das starke Zerstreuungsbedürfnis der unruhigen, schwierigen Zeit nach dem Ende des Ersten Weltkrieges und während der Inflation, sondern Spiegel der Suche nach einem neuen Selbstbild von Frau und Mann. Mit Aufführungen von neuen Komödien in der Inflationszeit sowie etwas später der Operetten geben die Rotters treffsicher Berliner Befindlichkeit zwischen den beiden Weltkriegen das Wort, das gesprochene wie auch das gesungene! Als Quelle für das Berlin der Weimarer Zeit diente der Verfasserin dieses Aufsatzes das äußerst informative Buch von Peter Kamber »Fritz und Alfred Rotter. Ein Leben zwischen Theaterglanz und Tod im Exil«, erschienen 2020 »by Henschel«. Die folgenden Zitate sind auch aus dem genannten Buch: »Bettelnd standen Menschen an den Ausgängen der Bars und Tanzdielen, die wie giftige Pilze aus dem Boden schossen. Alles wurde kürzer, die Haare, die Kleider, die Liebe, der Schlaf. Das Leben spielte sich ab, wenn es dunkel wurde. Der bunte Flittermantel der Nacht deckte die grausamen Blößen des Tages nieder.« Der »grausamen Blößen« noch nicht genug, eine neue Bedrohung habe sich am Horizont bereits abgezeichnet, »linksliberale Kreise« hetzten im Sommer 1924 gegen »die fast allgemeine Verjudung der Berliner Theater«. Und »in den Direktionen deutscher Theater« hätten »völlig Stammes- und darum auch Wesensfremde ihren Einzug gehalten […].«

Ohne die Verdienste, die sich die jüdischen Theatermacher erworben haben, die jüdischen Operettenkomponisten Paul Ábrahám, Leo

Fall, Emmerich Kálmán und Oscar Straus, die jüdischen Librettisten der Operette *Friederike*, ohne die Präsenz Richard Taubers mit jüdischen Wurzeln und ohne Operettenbearbeiter wie Erich Wolfgang Korngold mit *Das Lied der Liebe* mit Tauber in der Titelrolle (1931), ohne die Auftritte von Kurt Weill, von jüdischen Sängern und Schauspielern, ohne die Kabarettszene und Revuen gäbe es wenig Berichtenswertes über die »goldenen Zwanzigerjahre« – die Bezeichnung für die Jahre 1924 bis Ende 1929 stammt vom Zeitzeugen und Theaterhistoriker Otto Schneidereit, der »Idylle« in Abrede stellte, aber in der Luft habe es doch gelegen, dass bessere Zeiten bevorstünden.

Als auch die Hyperinflation 1923 überstanden ist und die Weltwirtschaftskrise 1929 noch nicht dräut, führen die Rotters im Zentraltheater ihre erste Operette auf, *Die polnische Wirtschaft* von Jean Gilbert. Es bleibt bei der einen, wegen »frivoler Kunstauffassung« dürfen Operetten (einstweilen einmal!) nicht mehr gespielt werden. Dabei erklärt selbst ein Komponist der Moderne wie Kurt Weill im Jahr 1925, die Operette sei die begehrteste und darum rentabelste künstlerische Unterhaltungsstätte, sie enthalte, was die Masse begehrt: Humor, Dramatik und Sentimentalität.

Sichtbarstes Zeichen einer liberaleren Gesinnung ist die Wiederkehr der Bälle, da gibt es den großen Metropol-Theaterball im Januar 1925, ebenfalls im Januar 1925 den Opernball des Staatstheaters, den auch Fritzi Massary, Publikumsliebling in Wien wie auch in Berlin, besucht. Beim Nachtfest des Deutschen Bühnen-Clubs ersingt sich Max Hansen von der Kleinkunstszene als Couplet-Sänger einen Preis – und Richard Taubers herrliche Stimme betört!

Gedanken zu einer künstlerischen Neuorientierung machen sich die Gebrüder Rotter nach unglücklich verlaufenen Börsenspekulationen. Das Geschäftsgebaren der »Unternehmer« Alfred und Fritz Rotter, die viel Geld einnehmen und wieder ausgeben, bis sie eines Tages in den ersten Tagen des Jahres 1933 auch aus politischen Gründen für »bankrott« erklärt werden, ist nicht Gegenstand dieses Aufsatzes (das tragische Schicksal der jüdischen Gebrüder Rotter ist bei Peter Kamber nachzulesen). Über die Jahre ihres Wirkens hinweg als kulturaffine Geschäftsleute haben sie immer wieder festen Boden un-

Abb. 12: Franz Lehár, Richard Tauber und Käthe Dorsch bei der Uraufführung von *Friederike*. Berlin, 4. Oktober 1928.

ter den Füßen bekommen. Am 15. Oktober 1927 übernehmen sie aus der Pleite das Metropol-Theater, dessen Kern in der heutigen Komischen Oper erhalten geblieben ist. Als künstlerischer Leiter und Hausregisseur wird Fritz Friedmann-Frederich bestellt. Die Rotters starten mit einer Neubearbeitung von Jacques Offenbachs *Schöne Helena* und Lehárs *Der Graf von Luxemburg* eher glücklos.

Durchschlagender Erfolg am aufwendig renovierten Metropol-Theater stellt sich am 4. Oktober 1928 mit der Aufführung des Singspiels *Friederike* von Franz Lehár ein. Horrende Abendgagen für Goethe-Darsteller Richard Tauber – was Käthe Dorsch als Friederike verdiente, darüber schweigen die Quellen – machen sich für die Theaterbetreiber bezahlt, Hunderte von Aufführungen folgten der Premiere. Die Presse war mit Lob zurückhaltend. Bei Kritiker und Dorsch-Biograf Herbert Jhering ist zum Beispiel zu lesen: »Sie [Käthe Dorsch] wiederholte und steigerte mit der 'Friederike' Lehárs den Erfolg, den sie früher mit anderen Operetten hatte. (Obwohl es nicht ohne schmerzliche Nebengefühle hingenommen werden kann, daß eine Episode aus Goethes Leben zu einer Operette des Metropoltheaters verarbeitet wurde und Goethe selbst als Tenor auftrat).« Die Käthe-Dorsch-Biografie ist 1944 erschienen. Das erklärt das Fehlen des Namens Richard Tauber, der aufgrund seiner jüdischen Wurzeln totgeschwiegen wurde.

Der operettige Nachruhm fürs Pfarrerstöchterlein aus Sesenheim hält sich in Grenzen

Dass Käthe Dorsch über die Operette zum Schauspiel kam, aber weiterhin gelegentlich in Operetten auftrat, war die Verfasserin dieses Aufsatzes bemüht zu vermitteln. Wie kam es aber, dass der Opernsänger Richard Tauber in Lehár-Operetten auftrat?

Franz Lehár, nach den Nullerjahren des vorigen Jahrhunderts mit *Die lustige Witwe* und *Der Graf von Luxemburg* schon erfolgsverwöhnt, hatte 1926 seinen Platz als altösterreichischer Melodienschmied in der damaligen Weltstadt der Kultur, also in Berlin gefunden. Die Erstaufführung seines *Paganini* am 30. Januar 1926 im Deutschen Künstlertheater übertraf mit Richard Tauber in der Hauptrolle (und Vera Schwarz als Elisa) an Zustimmung des Berliner Publikums alle Erwartungen. In der Rückschau ins Jahr 1922 begegnet der Operettenkundige dem Opernsänger Richard Tauber als Einspringer in Lehárs Operette *Frasquita* im Theater an der Wien. Tauber kam so gut an, dass die Besucherzahlen in die Höhe schnellten und die bis in den Tod während Künstlerfreundschaft von Komponist und Sänger besiegelt war. Lehár hat für seine zukünftige Operettenproduktion Tauber als »Uraufführungstenor« gewinnen können.

Er sei »geladen« und voll »Arbeitslust« verrät Lehár, kurz zuvor noch den Mangel an brauchbaren Libretti beklagend, den Betreibern des Berliner Metropol-Theaters im Frühjahr 1926 in einem Brief. Was war geschehen? »Wunderbare Bücher« hatten sich auf seinem Bad Ischler Schreibtisch eingefunden. Eine *Paganini*-Nachfolge war gesichert. Aufgeführt wurde nun zunächst *Der Zarewitsch*, diese Vertonung des Operettenlibrettos von Heinz Reichert und Belá Jenbach, und zwar »noch« im Deutschen Künstlertheater. Die Uraufführung am 16. Jänner 1927 war, wie Tauber in seinen Memoiren vermerkte, ein »Bombenerfolg«. Bühnenpartnerin von Tauber war Rita Georg »eine ausgesprochene Soubrettenbegabung«, der die Rolle der Tänzerin Sonja zum künstlerischen Durchbruch verhalf.

Das zweite »wunderbare« Buch auf Lehárs Schreibtisch war das Produkt der Librettisten Fritz Löhner-Beda und Ludwig Herzer. Sie hatten schon im Frühjahr 1926 mit einer »Idee« bei Lehár angeklopft. Nach der »Frackoperette«, gemeint sind frühere Werke des Meisters Lehár, solle er sich von der »Operettenschablone« wegbewegen und sich auch tragischer Stoffe annehmen, starker Erlebnisse aus der Jugendzeit, die sich um einen unserer Großen ranken, Napoleon, Beethoven … Goethe! Ein Funke hat sich entzündet, ja Goethe, Sesenheim!

Die Stoffe der Lehár'schen Operettenproduktion ab *Paganini* hatten gemeinsam, verzichtenden Frauen eine Stimme zu leihen. »Echte Menschen« im historischen Gewand auf die Bühne bringen, Lehárs selbstgestellte Vorgabe, ist bei *Friederike* insofern geglückt, als das Libretto zum Singspiel von einer Autorentrias stammt, der Goethe angehört – die Librettisten Fritz Löhner-Beda und Ludwig Herzer adaptierten Goethe-Texte aus dessen biografischem Werk *Dichtung und Wahrheit* und bearbeiteten Goethe-Gedichte. Man wisse nie, wo Goethe aufhöre und Löhner-Beda anfange, heißt es im Programmheft der Berliner Premiere. Eine schwerwiegende Abänderung der Goethe'schen Vorlage ist aber klar auszumachen: Friederike lässt ihren Goethe ziehen, sie erleichtert ihm sogar das Abschiednehmen, indem sie »trickst« – sie scheint sich bei der Tanzveranstaltung in Straßburg (im 2. Akt) für andere Männer zu interessieren. Sie will kein Hemmschuh für Goethes Karriere sein. In »Wahrheit« aber lässt Goethe sie sitzen, sie kommt ihr restliches Leben nicht darüber hinweg, bleibt als Unverheiratete ihrem Idol treu.

Lehár hielt das Ansinnen, Tauber als Goethe auf die Bühne zu bringen, zunächst für verrückt, ließ sich aber umstimmen. Tauber schien, wie der Berliner Rezensent Erich Urban feststellte, bei der Premiere im ersten Akt etwas geniert, als wolle er sagen »Pardon, mein Name

Abb. 13: Richard Tauber als Goethe in *Friederike* (»Der Ton«, November 1928).

ist Goethe«. Der erste Teil des Zitats ist bei dem gewissenhaften Tauber-Biografen Martin Sollfrank zu finden, nämlich: »[...] Die Dorsch ist so voll hoher Kunst, dass sie ganz Natürlichkeit scheint. Im Stillen, Wortlosen, Tränenerstickten wahrhaft erschütternd.«

Erich Kästner sprach in der »Neuen Zürcher Zeitung« in seiner Kritik des Singspiels von bodenloser Vermessenheit. Heute wäre ein Operetten-Goethe kein Aufreger mehr. Wie unterschiedlich allerdings die »Annäherung an eine welthistorische Figur« sein kann, verdeutlicht der Franz Lehár-Biograf Stefan Frey mit der Wiedergabe eines von Karl Kraus überlieferten Zitats. Danach soll der Wiener Goethe-Darsteller Hans Heinz Bollmann, der auch in einer *Friederike*-Verfilmung Goethe mimte, gesagt haben, er scheue sich »keineswegs, im ersten Akt als Goethe sogar das Tanzbein zu schwingen«.

Geistesgrößen wie Heinrich Mann und Albert Einstein konnten den triumphalen Erfolg der Premiere des Singspiels *Friederike* am 4. Oktober 1928 im Metropol-Theater mit Richard Tauber und Käthe

Dorsch in den Hauptrollen und Hilde Wörner, Eugen Rex und Curt Vespermann in den Nebenrollen unter dem Dirigat von Lehár miterleben. Inszeniert hat der Hausregisseur des Metropol-Theaters Fritz Friedmann-Frederich. Medial war die Aufführung von Misstönen begleitet, die herausragende Leistung der unangreifbaren Käthe Dorsch wurde lediglich mit »Schulterklopfen« bedacht. Die Linzer Schriftstellerin und Lehár-Biografin Maria von Peteani, Augenzeugin der Premiere, hat in einer Glosse den Siegeszug des Singspiels vorausgesehen. Ein neidischer Künstler, so Peteani, habe nach der Uraufführung, mit Richard Tauber als Goethe, gesagt: »Na ja, – der traditionelle Premierenrummel. Die Operette war ja doch ein Durchfall.« – »Hast recht«, habe ein anderer beigepflichtet, »ich wette, daß Lehár damit mindestens fünf- bis siebenhundertmal durchfallen wird.«

Das Berliner Tagblatt bringt einen wohltuenden Mangel an Starkult der Protagonisten zur Sprache: »Für Richard Tauber, einen reichlich wohlgenährten Goethe, besteht nun die Pflicht schönen Ehrgeizes, mit der Dorsch zu wetteifern an Zurückhaltung … es gelingt ihm sehr gut.« Es schwärmte die Morgenpost: »Dass sie sich neben einem Sänger von Taubers Rang mit allen Ehren behauptet, ist weniger bedeutsam als ihre schauspielerische Durchdringung einer Gestalt, die doch nur konventionell gesehen ist. Ihr Aufschrei im letzten Akte, wenn sie erfährt, dass Goethe wieder in Sesenheim eingekehrt ist, hat jene naturhafte Echtheit, die ans Herz greift«. Und Karl Kraus ätzte: »Lassen's Herz sprechen, gehen's in Friederike«. Das Pendant zum Tauberlied : »O Mädchen, mein Mädchen«, von Käthe Dorsch gesungen: »Warum hast du mich wachgeküßt, hab nicht gewußt, was Liebe ist« war für die Verfasserin dieses Aufsatzes in jungen Jahren »tränendrüsendrückend«.

Bertolt Brechts und Kurt Weills *Dreigroschenoper* zum Trotz wurde *Friederike* in der Spielzeit 1928/29 das erfolgreichste Stück Berlins und noch 550 Male en suite gegeben. Allerdings nicht mehr im Metropol-Theater. Dort zog knapp drei Monate später *Die lustige Witwe* in Gestalt Fritzi Massarys ein. Es war ihr symbolträchtiger Abschied von der Operettenbühne, die sie in Berlin dreizehn Jahre uneingeschränkt beherrscht hatte, und das noch dazu in einer für sie »neuen« Rolle!

Am 29. Jänner 1929 brach Tauber nach einer Vorstellung von *Friederike* auf der Bühne des Theaters des Westens zusammen. Er erlitt einen schweren Anfall von Gelenkrheumatismus. Er war bettlägerig, konnte sich kaum rühren. Erst der Aufenthalt in Bad Pistyan brachte Linderung der Schmerzen. Der Sänger bekam viel Besuch, so auch von seinen Bühnenpartnerinnen Vera Schwarz und Käthe Dorsch. Es hört sich wie ein Wunder an, dass er schon im Sommer 1929 in Den Haag und Amsterdam als »Goethe« auf der Bühne stand und am 10. Oktober 1929 sogar in Berlin in einer neuen Lehár-Operette …

Als die Nationalsozialisten nach der Machtergreifung ein Aufführungsverbot der *Friederike* aussprachen, nützte es Lehár zunächst nicht viel, dass er betonte, das Singspiel sei das deutscheste unter seinen allen möglichen Nationen angehörenden Kindern, »in tiefster Ehrfurcht vor Goethe, mir vom Herzen geschrieben« – die Librettisten waren Juden, Tauber hatte jüdische Wurzeln! Es kam dann doch zu einigen wenigen Aufführungen und Lehár bekam sogar den Goethe-Preis. Nach dem Zweiten Weltkrieg der geringen Aufführungsdichte von *Friederike* entgegenzuwirken und das Werk auf die Bühne zurückzubringen, ist eine lohnende Herausforderung, der sich zum Beispiel das Staatstheater am Gärtnerplatz im Sommer 2023 in München in einer »halbszenischen« Einrichtung des Dramaturgen Christoph Wagner-Trenkwitz gewidmet hat. Des Singspiels komplett szenisch angenommen hat sich in der Spielzeit 2023/24 die Bühne Baden unter ihrem Künstlerischen Leiter Michael Lakner in einer Inszenierung von Peter Lund. Dem Badener Ensemble sei ein »kammermusikalisches Theatermeisterstück« gelungen, so schrieb Wilhelm Sinkovicz in der Tageszeitung »Die Presse«.

Wer das Singspiel, diese »innerste Verinnerlichung« (Lehár'sche Bezeichnung), als kitschig abtut, verkennt, dass der Komponist in *Friederike* musikalisch neue Wege beschreitet. In der mit Elsässer, Pfälzer und Rheinländer Tanzmusik angereicherten Partitur sind leitmotivisch die Melodien der Lieder »Sah ein Knab' ein Röslein steh'n«, »O Mädchen, mein Mädchen« und »O, wie schön, wie wunderschön« *wunderschön* miteinander verwoben!

Wirkung auf der Bühne, im Film, von Tonaufnahmen. Bildbesprechung eines Fotos

Käthe Dorsch war in jüngeren Jahren eine quirlige, gute Laune verbreitende Operettensängerin. In Eduard Künnekes Singspiel *Lieselott* (1932, mit Gustaf Gründgens) sei sie »herrlich« gewesen, ihre Vollnatur habe sich hier »ausleben« dürfen, »ihre Geradheit und Schlichtheit, ihre Gefühlswärme, ihr Humor, ihr persönlicher Charme – dieser ganze Strauß liebenswerter Eigenschaften entzückte und beglückte« (in: Vossische Zeitung). Erstaunlich Dorschs Diskografie! Schon ab 1913 sang sie Operettenlieder in den Trichter. Und ins Mikrophon sang sie im Februar 1932 »Glücklich am Morgen, glücklich am Abend« – YouTube macht's möglich, der Dorsch beim Singen des Liedchens aus dem Singspiel *Lieselott* zuzuhören.

Käthe Dorsch war vorwiegend Schauspielerin, im Stumm- und Tonfilm wie auch am Theater, in Boulevard-Stücken, in Volksstücken, man glaubte ihr Rollen wie Frau John in Gerhart Hauptmanns *Die Ratten*, sie mimte in Friedrich Schillers gleichnamigem Stück die Maria Stuart und später auch die Königin Elisabeth, sie war ab 1939 Mitglied des Burgtheaters in Wien. Sie konnte, so berufene Fachleute, innerhalb eines Stücks alle Leichtigkeit abstreifen, sie war die Kameliendame im Stück von Alexandre Dumas' Sohn, sie beherrschte die »verhängten Töne« und verstand sich meisterhaft auf seelische Differenzierung, sie hatte was Arioses in der Sprache, Losgelöstes, Schwebendes.

Bei der Verfasserin stellt sich beim Betrachten des Films *Trenck, der Pandur* (1940) der Eindruck ein: Käthe Dorsch, die an der Seite von Hans Albers Maria Theresia mimt, gelingt mit heller, modulationsfähiger Stimme die Charakterstudie einer souveränen humorbegabten Herrscherin.

Überragend ihre Darstellungskunst als »die Neuberin« (Caroline Neuber, 1697–1760), Theaterprinzipalin, Verfechterin ernsthafter Theaterkunst in deutschen Landen bei Ablehnung der Hanswurstiaden in dem Film *Komödianten* (1941, Regie: G. W. Pabst). Dorsch hat wie die ganz »Großen« (Paula Wessely, Oskar Werner) etwas Manieriertes in der Stimme, was ihr Spiel unverwechselbar macht. An ihrer Seite Henny Porten, die mit Tauber befreundet war, und Hilde Krahl am Beginn ihrer Karriere.

Auf dem Foto (von Ruth Wilhelmi, in: Ludwig Berger, »Käthe Dorsch«), das Käthe Dorsch als »alte Dame« in Dürrenmatts *Der Besuch der alten Dame* in einer Aufführung am Schillertheater in Berlin zeigt, hat sie wie auf vielen Fotos, einen »verschatteten« Blick, der im Irgendwo landet. Sie strahlt eine Stärke und Härte aus, eine Souveränität, sie ist so furchterregend in ihrer Pose, dass man als Betrachter zurückweicht. Es ist anzunehmen, dass sie eine große innere Stärke hatte und sich daher auch nichts gefallen ließ. Durch die Presse in deutschen Landen ging ja das Ohrfeigen des Hans Weigel in Wien 1956 (also kurz vor ihrem Tod), weil sie sich durch ihn schlecht behandelt fühlte.

Wie aus diesen Ausführungen herauszuhören war, spielte sie, schon in den Dreißigern, an den großen Theaterhäusern Deutschlands und Österreichs. Hermann Göring, den Käthe Dorsch aus Jugendzeiten kannte, hat sie verehrt. Sie nutzte die Bekanntschaft, um während der schlimmsten Jahre des Nazi-Regimes verfolgten Menschen zu helfen. Nach dem Zweiten Weltkrieg beherbergte und versorgte sie in ihrem 1938 erworbenen Haus in Schörfling am Attersee »Holländerinnen, die von den Nazis ins Ungarische verschleppt worden waren, und die nun, als das grausame Spiel vorüber war, aus den Lagern der Gefangenschaft heimkehrten« (aus: »Käthe Dorsch« von Ludwig Berger). Die Dorsch-Villa ist heute eine Kunstgalerie und erinnert an die am 25. Dezember 1957 in Wien verstorbene »Heldin«. Ihre Hinterlassenschaft hat sie zur »Unterstützung von bedürftigen Angehörigen künstlerischer Berufe« gestiftet. Die Haltung von Käthe Dorsch während des NS-Regimes ein wenig erhellend eine aufschlussreiche Information aus einem »Protokoll zur Entnazifizierung 1946« Hubert von Meyerincks, dessen Bereitstellung ich meinem Tauberbuch-Kollegen Kai-Uwe Garrels verdanke: Für eine Ausreisemöglichkeit im Jahr 1941 für Moriz Seeler hätten Hubert von Meyerinck und Theo Lingen umgehend eine Sammlung organisiert, zu der auch Kollegen wie Hans Albers, Käthe Dorsch, Hans Brausewetter, Gustaf Gründgens und Rudolf Platte beitrugen. Dennoch sei Seeler, Verfasser der Texte für eine Hollaender-Revue, 1942 ins Ghetto Riga gebracht und ermordet worden.

Ausklang

Die Arbeitsbeziehung zwischen Käthe Dorsch und Richard Tauber hätte fast noch ein wenig weiter andauern können. Wie mir Kai-Uwe Garrels, Richard Tauber-Experte, nach Zeitungsrecherche mitteilte, war zunächst Käthe Dorsch als Lisa im *Land des Lächelns* für die Berliner Uraufführung am 10. Oktober 1929 vorgesehen gewesen, und dies, laut Wiener Tageszeitung »Freiheit«, auch noch am 20. Juli 1929. Vera Schwarz bekam die Rolle. In einem Telegramm vom 5. August 1929 hat Franz Lehár schweren Herzens Käthe Dorsch dargetan, sie werde, aus Gründen von Textlastigkeit der Rolle, als »Marietta« in Oscar Straus' gleichnamiger Operette eingesetzt. Es gibt Gesangsmitschnitte von Dorsch als Marietta, warum nicht auch in ihrer Rolle als Friederike?

Verwendete Literatur

Berger, Ludwig: »Käthe Dorsch«. (1957)
Frey, Stefan: »Franz Lehár«. Der letzte Operettenkönig. (2020)
Garrels, Kai-Uwe/Stockinger, Heide: »Tauber, mein Tauber«. 24 Annäherungen an den weltberühmten Linzer Tenor Richard Tauber. (2018)
Garrels, Kai-Uwe/Stockinger, Heide (Hg.): »Dein ist mein ganzes Herz«. Ein Franz-Lehár-Lesebuch. (2020)
Gerschwitz, Matthias: Tü-Tü und Zack-Zack – Die fast vergessenen Karrieren von Wilhelm Bendow und Hubert von Meyerinck. (2023)
Jhering, Herbert: »Käthe Dorsch«. (1944)
Ludwigg, Heinz (Hg.): »Richard Tauber«. Mit 24 Textbeiträgen. (1928)
Kamber, Peter: »Fritz und Alfred Rotter«. Ein Leben zwischen Theaterglanz und Tod im Exil. (2020)

Abb. 14: Richard Tauber und Oscar Straus in einem Inserat für Schallplattenaufnahmen aus *Marietta* mit Käthe Dorsch in der Titelrolle, Berlin Oktober 1929.

Schneidereit, Wolfgang: Discographie der Gesangsinterpreten der leichten Muse von 1925 bis 1945. Band 1. (2019)

Sollfrank, Martin: »Musik war sein Leben«. Richard Tauber, Weltstar des 20. Jahrhunderts. (2014)

Internetrecherche

WIKIPEDIA // Wien Geschichte Wiki // Spiegel.de/kultur // deutsche-biographie.de // steffi-line.de/archiv

»Warum hat jeder Frühling, ach, nur einen Mai ...«

Rita Georg und Gitta Alpár

Von Gottfried Franz Kasparek

Das im Titel zitierte Duett aus Franz Lehárs »Zarewitsch« hat nur Rita Georg mit Richard Tauber gesungen, nicht Gitta Alpár, die in der Operette »Schön ist die Welt« mit ihm »frei und jung dabei« auf der Bühne das Glück am Gipfel fand - auch dies nur einmal. Dennoch sagt das dank einer unvergesslichen Melodie und eines herzergreifenden Textes bis heute populäre Duett der Sonja und des Zarewitschs Aljoscha etwas über das Leben und die Karriere der beiden Künstlerinnen aus. Es war weder der Berliner Soubrette noch der ungarischen Koloratursopranistin vergönnt, ihre bis 1933, teilweise bis 1938 glanzvolle Laufbahn in Europa fortzusetzen. Beide wurden als Jüdinnen in die Emigration vertrieben, für beide gab es in den USA offensichtlich keine Möglichkeiten, an ihre Erfolge anzuknüpfen. Auf den blühenden Frühling ihrer Kunst folgten ein Herbst und ein Winter »eingesponnen in ihre eigene Phantasiewelt«, wie man über Gitta Alpár gesagt hat.

Ein kleiner Slowfox mit Rita Georg

Franz Lehár mochte ihre Stimme und setzte sie als Sonja in seiner Operette »Der Zarewitsch« ein. Man kann diese Stimme heute noch hören, leider nicht als Sonja, aber mit dem swingenden Schlager »Ein kleiner Slowfox mit Mary« aus Emmerich Kálmáns Operette »Die Herzogin von Chicago«, mit dem Lied »Heut hab' ich ein Schwipserl« aus Paul Ábraháms Erfolgsstück »Die Blume von Hawaii« (dirigiert vom Komponisten) und zwei Mal in französischer Sprache. Lajos Lajtai (eigentlich Liebermann, 1900–1966) war ein Budapester Operettenkomponist, von dem ein paar Lieder in Ungarn populär geblieben sind, darunter »Katinka« aus dem gleichnamigen Bühnenstück. Lajtais Katinka singt darin ein hübsches Strophenlied, leicht jazzig angehaucht. Um 1935 war es offenbar auch in Paris recht beliebt. Wie die Operette »Deux sous de fleurs« (Zwei Cent für Blumen), die Ralph Benatzky anno 1933 für Paris geschrieben hat. Da geht es um eine kokette Nelly und Rita Georg trifft den typischen Chansonton des Komponisten ebenso gut wie das erotisierende französische Flair.

Denn die kleine, beim ersten Eindruck ein wenig piepsig anmutende, aber gut geschulte und sehr geschickt eingesetzte Stimme, von der die Rede ist, gehörte der am 11. Juni 1900 in eine Berliner Theaterfamilie geborenen Soubrette Rita Georg. Ihren ersten überlieferten Auftritt hatte die fesche, schwarzhaarige junge Dame 1919 – in einem Stummfilm namens »Das Gebot der Liebe«. Über die Liebe hat sie oft gesungen. In Wien trat sie zum Beispiel erstmals 1926 in der von Karl Farkas erdachten Revue »Journal der Liebe« am Bürgertheater auf. In Berlin war sie auch als Adele in der »Fledermaus« von Johann Strauss zu erleben. Was mag Lehár, der eigentlich für große Opernstimmen komponiert hat, dazu bewogen haben, einer netten Soubrette nicht die im »Zarewitsch« vorhandene, für sie ideale Partie der Mascha, sondern die Hauptrolle der Tänzerin Sonja anzuvertrauen? Also jene Sonja, die den der Weiblichkeit abholden Zarewitsch verführen soll, was zu den bekannten Komplikationen samt melancholischem Liebesverzicht am Ende führt?

Abb. 15: Rita Georg als Sonja in der Uraufführung von Franz Lehárs Operette *Der Zarewitsch* im Februar 1927 in Berlin

Die Figur der Sonja soll eben weder optisch noch vokal eine reife Diva sein, sondern betont mädchenhaft wirken. Sonja ist zum ersten Mal so richtig verliebt. Für sie ist der eine gekommen, den sie in ihrem Auftrittslied so romantisch beschworen hat. Nun, Rita Georg war gesangstechnisch so versiert, dass sie mit dem farbigen, groß besetzten Lehár-Orchester wohl gerade noch zurechtkam. Noch dazu mit der liebevoll mitatmenden Unterstützung des theatererfahrenen Komponisten, der die Rolle mit ihr einstudierte und probte. Sie musste mit einer gewissen natürlichen Naivität ein Tscherkessenmädchen im Teenageralter spielen, was zu ihrer Erscheinung bestens passte. Der schrullige Kronprinz Aljoscha brauchte nicht mehr ganz so jung zu sein und Richard Tauber verlieh ihm das kostbare, betörende Belcanto seines Jahrhunderttenors. Im Deutschen Künstlertheater Berlin, wo das Stück am 16. Februar 1927 Premiere hatte, funktionierte das sehr gut und das Publikum war begeistert. Rita Georg war freilich klug genug, sich von opernhaften lyrischen Sopranpartien gleich wieder zu verabschieden und hatte ihren nächsten Erfolg 1928 in Wien als Kálmáns jazzverliebte »Herzogin von Chicago«.

Wir wissen nicht allzu viel über Rita Georgs Leben und Wirken. Sicher ist, dass die den Nazis aus rassischen Gründen nicht genehme Künstlerin schon 1933 von Berlin nach Paris emigrierte, ohne ihr Glück zunächst noch weiter in Wien zu versuchen. Das typisch Pariserische, dieser doppelbödige und leicht parfümierte Esprit, dieses feine Spiel mit Liebe und Eros kam ihrer Begabung und ihrer speziellen Aura sehr entgegen – hört man ihre französischen Aufnahmen, denkt man an so manche Diseusen aus der Stadt an der Seine. Dem Vernehmen nach war sie eine Zeit lang mit Monsieur Henri Varna, Schauspieler und Direktor des Casino de Paris, verheiratet. Doch 1939 übersiedelte sie allein in die Niederlande, wo sie bis 1942 im von deutschen Emigranten gegründeten »Theater der Prominenten« auftreten konnte. Im Jahr 1940 hatte sie eine neue Ehe geschlossen, mit dem aus Wien stammenden Kaufmann Charles Bloch-Bauer, einem Neffen von Gustav Klimts berühmter »Goldener Adele«.

Dass sie 1943 von der Gestapo verhaftet, aber nach etwa vier Monaten wieder freigelassen wurde und mit ihrem Gatten nach Kanada flüchten konnte, ist halbwegs dokumentiert, doch ohne dass nähere Umstände überliefert wären. Ab 5. Jänner 1946 ist ein offenbar längerer Aufenthalt Rita Georgs in Wien nachweisbar, da in erhaltenen Zeitungen vermerkt. Sie machte noch einige Plattenaufnahmen und nahm am 20. Dezember 1946 im Wiener Konzerthaus an einer »Filmakademie« des Magazins »Welt am Sonntag« teil. Bald danach dürfte sie in die »Neue Welt« zurückgekehrt sein. Im selben Blatt – unter der Woche »Welt am Abend« genannt - gab es am 28. September 1947 einen Bericht über ein Kabarett der Emigranten in New York, in dem »die einst so geliebte Operettendiva Rita Georg« aufgetreten war. Im Jahr 1948 hatte eine »Tempo«-Platte mit ihr in Übersee beschränkten Erfolg.

Die nächste Nachricht über sie ist ein Zeitungsbericht aus dem offenbar zur Wahlheimat gewordenen, kanadischen Vancouver. Denn dort starb 1968 der hochgeachtete Mr. Bloch-Bauer, Manager einer Forstindustrie-Firma und Präsident eines französischen Kulturver-

Abb. 16: Rita Georg als Sonja in der Uraufführung von Franz Lehárs Operette *Der Zarewitsch* im Februar 1927 in Berlin.

eins, an Leukämie. Seine trauernde Witwe wird als »Operetta-Star« erwähnt, doch sind keinerlei Nachrichten über Auftritte Rita Georgs in Übersee zu finden, auch nicht, wenn man nach Rita Bloch-Bauer sucht. Gesichert ist nur, dass sie am 30. November 1974 in Vancouver vielleicht im Geiste ihren allerletzten Slowfox tanzte, den, der in den Tod führte.

Rita Georg war in einem Moment der Musik- und Theatergeschichte die richtige Besetzung am richtigen Platz. Gerade dieser ist derzeit nicht nachvollziehbar, obwohl »Einer wird kommen« und das große Duett mit Richard Tauber, »Warum hat jeder Frühling, ach, nur einen Mai …«, anno 1927 aufgenommen wurden. Die Karriere der Rita Georg erlebte einen knapp zwanzigjährigen Frühling, der aber bald überschattet war von der Flucht vor dem Verhängnis ihrer Zeit. Es ist zu hoffen, dass die kesse Berlinerin im fernen Exil wenigstens privat ein erfülltes Leben gefunden hat.

Reise in eine Phantasiewelt mit Gitta Alpár

Regina Klopfer erblickte an einem 5. Februar das Licht der Welt als Tochter des Oberkantors der großen Synagoge in Budapest. Ihr offizielles Geburtsjahr war 1903, es könnte aber in der Realität bereits 1900 gewesen sein. Schon ab 1917 nannte sie sich, wie übrigens auch ihre Brüder, mit Familiennamen Alpár. Die Magyarisierung deutscher Namen war im alten Ungarn eine recht häufige Erscheinung. Das ungarische Wort Alpár bedeutet so viel wie »unterungarisch«, ohne Akzent auf türkisch und eigentlich männlich »Held« - sowie im Isländischen »Alpen«. Wie auch immer, der Künstlername Gitta Alpár klang einfach gut. Die Kunst des Gesangs lag in der Familie. Eine Cousine, Irene Ambrus, ebenfalls eine geborene Klopfer, war eine beliebte Operettensoubrette und ist mit Tauber in London als »Fledermaus«-Adele aufgetreten.

Gitta Alpár studierte am Konservatorium ihrer Heimatstadt und debütierte 1923 an der Budapester Staatsoper. Darauf folgte eine schnelle und steile Karriere. In Berlin wurde sie zur gefeierten Koloratursopranistin, unter anderem als Königin der Nacht in W. A. Mozarts »Zauberflöte«, Rosina in Gioachino Rossinis »Barbier von Sevilla«, Gilda in Giuseppe Verdis »Rigoletto« und Violetta Valery in »La Traviata«, Musette in Giacomo Puccinis »La Bohéme« und Sophie in Richard Strauss' »Rosenkavalier«, mit der sie 1929 im Rahmen eines Gastspiels der Berliner Staatsoper auch in London auftrat. An der Wiener Staatsoper gastierte sie nur zweimal, nämlich am 17. Juni 1927 als Königin der Nacht und am 26. Oktober 1928 als Aithra in der nicht besonders erfolgreichen Oper »Die Ägyptische Helena« von Richard Strauss. Die an den Nil verschlagene schöne Helena war an diesem Abend Vera Schwarz, bekanntlich Lehárs und Taubers erste Lisa im Welterfolg »Das Land des Lächelns«. Gitta Alpárs letzte Opernpremiere fand 1930 in Berlin in Hans Pfitzners Künstlerlegende »Palestrina« unter der Leitung des Komponisten statt. In diesem heute wegen der (bei näherer Betrachtung sehr ambivalenten) Affinität Pfitzners zum Nationalsozialismus selten gespielten, musikalisch und textlich genialen Werk gab sie die »Engelsstimme«.

Abb. 17: Gitta Alpár, Sopranistin, Schauspielerin, Tänzerin.

Warum sagte Gitta Alpár, die in der Tat über eine Engelsstimme verfügte und am Beginn einer großen internationalen Karriere stand, der Oper plötzlich Ade? Jedenfalls feierte sie 1930 am Berliner Metropol-Theater einen Triumph in Carl Millöckers klassischer Operette »Der Bettelstudent«, die ohnehin mehr eine Volksoper ist. Die anspruchsvolle Partie der Laura, gespickt mit Koloraturen, passte wunderbar zu ihrer Stimme und zu ihrer grazilen Erscheinung. Schade, dass Gitta Alpár nicht wie ihre Kolleginnen Vera Schwarz und Jarmila Novotná (oder auch Richard Tauber!) ihre umjubelten Auftritte in Operetten und in Filmen mit weiterer Präsenz in der Oper verbinden wollte oder konnte. Es gibt nur wenige Opernaufnahmen von ihr. In der »Rachearie« der Königin der Nacht ist ein mit Energie geformter, sehr heller Sopran zu hören – mit phänomenalen, perfekt sitzenden, unglaublich blitzsauberen Koloraturen. In dem 1932 in Berlin gedrehten Film »Die – oder keine« spielte sie eine sehr jugendliche, ranke und schlanke Operndiva und sang die große Szene der Violetta Valery aus dem ersten Akt von »La Traviata« mit funkelnder Stimme und sensibler Ausdruckskraft.

Bei der Lektüre von Alpár-Biographien im Internet fällt der allzu große Stellenwert auf, der dort der – wie schon in jungen Jahren die erste – gescheiterten zweiten Ehe der Künstlerin gegeben wird. Mit dem deutschen Filmcharmeur Gustav Fröhlich hatte sie jedenfalls eine 1934 geborene Tochter, Juliska. Der mit dem Ehepaar befreundete Tauber war zur Taufe in Ungarn mit einem Rosenstrauß erschienen. Er und die junge Mutter durften ja in Deutschland nicht mehr auftreten. Im Jahr darauf kam es zur Scheidung. Der später zum geschätzten Charakterdarsteller gereifte Vater bestritt nach 1945 vehement die begründete Vermutung, er habe sich von seiner jüdischen Frau getrennt, weil sie seiner Karriere im Nazifilm im Wege stand. Zu einer Versöhnung kam es nie. Beide beschuldigten einander gegenseitig der Untreue mit prominenten Leuten. Den Ausschlag gab wohl die heftige Affäre Fröhlichs mit der erst 18-jährigen tschechischen Schauspielerin Lida Baarová, die kurz darauf als Geliebte von Joseph Goebbels in die Geschichte eingegangen ist. Näher Interessierte mögen all diese Verwicklungen und Schicksale auf Wikipedia eingehender studieren. Hier sei dieses traurige Kapitel abgeschlossen mit den Worten, die schon anno 1862 Johann Nestroy der Sängerin Pepi Amsel in seiner abgründigen Posse »Frühere Verhältnisse« in den Mund gelegt hatte: »Theater, oh Theater du, du raubst Geschöpfen Herzensruh …«.

Am 3. Dezember 1930 erlebte im Metropol-Theater Franz Lehárs experimentellste Operette »Schön ist die Welt« ihre Uraufführung. Es handelte sich dabei um eine Neufassung des Stücks mit dem Titel »Endlich allein«, welches schon 1914 in Wien kein Erfolg gewesen war. Kritiker nannten es »Operetten-Tristan«, weil der komplette zweite Akt weitgehend durchkomponiert ist und allein vom Liebespaar gestaltet wird, welches auf einer alpinen Bergwanderung samt Gewitter und Lawinenabgang zueinander findet. Dieser erstaunliche, glänzend instrumentierte Akt, der auch aus einer Oper von Eugen d'Albert oder Alexander Zemlinsky stammen könnte, blieb bei der Überarbeitung fast ungeschoren. Die Rahmenakte erhielten allerdings neue, modisch swingende Buffonummern und das Personal wurde gleichsam »aristokratisiert« – so wurde aus einer wagemutigen amerikanischen Touristin namens Dolly Doverland eine nicht weniger tapfere Prinzessin Elisabeth von Lichtenberg. Das eigenartig hybride Stück mit seinen unvergesslichen Melodien fand auch diesmal nur mittlere Resonanz beim Publikum und ist bis heute auf der Bühne eine Rarität geblieben. Die beiden Hauptrollen können, wie allerdings meistens bei Lehár, in ihrer originalen Form nur von erstklassigen Opernstimmen bewältigt werden. *Der zweite Akt bestand nur aus Duetten zwischen Alpár und mir und meinem Lied »Schön ist die Welt«. Die gesangliche Leistung unserer beiden aufeinander eingestellten Stimmen war ein gesangliches Bravourstück, das restlos Anerkennung fand* – so erinnerte sich Richard Tauber fast fünfzehn Jahre danach im Londoner Exil. Es war seine einzige Zusammenarbeit mit Gitta Alpár auf der Bühne und es begeistert nach wie vor, wie die beiden leuchtenden, lyrischen Stimmen sich in den zwei auf Tonträgern erhalten gebliebenen Duetten in schönster Harmonie ergänzen.

Weitere Erfolge Gitta Alpárs in Berlin und anderswo waren bis 1933 Millöckers »Dubarry«, die Theo Mackeben grundlegend umgearbeitet und seinem Star auf den Leib geschneidert hatte, Paul Ábraháms schwungvolle Revueoperette »Ball im Savoy« und Eduard Künnekes köstliches Singspiel »Liselott«, in dem sie Käthe Dorsch in der Titelrolle der Liselotte von der Pfalz mit Gustaf Gründgens als Partner nachfolgte. In all diesen Stücken gab es eigens für sie bestimmte Koloraturen. Leider hat sich aus Künnekes Stück keine Aufnahme mit ihr erhalten – es wäre spannend, zu hören, welche Verwandlung die für eine Schauspielerin mit begrenzten stimmlichen Fähigkeiten bestimmte Rolle bei dieser Gelegenheit durchgemacht hat. Apropos Gründgens – es bestürzt, wie rasant sich die Schar befreundeter Kollegen, die ihre Positionen in Deutschland nicht aufgeben wollten, im Lauf des Jahres 1933 und dann noch einmal 1938 nach der Okkupation Österreichs lichtete. Mit dem auf seine Art grandiosen Schauspieler Hans Albers und dessen jüdischer Frau Hansi Burg war Gitta Alpár eben noch in St. Moritz Schi gefahren. Der Tonfilmpionier Carl Froelich (nicht verwandt mit Gustav) hatte 1932 mit ihr den Streifen

»Gitta entdeckt ihr Herz« gedreht. Im Jahr darauf trat er flugs der NSDAP bei und wurde Präsident der Reichsfilmkammer.

Nach 1933 trat Gitta Alpár weiterhin in Österreich, Ungarn, Frankreich und Großbritannien in Operetten und Konzerten auf. In ihrer Heimat nahm sie Lieder von Emmerich Kálmán in ungarischer Sprache auf. Während einer Tournee durch die USA brach der zweite Weltkrieg aus. Sie gab Radiokonzerte in New York und landete schließlich in Hollywood, wo sie 1941 noch in einem Film, René Clairs »The Flame of New Orleans« (Die Abenteurerin) mit Marlene Dietrich, mitwirkte. Danach versickerte ihre Karriere. Gründe dafür könnten sein, dass sie nie wirklich gut englisch lernte, ihr charmanter ungarischer Akzent nicht gefragt war und dem Vernehmen nach auch ihre Stimme Einbußen erlitten hatte. Privat hatte sie Glück, denn ihre dritte Ehe mit dem dänischen Tänzer, Immobilienmakler und Kunstsammler Baron Niels Wessel Bagge hielt immerhin fünfzehn Jahre – und dann trennte sich das Paar in Freundschaft. Der Exgatte unterstützte sie weiterhin großzügig; finanziell hatte sie keine Sorgen.

Ein einziges Mal kehrte Gitta Alpár nach 1945 nach Europa zurück. Im Jahr 1987 nahm sie in Berlin das »Filmband in Gold« entgegen. Zu diesem Anlass entstand ein deutsches Fernseh-Interview mit ihr in ihrer Villa in Palm Springs in Kalifornien, einem Zufluchtsort vieler berühmter Vertriebener. Die etwa viertelstündige Sendung hat sich erhalten und ist auf YouTube zu finden. Da sitzt die körperlich gebrechliche, aber geistig rüstige alte Dame im Rollstuhl, spielt auf ihrem Bett mit zwei entzückenden kleinen Hündchen, mit denen sie ungarisch redet, empfängt am Morgen eine deutsch sprechende Schönheitspflegerin, feiert mit Tochter Juliska den 31. Geburtstag der Enkelin Cathy mit Torte und einem Geldkuvert als Geschenk und stellt ihr Klavier vor, an dem sie gerne ihre alten Schlager spielt. Eine Kostprobe verweigert sie offenbar. Überhaupt ist sie nicht sehr gesprächig – wenn sie mit Menschen spricht, dann fast immer in ihrem ungarisch gefärbten Deutsch ohne jeglichen amerikanischen Akzent. Sie erzählt mit versteinertem Gesichtsausdruck, wie Gustav Fröhlich 1933 in Berlin von Goebbels herzlich empfangen, sie aber regelrecht davongejagt wurde. In ihrer durchaus luxuriösen Villa ist fast alles in Rosatönen

»Warum hat jeder Frühling, ach, nur einen Mai …« 105

Abb. 18: Silvester 1930 im Berliner Metropol-Theater, von links: Karl Jöken, Tino Pattiera, Gitta Alpár, Alfred Rotter, Vera Schwarz, Richard Tauber und Leo Schützendorf.

gehalten, wie auch ihre altmodisch damenhafte Kleidung. Ihre Freundinnen nennen sie »Lady in Pink« oder »Pinky«. Sie wirkt tatsächlich »eingesponnen in ihre eigene Phantasiewelt«, nimmt ihre Umwelt aber mit großer Gelassenheit und manchmal mit hintergründigem Humor wahr. Dies ist erkennbar, soweit es die Schönheitsmaske, die sie trägt, zulässt. »Es steht vom Lieben so oft geschrieben…« hat sie einst mit Richard Tauber gesungen. Schön ist die Welt? Sie stirbt in ihrer pinken Traumwelt am 17. Februar 1991 in Palm Springs und findet auf dem »Westwood Village Memorial Park Cemetery« im »Los Angeles County« ihre letzte Ruhe.

Verwendete Literatur

www.wikipedia.at
www.newspapers.com (01.6.2024)
www.youtube.at
https://www.youtube.com/watch?v=LlODOtrXkvc (01.06.2024) (Sendung mit Gitta Alpár, 1987)
Norbert Linke, Franz Lehár, Hamburg 2001
Heide Stockinger & Kai-Uwe Garrels (Hg.), »Dein ist mein ganzes Herz«, Ein Franz-Lehár-Lesebuch, Wien 2020

Der Verfasser dankt Kai-Uwe Garrels für die wertvolle Mithilfe bei der Recherche über das Leben von Rita Georg.

Fritzi Massary, die Soubrette

Von Albert Gier

Unter den deutschsprachigen Operettendiven im ersten Drittel des 20. Jahrhunderts nimmt Fritzi Massary (geb. am 12. März 1882 als Friederike Massaryk in eine jüdische Wiener Kaufmannsfamilie, gest. am 30. Jänner 1969 in Beverly Hills/USA) eine Sonderstellung ein: »Obwohl die vokalen Mittel ihrer kleinen, etwas nasalen Soubrettenstimme eher beschränkt waren, bewältigte sie dank ihrer interpretatorischen Intelligenz und Ausdrucksfähigkeit auch die großen Sopranrollen des Genres mit herbem Temperament und großem Geschick.«

Ihre erste Station (als Choristin) war eine der Russland-Tourneen, die Franz von Jauner, der Direktor des Carl-Theaters, seit 1897 in jedem Frühjahr unternahm. Stationen waren St. Petersburg, Moskau und andere Städte. Nach nicht allzu erfolgreichen Anfängen am Landestheater Linz (1899/1900), dem Thalia-Theater und dem Carl-Schultze-Theater in Hamburg war Fritzi Massary seit 1901 in Wien im von Gabor Steiner geleiteten Revuetheater Danzers Orpheum engagiert, dessen »Sommertheater« zum Vergnügungspark »Venedig in Wien«

im Prater gehörte.¹ Die gemischten Programme boten neben artistischen Darbietungen zu später Stunde das »Vorüberbrettl«, ein Kabarettprogramm mit literarischen und musikalischen Nummern (der Name spielt auf das 1901 in Berlin von Ernst von Wolzogen gegründete literarische Kabarett »Überbrettl« an², das seinerseits Nietzsches Wort vom »Übermenschen« verulkt). Da die Massary als »I. Soubrette« engagiert war³, hatte sie sich auch solistisch zu produzieren. Ihre von der Kritik anlässlich der späteren großen Operetten immer wieder gerühmte Kunst, anzudeuten, was nicht ausgesprochen werden konnte oder sollte, hat sie zweifellos in den kleinen Formen des Couplets oder des Chansons einüben können:

> Fritzi Massarys Triumph war ihre Gabe der raffinierten Andeutung, der scharf pointierenden Treffsicherheit in Ton und Geste, war ihr früh entwickeltes Vermögen, etwas durch Verschweigen auszudrücken, Zweideutiges durch geschickt benutzte Vieldeutigkeit eindeutig werden zu lassen – eine Eigenschaft, durch die sie für das erotische Chanson geradezu prädestiniert war.⁴

Ihren ersten Erfolg im »Vorüberbrettl« hatte Fritzi Massary mit einem Chanson des Hauskapellmeisters Karl Kapeller »I hab' amal a Räuscherl g'habt«⁵ – 1904 wurde sie auf Empfehlung von Direktor Steiner von Richard Schultz, der das Metropol-Theater in Berlin leitete, nach Deutschland engagiert. Sie debütierte dort in der »Ausstattungsposse mit Gesang und Tanz« *Die Herren von Maxim*⁶. Sie sang hier eine Einlage, Text von Julius Freund, Musik von Arthur Guttmann: »Im Liebesfalle« (auch bekannt unter dem Titel »Tralalalied«).

---

1 Vgl. https://de.,wikipedia.org/wiki/venedig_in_wien (16.3.2024); Schneidereit (Anm. 3), S. 13–15; Carola Stern, *Die Sache, die man Liebe nennt. Das Leben der Fritzi Massary*, Berlin 1998. S. 57–59.
2 Stern ebd., S. 57.
3 Vgl. Otto Schneidereit, Fritzi Massary. Versuch eines Porträts, Berlin 1970, S. 15.
4 Ebd., S. 12.
5 Stern (Anm. 3), S. 58 f.
6 Ebd., S. 82 f.

Abb. 19: Fritzi Massary, um 1925.

Damit wurde sie in Berlin auf einen Schlag bekannt; es ist schon ein typischer Massary-Text, der verschiedene Frauentypen porträtiert:[7]

Manche Männer hat man leicht am Fädchen,
Ist man als Mädchen
Hübsch niedlich und lieb,
Man muß ein süßer Pussel sein, ein feiner,
Ein Schelm, ein kleiner, ein Herzensdieb.
Man sagt: »Sie Schlimmer!«
Und tut nur immer
Ganz völlig: trala lala la lala etc.

---

7 *Die Herren von Maxim.* Großes Vaudeville mit Gesang und Tanz in 5 Bildern mit freier Benutzung von C. Fler's »Messalinette« von Julius Freund. Musik von Viktor Hollaender, Berlin 1904, S. 44 f.

And're lieben Weiber voller Feuer,
Die ungeheuer
Voll Hitze und Glut.
Da muß man mit den Augen bombardieren,
Und muß markieren
Das südliche Blut.
Man muß patent sein,
Voll Temperament sein,
So ganz voll trala lala etc.

And're wieder schwärmen nur für Wäsche,
So zarte, fesche,
Nach neu'ster Facon [sic].
Sie lieben mehr als schön geformte Glieder
Das chike [sic] Mieder
Den chiken Jupon!
Des Röckchen Bauschen,
Der Seide Rauschen,
So das ganze tralala etc.

Dann lieben and're Herren ein Kokettchen,
So ein Soubrettchen
Oder Mädel vom Chor,
Die, wenn sie Sekt trinkt,
Immer gleich 'nen Schwips hat,
Die etwas Grips hat
Und Witz und Humor.
So ein Chanteuschen,
Ein Kankaneuschen,
So'n gewisses tralala etc.

Auf solche Art behandle ich die Männer
Ich bin ein Kenner
Vom starken Geschlecht!
Ich mime oft die allertollsten Sachen –

Es ist zum Lachen! –
Sie halten 's für echt.
Im Liebesfalle
Sind nämlich alle
Ein bischen tralala etc.[8]

Dazu noch eine Anmerkung: Im Jahr 1970 wurde das Theaterstück »Koralle Meier« von Martin Sperr uraufgeführt. Darin kommt eine Nazi-Größe vor, deren Ehefrau Gesangsunterricht nimmt. Vor einem befreundeten Ehepaar (wenn ich mich recht entsinne) demonstriert sie ihre Fortschritte ausgerechnet mit der Nummer »Im Liebesfalle« (mit einem so nicht vorgesehenen Spitzenton am Ende, jedenfalls in der Fernsehübertragung, die ich gesehen habe). Dass offenbar keinem der, wie es scheint, recht zahlreichen, Dramaturgen, die in den Folgejahren Aufführungen des Stückes betreuten, aufgefallen ist, dass eine Nazisse nie und nimmer eine Nummer der jüdischen und längst im Ausland lebenden Fritzi Massary gesungen hätte, sagt viel über die Erinnerungskultur um 1970 aus.

Als am 9. September 1922 *Madame Pompadour* in Berlin (im Berliner Theater) uraufgeführt wurde, hatte die Massary als Reverenz an das Berliner Publikum das Tralala-Lied, das ihr knapp zwanzig Jahre vorher zum Durchbruch verholfen hatte, in Leo Falls Partitur einlegen lassen, allerdings mit einem neuen Text der *Pompadour*-Librettisten Rudolf Schanzer und Ernst Friedrich Wilhelm Welisch; wir kommen darauf zurück.

Im Metropol-Theater trat die Massary vor allem in den Jahresrevuen auf, die das Theater zwischen 1903 und 1914 zeigte[9], oft als Personifikation von Begriffen (in *Donnerwetter – tadellos*, 1908, Musik Paul Lincke, etwa als »Madame Chic«, »Der letzte Frou-Fou, und auch als die »Wiener Operette« im Streitgespräch mit der »Berliner Posse«,

---

[8] Die letzte Strophe wurde in *Madame Pompadour* unverändert übernommen.
[9] Vgl. dazu Franz-Peter Kothis, *Die theatralische Revue in Berlin und Wien. Typen, Inhalte Funktionen*, Berlin 1977. S. 29–49; Libretti Julius Freund, Musik Viktor Holländer, Paul Linke, Rudolf Nelson.

u. a. m.). Seit 1915 hat sie nicht mehr in Revuen mitgespielt, es begann die Zeit ihrer großen Operettenrollen. Schon 1911 war sie in Max Reinhardts Inszenierung der *Schönen Helena* im Münchner Künstlertheater die Zweitbesetzung der Titelrolle gewesen (Erstbesetzung war die berühmte Opernsängerin Maria Jeritza).

Die erste Operette von Leo Fall, bei deren Uraufführung (Neues Theater – Theater am Schiffbauerdamm, 1912) Fritzi Massary die weibliche Hauptrolle übernahm, war *Der liebe Augustin* (Umarbeitung von *Der Rebell*, Falls erster Operette, die 1905 im Theater an der Wien keinen Erfolg gehabt hatte). Das Buch (Rudolf Bernauer, Ernst Friedrich Wilhelm Welisch, Eugen Spero) ist weniger frivol als in den späteren Massary-Operetten; lediglich im Duett von der höheren Tochter, die ihrem Klavierlehrer den Laufpass gibt, sobald ein Flöte spielender (!) Leutnant auf der Bildfläche erscheint, ist ein bisschen keck. Es war dennoch ein großer Erfolg für die Massary und Fall.[10]

1915 verkörperte sie Falls *Kaiserin* am Metropol-Theater; die Operette hätte eigentlich in Wien herauskommen sollen, aber die Zensur erlaubte nicht, dass Maria Theresia – eine Vorfahrin des (noch!) regierenden Kaisers Franz Joseph I. – im Theater auftrat (und noch dazu in einer Operette!). Dass das Stück kein durchschlagender Erfolg wurde, mag daran liegen, dass die Geschichte ein bisschen treuherzig und brav ist.

Falls *Rose von Stambul* (Theater an der Wien, 1916) hob nicht Fritzi Massary aus der Taufe: Die Uraufführung spielten der in Wien ungemein beliebte Hubert Marischka und Betty Fischer, die den hübschen Spitznamen »Lercherl von Hernals« trug und eine bemerkenswerte, auch internationale Karriere machte, heute aber weitgehend vergessen scheint. Die Attraktion der Uraufführung scheint das Komikerpaar gewesen zu sein: Luise Kartousch (eine Lieblingssängerin von Franz Lehár) und Ernst Tautenhayn haben oft, und mit großem Erfolg,

---

10 Die Kritiker gingen bemerkenswert ausführlich auf die Kostüme ein, die Fritzi Massary gemeinsam mit einer Schneiderin ihres Vertrauens selbst entwarf; dabei erweisen sie sich hinsichtlich der aktuellen Mode und der Terminologie der Damengarderobe als so gut informiert, dass man fragen kann, ob die Theater ihnen vielleicht entsprechende Informationen zur Verfügung gestellt haben.

miteinander gespielt. Fritzi Massary spielte die Kondja Gül dann am Metropol-Theater fast ein Jahr lang.[11] *Die Rose von Stambul* blieb jahrzehntelang eine der erfolgreichsten Operetten von Leo Fall. In Berlin hatte die *Rose* mit der Massary in der Titelrolle im September 1917 Premiere. Die *Vossische Zeitung* schrieb:

> Freilich ließ die rassige Fritzi Massary mit ihrem Vortrage alle ihre Künste springen. [Gelobt werden] ihre Anmut und ihre Schelmerei[12], die Reize ihres scharf pointierten Gesanges und ihres in dezente Transformen [sic] aufgelösten Spieles […].

Im Mai 1916 setzte Direktor Schultz Jacques Offenbachs Opéra bouffe *Die Großherzogin von Gerolstein* auf den Spielplan des Metropol-Theaters, Fritzi Massary übernahm die Titelrolle. Vier Monate später brachte er Emmerich Kálmáns *Csárdásfürstin* heraus, die gut neun Monate vorher in Wien uraufgeführt worden war, die Sylva sang Fritzi Massary. Im *Berliner Tageblatt* las man am 10. September:

> Über manche gefährliche Kluft führte die ausgezeichnete schauspielerische Leistung der Fritzi Massary. Sie sang nicht nur die Sylva mit hinreißender Verve und brachte Schlager wie »Ohne Weiber geht die Chose nicht« zu prickelndstem Vortrag, sondern machte auch das Empfindungsleben der Variétékünstlerin mit einfachen, aber überzeugenden Mitteln glaubhaft, dabei von immer gleicher Anmut in Bewegungen und Mienenspiel.[13]

Da hat der Kritiker entweder einen Kurzschlaf gehalten, oder die Diva hat, wie sie es gern tat (weitere Beispiele s. u.), einem Kollegen eine Nummer mit Schlagerpotenzial weggenommen (was wohl gängiger Praxis entsprach – Alexander Girardi verfuhr zumindest gelegentlich ebenso): »Ganz ohne Weiber geht die Chose nicht« singt bekanntlich

---

11 Vgl. Kurt Gänzl, *The Encyclopedia of the Musical Theatre*, Bd. 2, Oxford 1994, S. 1242 f.
12 Zit. nach Schneidereit (Anm. 3), S. 57. NB: Zum Zeitpunkt der Berliner Erstaufführung war die Massary immerhin 35 Jahre alt …
13 Zit. nach Schneidereit (Anm. 3), S. 52.

Graf Boni! Für die Massary hätte die Nummer allerdings umtextiert werden müssen, denn dass eine Frau »Schaue mir kein Mädel an« singt, scheint 1917 schwer vorstellbar.

Am 21. September 1917 hatte im Johann-Strauss-Theater in Wien Kálmáns Operette *Die Faschingsfee* ihre Uraufführung erlebt; die Musik hatte der Komponist für seine ungarische Operette *Zsuzsi Kisasszony* geschrieben, die deutsche Fassung bekam ein völlig neues Libretto (von Rudolf Österreicher und Arthur Maria Willner).[14] Dieses deutsche Buch musste für Berlin nach den Wünschen der Diva radikal umgestaltet werden (die neue Fassung hatte am 14. September 1918 Premiere). Hier sei nur das vielleicht spektakulärste Beispiel angeführt: *Der* Schlager dieser Operette, den natürlich die Massary sang, »Lieber Himmelsvater, sei nicht bös, / Schau, das Bravsein macht uns so nervös«, war ursprünglich ein Septett gewesen.

Im Oktober 1919 brachte Fritz Friedmann-Frederich, der das Metropol von Richard Schultz übernommen hatte, als seine erste Inszenierung *Sybill* heraus, die deutsche Version einer ungarischen Operette von Victor Jacoby (1883–1921), der gemeinsam mit Kálmán studiert hatte. Das in Deutschland völlig vergessene Stück wird in Budapest bis heute regelmäßig gespielt. Es ist

> die Geschichte der französischen Sängerin Sybill, die auf einer Russlandtournee in der Provinzstadt Bomsk für eine russische Großherzogin gehalten wird, und bei dieser Verwechslung ihrem einheimischen Geliebten zuliebe (der wegen ihr desertiert ist) anfänglich mitspielt […] es kommt im zweiten Akt – bei vollem Bewusstsein aller Beteiligten – zu Swingerclubähnlichen Partnertauschbeziehungen zwischen dem Großherzog und der Sängerin bzw. der Großherzogin und dem aristokratischen Leutnant. Ausgang ungewiss.[15]

---

14 Zur *Faschingsfee* vgl. Stefan Frey, »*Unter Tränen lachen*«. *Emmerich Kálmán. Eine Operettenbiografie*, Berlin 2001, S. 119–125.

15 So Robert Quitta, Kritik der Aufführung im Operettentheater Budapest, in Online Merker 19.4.2016.

Danach wechselte Fritzi Massary an das von den Direktoren Carl Meinhard und Rudolf Bernauer geleitete Theater in der Charlottenburger Straße, mit dem Anspruch, »in völlig auf ihre Eigenart zugeschnittenen Operetten 'Bombenrollen' zu erhalten, denen sich alle unterzuordnen hatten«.[16] Bernauer erinnerte sich später:

> Der Ruhm dieser eleganten, intelligenten, kultivierten, geistreichen Operettensängerin, unerreicht als Diseuse, vorbildlich in ihren Chansons, als Schauspielerin den besten ebenbürtig, im Dialog voll zündendem Humors und, wie es die Handlung erforderte, von unsentimentaler Tragik – ich denke, der Ruhm dieser einmaligen Erscheinung am Operettenhimmel ist auch jüngeren Generationen wohlbekannt.[17]

Die erste Operette, in der sie an der Charlottenburger Straße auftrat, war *Der letzte Walzer* von Leo Fall (Buch Julius Brammer und Alfred Grünwald). Alfred Polgar[18] würdigte ihre Interpretation:

> Zweiter Akt, da hat die die Massary ihr übermütiges Duo. Dreimal kommt der Refrain. Dreimal in immer andern Farben blüht der blühnde Unsinn aus ihrem Mund, ihren Gebärden. O Elfenzauber im Garten der Torheit! Märchen-Kurve des Lebenslaufs, der Lieb und Lust ist, durchschlingt ihn. Ein Vogel pfeift melodisch und überzeugend auf Würde und Wichtigkeit. Unsinn, du siegst, und ich, aber gern, muß untergehn.
>
> Die Noten sind von Leo Fall. Charmante Noten. Die Musik ist von Fritzi Massary. Sie gibt die entscheidenden Zwischen- und Obertöne, aus denen die Melodie sich formt, die tiefer haftet als im Ohr. Taschenspielerin! Aus Händen, Blick, Lächeln kann sie's aufflattern machen. Ein geflügelter Schwarm, heiter den Plan belebend. Wie sie ein Tuch um die Schulter legt, ein Kleid rafft, traurig ist, toll ist, frech ist, zart ist, das sind auch Chiffren einer Musik, einer persönlichsten Musik, die sich ins Herz schmeichelt.

---

16 Schneidereit (Anm. 3), S. 63.
17 Ebd., S. 67.
18 Auswahl. Prosa aus vier Jahrzehnten, hg. von Bernt Richter, Reinbek 1968, S. 336 f.

Teilchen des Operetten-Œuvres, festgehakt, drängen sich hinein. Ein Risiko, das der Hörer aber tragen muss.

Das Einzigartige an Fritzi Massarys Interpretationskunst ist die ungemein differenzierte Gestaltung und Ausdeutung des Textes: Im Dialog mit dem Prinzen Paul hat sie mehrfach »O-la-la« gesagt; auf seine Frage, was das bedeute, antwortet sie mit einem Chanson, in dem sie jedem der zahllosen O-la-las eine andere Färbung gibt:

> O-la-la, o-la-la,
> das kann sehr viel sein,
> o-la-la, o-la-la,
> das kann ein Spiel sein.
> Man sagt's mokant, so ganz als Phrase:
> O-la-la!
> Man sagt's pikant, so durch die Nase:
> O-la-la!
> o-la-la, o-la-la,
> kann ein Gefühl sein;
> O-la-la, o-la-la,
> das kann sehr schwül sein.
> Man sagt es oft so obenhin,
> oft auch mit einem Nebensinn,
> so ganz charmant, sehr tolerant, so.
> O-la-la!
> Dann reserviert und sehr chockiert, so:
> O-la-la! […][19]

Zum Ende des Jahres 1920 kam *Die spanische Nachtigall* im Theater in der Charlottenburger Straße heraus.[20] Das Libretto hatten zwei Mitarbeiter des Theaters verfasst, Oberregisseur Ernst Welisch und der Dramaturg Rudolph Schanzer. Stärker noch als bei Brammer und

---
19 Zitiert nach Schneidereit (Anm. 3), S.69.
20 Vgl. dazu Stefan Frey, *Leo Fall. Spöttischer Rebell der Operette*, Wien 2010, S. 176–180.

Grünwald ist es ganz auf die Diva fokussiert und somit die erste »Massary-Operette« im engeren Sinn. Sie singt ihr Selbstporträt:

> Ein Tröpfchen Esprit,
> Ein Hauch Poesie,
> ein Quentchen Gescheitheit
> und etwas Grazie und Temperament.
> Eine freche Bewegung,
> ein Schimmer Erregung,
> ein Schuß Raffiniertheit,
> dazu ein Lot von Sehnsucht und Wehmut,
> von Stolz und von Demut
> und mancherlei noch [...][21]

Das trifft in gleicher Weise auf alle Frauenfiguren zu, die die Massary in den späten Operetten verkörperte; sie wurde dadurch, so Schneidereit, »der Idealtyp ihres Publikums«.

Die nächste für die Massary geschriebene Operette hatte im September 1921 Premiere: *Prinzessin Olala*, Buch Rudolph Bernauer und Ernst Welisch, Musik von Jean Gilbert; das heute vergessene Stück wurde stürmisch bejubelt, wie die Kritik der *B.Z. am Mittag*[22] zeigt. Der Kritiker merkt an, »dass im Falle der Massary das Original auf der Bühne und nicht in der Partitur steht« und dass die übrigen Mitwirkenden (die nicht namentlich genannt werden) »den lebendigen Rahmen schaffen für das eine unvergleichliche Bild Fritzi Massary«. Dass die Diva exorbitant hohe Gagen verlangte, ist angesichts solcher Kommentare kaum erstaunlich.

Mit *Madame Pompadour* von Leo Fall (Buch Rudolph Schanzer/Ernst Friedrich Welisch, Uraufführung im Berliner Theater, 1922) feierte die Massary einen ihrer größten Erfolge. Volker Klotz hat die subtile Dramaturgie prägnant beschrieben:

---

21 Zitiert nach ebd., S. 72.
22 Zitiert nach ebd., S. 73 f.

Sie entfacht unentwegt Spannungen zwischen der inneren Schwungkraft der Personen und den äußeren Hemmnissen. Je größer und dauerhafter die Hemmnisse, desto heftiger der innere Stau. Das Gerüst des dramatischen Hergangs liefert somit beides auf einmal: die Gelegenheiten wie auch die Widerstände, wo die Personen singend und tanzend ihren inneren Hochdruck entladen.[23]

In ihrem Entreelied (»Heut könnt' einer sein Glück bei mir machen, / wenn es der Richtige wär'«) spricht die Pompadour das bemerkenswert unverblümt aus:

Ich fühl' heut in mir einen Überschuss,
Den ich loswerden muss!
Der bringt mich sonst aus dem Gleichgewicht,
Und das mag ich nicht![24]

Der Kritiker der *B.Z. am Mittag* konstatierte nicht zu Unrecht, hier werde »ein neues Lexikon von Schlüpfrigkeiten« aufgerollt[25]. Die explizite Erotik ihrer Figur musste Fritzi Massary entgegenkommen. Es ist nur konsequent, dass sie die erfolgreichste Nummer der Partitur für sich beanspruchte: Das Duett »Joseph, ach Joseph, wie bist du so keusch« hätte der inzwischen zum Hofdichter avancierte Calicot eigentlich mit der Zofe Belotte singen sollen[26]. Indem seine Partnerin vorgibt, Calicot verführen zu wollen, jagt sie den armen Kerl gehörig ins Bockshorn; zweifellos war die Massary für dieses Duett mit seinen leicht sadistischen Untertönen besser geeignet.

---

23 Volker Klotz, *Madame Pompadour*, in: Pipers Enzyklopädie des Musiktheaters. Oper – Operette – Musical – Ballett, hg. von Carl Dahlhaus und dem Forschungsinstitut für Musiktheater der Universität Bayreuth unter Leitung von Sieghart Döhring, Bd. 2: Werke Donizetti – Henze, München – Zürich 1987, S. 177–181: 178.
24 Zitiert nach Klotz, ebd.
25 Schneidereit (Anm. 3), S. 77.
26 Dazu ebd. Die Belotte hätte Claire Waldoff singen sollen, die vor allem mit Kabarettliedern im Berliner Dialekt erfolgreich war; als die Massary ihr das Duett wegnahm, gab sie die Rolle ab, vgl. ebd.

Eingefügt wurde die Nummer, mit der sie 1904 in Berlin ihren ersten großen Erfolg gehabt hatte: das »Tralala-Lied« aus *Die Herren von Maxim* (s. o.), für das Schanzer und Welisch einen neuen Text geschrieben hatten[27]: Die Pompadour (bzw. die Massary) präsentiert sich hier[28] als »ein Kenner / vom starken Geschlecht«, in drei Strophen führt sie vor, wie sie drei sehr unterschiedliche Männertypen behandelt: In der ersten Strophe »sensitive, / Die für's Naive / Empfänglich noch sind«:

> Da musst du unschuldsvolle Augen machen
> Und schüchtern lachen
> Und mimen das Kind.
> Jedoch beileibe nicht übertreibe
> Zu sehr das Tralala la la-la-la, la-lala, la la laa […]

Hier klingt das »Tralala« tatsächlich ein wenig kindlich. Die zweite Strophe ist denen gewidmet, die nur »das Ordinäre / Aus niedrer Sphäre / Den rüdesten Ton« lieben (wobei die Massary besonders »den rüdesten Ton« unterstreicht):

> Am besten kommt man denen mit Exzessen
> So nach der kessen
> Apachen-Fasson.
> Man muss verderbt sein
> Und rot gefärbt sein
> Und dann noch Tralala la la-la-la, la-lala, la la laa […]

Hier klingt »verderbt« fast ein wenig hysterisch, »rot gefärbt« und das »Tralala« behalten diesen Ton bei. Die dritte Strophe spricht von denen, die »die Robusten, / Die Selbstbewussten / Voll männlicher Kraft« bevorzugen:

---

27 Text zitiert nach https://www.facebook.com/lyrix (26.3.2024).
28 Wie schon gesagt, wurde die Schlussstrophe aus der ersten Fassung unverändert übernommen.

> Die muss man, wie die ungetreuen Sklaven
> Gleich streng bestrafen,
> Dann hat man's geschafft.
> Sie werden närrisch,
> Wenn man sie herrisch
> Nur anhaucht: Tralala la la-la-la, la-lala, la la laa.
> Und alles wagend
> Beweist man schlagend
> Die Macht des Tralala la la-la-la, la-lala, la la laa.

»Närrisch« als Charakterisierung der Männer wird hastig hervorgestoßen, im Gegensatz zur weibliche Überlegenheit ausdrückenden, betonten »herrisch«, bei »schlagend« ist angedeutet, dass es nicht nur im übertragenen, sondern auch im konkreten Sinn gemeint ist.

Die letzte Strophe zieht ein Fazit:

> Ich mime oft die allertollsten Sachen,
> Das ist zum Lachen,
> Sie halten's für echt.

Das Lachen ist in der Einfärbung der Stimme der Diva, die die männliche Dummheit hörbar amüsiert. – In den späteren Operetten hat Fritzi Massary Nummern bevorzugt, die ihr die Möglichkeit zu so differenzierter Ausdeutung eines Textes gaben.

Auch in Wien wurde *Madame Pompadour* dank Fritzi Massary ein großer Erfolg. Im November 1923 folgte im Theater an der Wien die Uraufführung von *Die Perlen der Cleopatra* von Oscar Straus – besonders erwähnenswert, weil das wohl eine von nur zwei Gelegenheiten war, bei der die Massary und Richard Tauber (als Sylvius) in einer Aufführungsserie gemeinsam auf der Bühne standen. Die Operette, die in den letzten Jahren vor allem in der Komischen Oper Berlin eine glanzvolle Wiederauferstehung feiern konnte (2016, mit Dagmar Manzel in der Titelrolle), hatte in Wien nur eine kurze Laufzeit, in Berlin war im folgenden Jahr der Erfolg wesentlich größer. – Da Tauber sich seit *Paganini* (1928) im Bereich der Operette auf die späten Werke

Lehárs konzentrierte, während Fritzi Massary Komponisten wie Leo Fall, Oscar Straus oder auch Jean Gilbert bevorzugte, ist es nicht verwunderlich, dass sich ihre Wege auf der Bühne später nur noch einmal kreuzten: Am 28. August 1926 spielten sie bei den Salzburger Festspielen gemeinsam in der *Fledermaus*[29] (Massary: Adele, Tauber: Eisenstein), es dirigierte Bruno Walter.

Im Oktober 1924 hatte in Berlin *Die Geliebte seiner Hoheit* von Jean Gilbert Première. Es war ein Erfolg für Fritzi Massary. Die Operette hatte aber wohl nur eine kurze Laufzeit, ob sie nachgespielt wurde, ist nicht bekannt[30], nach 1933, oder spätestens nach 1945 geriet sie (wie die meisten Werke von Jean Gilbert) in Vergessenheit. Die Berliner Kritik aber steigerte sich nach der Premiere zum Superlativ, so der Berichterstatter der Zeitschrift *Roland*:

> Die Massary ist eine Klasse für sich. Sie hat keine Vorgängerin, noch wird sie je eine Nachfolgerin haben. Sie ist ebenso genial als Schauspielerin wie als Sängerin oder Tänzerin; ebenso hinreißend als muntere Liebhaberin wie erschütternd als Tragödin [...] Wenn sie ein unaussprechliches Zötchen von purpurn gefärbter Lippe schnellt, so tut sie das mit so unnachahmlich geistreicher Anmut, dass man ebenso gut vermeinen könnte, sie habe soeben einen Aphorismus d'Alemberts oder des Weisen von Ferney versprüht. Dieses überhaupt ist so recht ihre eigene und eigentliche Note: die Dezenz der Indezenz; die Kunst, das Unmögliche möglich zu machen; letzte Geschmacklosigkeit noch durch eigenen Geschmack zu adeln und zu beseelen.[31]

Bei einer Wohltätigkeitsaufführung im Metropol-Theater am 16. November 1924 sang sie die Adele in der Fledermaus, ihre Partner waren u. a. Hubert Marischka (Eisenstein) und Leo Slezak (Alfred), es dirigierte Bruno Walter.[32] Auch hier war die Kritik voll des Lobes für die

---

29 Siehe dazu den Beitrag von Gottfried Franz Kasparek, S. 66.
30 Im Katalog der Deutschen Nationalbibliothek findet sich immerhin ein gedrucktes Regiebuch von »Oberregisseur Dr. Reinhard Bruck«, Berlin: Arcadia Verlag 1924.
31 Zitiert nach Schneidereit (Anm. 3), S. 83 f.
32 Dazu ebd., S. 85 f.

Massary (»eine Klasse für sich«). 1926 sang sie die Adele viermal bei den Salzburger Festspielen, wieder unter dem Dirigat Bruno Walters. 1925 spielte die Massary am Deutschen Künstlertheater Berlin die Titelrolle in einer neuen Operette von Oscar Straus, *Die Teresina* (Buch von Schanzer und Welisch, UA 11. September). Über das Libretto urteilte ein Kritiker:

> Ein stillos zwischen Sensationsdrama, Posse und komischer Oper hin und her wackelndes Gemisch, worin Napoleon und sein Hof bemüht werden, um einer korsischen Komödiantin, die eine große Sängerin wird, Gelegenheit zu geben, dem Gewaltigen ein Schäferstündchen abzuschlagen.[33]

In Berlin lief das Stück immerhin vier Monate[34] und wurde in Budapest, Wien (mit Louise Kartousch in der Titelrolle), Nantes und Paris nachgespielt.

Am 21. September 1927 fand im Berliner Theater des Westens die Uraufführung einer Operette des ungarischen Komponisten Michael Krausz statt: *Eine Frau von Format* (Buch Schanzer und Welisch), die Massary spielte die Titelrolle, als Gesandte des Phantasiestaats Angora ist sie nach Silistrien gereist, um einen Handelsvertrag abzuschließen. Sie hatte ein Couplet »Nebenbei« über die Freuden eines Seitensprungs, von dem es auch eine Aufnahme gibt.[35] Dr. Erich Urban, der Kritiker der *B.Z. am Mittag*, war begeistert:

> [Sie] brennt das Brillantfeuerwerk ihrer Coupletkunst ab, geseufzt, geflüstert, gesprochen, durch die Nase, mit kleinem Kopfnicken, mit Augenwinken, geschnalzt, mit eingeworfenen Fragen an einen unsichtbaren Partner – virtuos! Seit *Olala* hat sie nicht ein solches Couplet.[36]

---

33 Zit. nach Schneidereit (Anm. 3), S. 90.
34 Das folgende nach Gänzl (Anm. 11), Bd. 2, S. 1438 f.
35 Fritzi Massary, *Warum soll eine Frau kein Verhältnis haben? Sämtliche veröffentlichte Platten (Electrola/EMI) 1926–1938* 1 CD Edition Berliner Musenkinder 2000, Bestellnr. 05 16 3.
36 Zit. nach Schneidereit (Anm. 3), S. 97.

Andere äußerten sich kritischer[37], und die Operette hielt sich weniger als zwei Monate auf dem Spielplan. Sie wurde in Wien (1935, 27 Aufführungen) und Budapest (ebenfalls 1935) nachgespielt.[38]

Direktoren des Metropol-Theaters waren seit 1927 die Gebrüder Rotter.[39] Nach schwierigen Anfängen hatte ihnen Lehárs *Friederike* mit Richard Tauber und Käthe Dorsch einen Sensationserfolg gebracht.[40] Für ihre nächste Produktion planten sie »eine Summierung aller Faktoren […], die zur Zeit innerhalb der Berliner Operette erfolgversprechend waren: Franz Lehár *und* Eric Charell *und* Max Hansen *und* […] Walter Jankuhn […] *und* – Fritzi Massary!«[41]

Die Neufassung der *Lustigen Witwe* ist die einzige Operette von Lehár, in der Fritzi Massary auftrat. Das Buch wurde umgeschrieben, die Handlung von Paris nach Honduras verlegt[42]: Hannah (!) ist jetzt eine Chansonette und Witwe des Plantagenbesitzers Glavarios. »Die textliche Umarbeitung (Rudolph Schanzer und Ernst Welisch) und ein jazzendes Arrangement für eine revuehafte Inszenierung von Erik Charell«[43] bot Max Hansen (später der erste Leopold im *Weißen Rössl*) Gelegenheit, mit einer Richard Tauber-Parodie zu glänzen, die von vielen Kritikern lobend erwähnt wurde. Die Autoren trugen vermutlich einem Wunsch der Massary Rechnung, indem sie den Grisettenmarsch aus Lehárs III. Akt zu einem Solo für »Hannah« umtexturierten:

Wenn ich durch die Stadt kariole,
Trippel, trippel, trippel, trapp,
Laufen sich die Stiefelsohlen
Hinter mir die Männer ab,

---

37 Ebd., S. 100,
38 Gänzl (Anm. 11), Bd 1, S. 793 f.
39 Schneidereit (Anm. 3), S. 105.
40 Ebd., S. 106.
41 Ebd.
42 Vgl. dazu Ausschnitte aus der zeitgenössischen Presse unter: http://walter.jankuhn.2fix.de/?page_id=80 (26.3.2024).
43 Volker Klotz, *Die lustige Witwe*, in: *Pipers Enzyklopädie des Musiktheaters* (Anm. 20), S. 439–444: 444.

Trippel, trippel, trippel, trapp.
Und ich renne immer schneller,
Trippel, trippel, trippel, trapp,
Bis zu dem bewussten Keller,
Wo ich den Beschützer hab.
Und dann steh'n sie da und glotzen,
Seh'n sie seine Muskeln strotzen,
Und einer nach dem andern Herrn
Dann machte ab!

Ja, mein Freund aus Singapur
Ist verliebt in eine nur,
Eine nur, wie ich es bin,
Darum zieht's ihn zu mir hin!
Eine nur, die macht ihn scharf,
Und wenn die mal was bedarf,
Lässt sie sich's besorgen nur
Von dem Freund aus Singapur.

Heimlich über morsche Stiegen
Trippel, trippel, trippel, trapp,
Kommt auch manche feine Ziege
Nachts in das Lokal hinab.
Trippel, trippel, trippel, trapp,
Kommt kokett daher gegangen,
Trippel, trippel, trippel, trapp,
Um den meinen einzufangen,
Und der meine lehnt nicht ab!
Ja, das sind so Männersachen,
Ja, da muß man eben lachen!
Ja, er bringt sie ja doch morgen
Wieder auf den Trab!
Ja, mein Freund aus Singapur …[44]

---

44 Für die Transkription des Textes danke ich Heike Quissek, Kassel.

»Fritzi Massary spielte die Witwe nur ein Vierteljahr hindurch; dann wurde sie von Trude Hesterberg abgelöst«.[45]

Danach versuchte sich die Massary auf der Schauspielbühne: 1929 spielte sie in Berlin die Hauptrolle in der englischen Gesellschaftskomödie *Die erste Mrs. Selby* von Ervine St. John; die geschiedene Mrs. Selby hat zwei erwachsene Söhne, dürfte also wahrscheinlich mindestens Mitte bis Ende vierzig sein. Fritzi Massary war 1929 47, das passt also. (Mr. Selby hat sich von ihr getrennt, um eine wesentlich jüngere zu heiraten, da diese Ehe nach nur drei Jahren scheitert, kommt das Paar am Ende wieder zusammen).

1931 spielte Fritzi Massary am Deutschen Künstlertheater in der Komödie *Nina*, die ihr Schwiegersohn Bruno Frank für sie geschrieben hatte: Nina Gallas ist eine berühmte, vielbeschäftigte Filmdiva, aber sie hat von dem ganzen Trubel längst genug und würde sich liebend gern mit ihrem Mann ins Privatleben zurückziehen. Für weniger wichtige Filmszenen hat sie ein Double, »ein armes Hascherl zuerst, das sich als billige Doppelgängerin aufbläht, von allem Klatsch und Krach der Atelierproben nur so strotzt«[46] [...]. Da sie der Diva natürlich ähnlich sieht, kommt diese auf die Idee, ihr Rollen und Karriere abzutreten. Das funktioniert besser als erwartet: Sie tritt ohne große Mühe in die Fußstapfen der Diva und hat Erfolg in Hollywood.

Die Massary spielte die Diva und das wesentlich jüngere Double als Doppelrolle.

> Und das ist der Witz des Stückes: die Massary spielt beides, die Diva und das Double, die große Dame und den jungen Fratz. Sie muß fortwährend das Kostüm und den ganzen Menschen austauschen. Der Zuschauer sitzt in dauernder Spannung da, wie wird der nächste Wechsel vor sich gehen, wie bekommt der Verfasser die eine Massary von der Bühne, damit die andere Massary auftreten kann.[47]

---

45 Schneidereit (Anm. 3), S. 111.
46 So der Kritiker der *Morgenpost*, zit. nach Schneidereit (Anm. 3), S. 117.
47 *Morgenpost*, zit. nach ebd.

'Nina Gallas' dürfte den Zenith ihrer Karriere noch nicht überschritten haben. Andererseits ist sie schon geraume Zeit im Geschäft; sie könnte vielleicht Ende dreißig sein, also wesentlich jünger als die Darstellerin, aber immerhin einiges älter als der »Fratz«. Dass die Massary beide Rollen spielte und damit Erfolg hatte, zeigt einmal mehr ihre Wandlungsfähigkeit.

Am 1. September 1932 gab es zum letzten Mal eine Massary-Premiere im Metropol-Theater. Alfred Grünwald hat (für einmal ohne Partner, nach einer französischen Vorlage) das Buch geschrieben: *Eine Frau, die weiß, was sie will*, Oscar Straus hat die Musik komponiert. Carola Stern[48] zieht die Möglichkeit in Betracht, Max Pallenberg (dessen Geschäftstüchtigkeit ja allgemein bekannt ist) könnte die Idee gehabt haben, es angesichts der Verluste, die auch das Ehepaar Pallenberg/Massary beim Zusammenbruch der holländischen Amstel-Bank erlitten hatte, noch einmal mit einer Operette zu versuchen – angesichts der unglaublich hohen Gagen, die die Diva verlangte (und erhielt!), scheint das nicht abwegig.

Fritzi Massary stand im 51. Lebensjahr. Sie war immer noch eine ganz außerordentlich erotische Frau – und Grünbaums Buch zeigt eindrücklich, welche Anziehungskraft die von ihr dargestellte Figur auch auf wesentlich jüngere Männer ausübt. Sie wird aber auch in ihrer Rolle als Mutter gezeigt.

Die Revue-Sängerin Manon Cavallini hat als junge Frau eine uneheliche Tochter zur Welt gebracht (wie Fritzi Massary selbst auch!). Die Familie des Vaters hat sie aufgezogen und jeden Kontakt zur leiblichen Mutter unterbunden. Zu einer Begegnung kommt es, wenn das Mädchen erfährt, dass Raoul, der junge Mann, in den sie verliebt ist, Manon den Hof macht; sie sucht ihre Rivalin auf und bittet sie, auf ihn zu verzichten. Die Sängerin ist bereit dazu und erkennt schließlich in Lucy ihre verlorene Tochter.

Ein Jahr später sind Raoul und Lucy verheiratet. Manon greift dem jungen Ehepaar, das nicht auf Rosen gebettet ist, unter die Arme und trifft sich deshalb gelegentlich heimlich mit Raoul (was Lucy, die im-

---

48 (Anm. 11), S. 252 f.

mer noch nicht ahnt, dass Manon ihre Mutter ist, nicht wissen darf). Wenn sie das zufällig entdeckt, muss sie natürlich annehmen, Raoul wäre ihr untreu. Um sich zu rächen, will sie sich ihrem Hausfreund Fernand hingeben, und teilt das Raoul auch brieflich mit. Manon weiß Rat: Sie lädt – als Lucy – Fernand zum Rendezvous in ein Séparée ein; bei seiner Ankunft ist er naturgemäß – keineswegs unangenehm – überrascht. Wenn Lucy auftaucht, gibt Manon sich endlich als ihre Mutter zu erkennen.

»Straus' score for *Eine Frau* treated its ageing primadonna gently. There were no wide-ranging vocal lines«.[49] Die Massary hatte aber eine Reihe effektvoller Nummern: Das Titellied »Ich bin eine Frau, die weiß was sie will«, das gefühlvolle »Jede Frau hat irgendeine Sehnsucht« und vor allem den Idealtypus einer Massary-Nummer: »Warum soll eine Frau kein Verhältnis haben?«[50]

Was so die Gesellschaft redet
Zwischen Lunch und Dinner
Nachmittags beim Five-o-Clock,
Von Madame X und Madame U,
Am Besten ist's, man hört den Leuten gar nicht zu!
»Die hat ihren Mann betrogen,
Die ist dem Chauffeur gewogen,«
Und man urteilt ganz en bloc:
Mit Mister Z ist sie intim,
Er hat mit ihr etwas und sie hat was mit ihm!

Warum soll eine Frau kein Verhältnis haben,
Kein Verhältnis haben, kein Verhältnis haben?
Ist sie hübsch, wird man sagen:
»Die muss doch eins haben!

---

49 Gänzl (Anm. 14), Bd. 1, S. 490.
50 Vgl. Klaus Thiel, »*Dann lass' ich's mir besorgen nur, von dem Freund aus Singapur*«. Fritzi Massary, die Diva assoluta *der erotisierten Operette*, in: Glitter and Be Gay. Die authentische Operette und ihre schwulen Verehrer, Berlin 2007, S. 97–106: 100.

> Ha, die muss doch eins haben,
> 's wär zu dumm!«
> Ja, und wenn man schon so redet und sie hat keins
> Na, da ist es doch viel besser gleich, sie hat eins!
> Warum soll eine Frau kein Verhältnis haben,
> Können Sie mir sagen, warum?
> Man lacht diskret und maliziös,
> Und so entsteht die ganze Chronique scadaleuse!
>
> »Kennen Sie Frau Ypsilon, die schöne, schlanke Blonde,
> Wissen Sie, was man da sagt?
> Sie hat 'nen Mann, sie hat 'nen Freund
> Und einen Onkel, der es sehr gut mit ihr meint!
> Dann hat sie 'nen Löwenjäger,
> Und auch einen Jazzband-Neger,
> Donnerwetter, der Konsum!
> Man sagt ihr nach… man trascht herum:
> Sie ist auch ausserdem ein bissel andersrum!«[51]

Der Klatsch, das wird hier offensichtlich, ist eines der Hauptvergnügen der menschlichen Rasse. Wer über einen anderen etwas weiß, was die anderen nicht wissen (und wovon der Betroffene selbst nicht weiß, dass man es weiß), versetzt sich in eine überlegene Position, was immer angenehm ist. Außerdem bietet die Strophe über »Madame Ypsilon« der Sängerin die Möglichkeit, den sinnlichen Reiz der pikanten Details auszukosten:

> Bei »*Wissen Sie*, was man da sagt?« hastig-verschwörerisches Flüstern; der »Onkel, der es sehr gut mit ihr meint«, wird durch den betont neutralen Tonfall zweideutig; der »Löwenjäger«, den sie angeblich »hat«, versetzt die Sprecherin in Aufregung; der Kommentar »Donnerwetter, der Konsum« klingt distanziert abschätzig, ehe die angeblich homoerotischen Neigungen

---

51 Zit. nach https://www.facebook.com/lyrix (26.3.2024).

der Dame (»sie ist auch ausserdem ein bissel andersrum«) fröhliche Lüsternheit provozieren.[52]

Angesichts der zunehmenden Bedrohung durch den nationalsozialistischen Terror verlassen Fritzi Massary und Max Pallenberg Ende 1932 Deutschland und gehen zunächst nach Wien. In Österreich ist Arbeiten noch möglich, auch die Salzburger Sommerfestspiele 1933 finden planmäßig statt. Max Pallenberg stirbt am 23. Juni 1934 bei einem Flugzeugabsturz. Fritzi Massary zieht sich vom Theater zurück, sie lebt in der Schweiz und reist oft nach Österreich.

Bei ihrer Freundin Eleonora von Mendelssohn in Schloss Kammer am Attersee lernte Fritzi Massary ihren »berühmtesten homosexuellen Verehrer«[53] kennen: Das Multitalent Noël Coward, den Mann, der nicht nur Theaterstücke schrieb, sondern auch Musical Comedys komponierte und sogar dirigierte, wohlgemerkt ohne Noten lesen zu können[54]. Coward, der sich rühmte, *Madame Pompadour* mit der Massary zehnmal gesehen zu haben[55], versuchte sie zur Rückkehr auf die Bühne zu überreden; wenn sie Englisch lernen wolle, werde er ein Stück für sie schreiben.[56]

Nach anfänglichem Zögern nahm die Massary das Angebot an. Sie zog in ein Hotel an der englischen Kanalküste und lernte Englisch. Der Schwierigkeiten war sie sich sehr bewusst, aber von Cowards Stück begeistert: Alma Mahler-Werfel schrieb sie:

---

52 Albert Gier, »Wär' es auch nichts als ein Augenblick«. *Poetik und Dramaturgie der komischen Operette*, Bamberg 2014, S. 363.
53 So Thiel (Anm. 50), S. 101.
54 Dazu Noël Coward, *Autobiography, consisting of Present Indicative, Future Indefinite, and the uncompleted Past Conditional.* With an Introduction by Sheridan Morley, London 1986, S. 281. – Als er bei den Voraufführungen von *Word of Music* (1932) für den erkrankten Dirigenten einsprang, saß jeweils seine musikalische Beraterin mit der Partitur vor ihm auf dem Boden und gab ihm Anweisungen.
55 Thiel (Anm. 50), S. 101.
56 Vgl. auch Albert Gier, *Noël Coward, seine Diven und die Operette*, Revue Musicorum 20 (2018): *La comédie musicale britannique. XIXe et XXe siècles*, S. 165–184: 178–183.

> Noël Coward hat eine reizende Sache geschrieben, klug-heiter-ironisch-
> gute Songs – für ihn ein großer Erfolg – glaube ich. Heißt *Operette*. – Meine
> Rolle kann bezaubernd sein – wenn ich in 'English' – fähig bin – so zu sein –
> wie ich einst an eine Rolle ging [...].[57]

Nach der Premiere in London am 16. März 1938 brachte es *Operette* auf 133 Aufführungen en suite, was zwar kein Durchfall, aber natürlich enttäuschend war. Im Rückblick äußerte sich Coward sehr kritisch:

> Das Stück sei »over-written and under-composed«, die Musik »meagre, and
> only at moments, adequate«. Die Grundidee eines Stücks im Stück – die
> meisten der Hauptfiguren gehören zu der Truppe, die im »Jubilee Theatre«
> die »modern Musical Comedy« *The Model Maid* spielt – habe »triumphant
> confusion [...] in the minds of the audience« hervorgerufen, die Zuschauer
> wussten nicht, ob gerade eine Szene aus *The Model Maid* gespielt wurde oder
> ob die Figuren mit Problemen ihrer Schauspieler-Existenz kämpften; dazu
> trug natürlich bei, dass die Liebesgeschichte von Mary und John in *The Mo-
> del Maid* (mit Happy End) die Beziehung Rozannes zu Nigel im wirklichen
> Leben (mit unglücklichem Ende) spiegelt. Sarkastisch resümiert Coward:
> If the reader of this volume is interested in how *not* to write a musical play,
> in how to overload a light, insignificant story with long stretches of accu-
> rate but uninspired dialogue, and in how to reduce an audience of average
> intelligence to a state of frustrated confusion, he will probably enjoy him-
> self intensely.[58]

Für Fritzi Massary wurde der Abend aus der Sicht der Kritik und auch Cowards selbst ein großer persönlicher Erfolg. In seiner Autobiografie schreibt er:

> Her performance was exquisite and her behaviour magnificent. She knew
> as well as I knew, during the try-outs in Manchester, that neither her part

---

57 Zit nach Stern (Anm. 2), S. 299.
58 Zit. nach Gier (Anm. 56), S. 178.

nor the songs she had to sing were worthy of her but never, at the time or since, has she ever uttered a word of reproach. I hasten to add that she made an enormous personal success but I am forced to admit, with the utmost regret, that it was more her fault than mine.[59]

Allerdings ist die Rolle der Massary eines der großen Probleme des Stücks: Mit nunmehr 56 Jahren konnte sie nun wirklich nicht mehr die Rolle der ersten Liebhaberin spielen! Alfred Grünwald (in *Eine Frau die weiß, was sie will*) hat das Problem auf sehr geschickte Art gelöst: Die Massary als immer noch begehrenswerte Frau, die aber die Intrige in erster Linie als Mutter ihrer Tochter steuert. Bei Noël Coward hat sie zwar immerhin drei hübsche Songs (darunter ein Loblied auf das Genre der »Operette«), aber sie spielt doch nur eine Nebenrolle: Sie ist Liesl Haren, eine berühmte Sängerin aus Wien, die für Rozanne (die in *Model Maid* ihre erste Hauptrolle spielt) eine Art mütterliche Freundin ist. Sie führt zwar die Versöhnung von Mary und John am Ende von *Model Maid* herbei, hat sonst aber wenig Einfluss auf die Handlung.

In *Operette* hatte Fritzi Massary ihren letzten Bühnenauftritt. Nach dem »Anschluss« Österreichs an Hitler-Deutschland folgte sie ihrer Tochter Liesl, die mit ihrem Mann Bruno Frank in Beverly Hills wohnte. Nach Franks Tod 1943 heiratete Liesl 1948 den Regisseur Leo Mittler und kehrte mit ihm nach Deutschland zurück, wo ihre Mutter sie seit Anfang der 1950er-Jahre im Sommer regelmäßig besuchte. Ihren 80. Geburtstag feierte sie 1962 in München. In Beverly Hills wie in Deutschland war sie umgeben von Freunden und Kollegen. Sie starb Ende Januar 1969, im Alter von fast 87 Jahren.

Fritzi Massary war ein Phänomen: Liest man die zeitgenössischen Kritiken, ist erstaunlich oft von Defiziten die Rede, die zwar konstatiert werden, aber nicht wirklich ins Gewicht fallen: Anlässlich der *Teresina* von Oscar Straus (1925) schrieb der Kritiker von *Velhagen & Klasings Monatsheften*:

---

59 Zit nach ebd., S. 179.

Die Massary verdankt ihren Weltruhm – na, Weltruhm, das ist doch wohl zu dick aufgetragen – nicht der Zigarettenreklame, sondern ihrem unerhörten Fleiß. Aus einer Winzigkeit von Singstimme hat sie durch unermüdliches Studium einen klanglich guten festsitzenden Ton entwickelt. Sie ist die graziöseste und vornehmste Operettentänzerin geworden. Sie vermag jede Gestalt schauspielerisch bis in die letzte Wirkung durchzuführen. Und – sie ist nie undezent.[60]

Nach den zeitgenössischen Vorstellungen war sie nicht eigentlich 'schön', aber sie war eine in höchstem Maße erotische Frau:

Die durchaus nicht schöne und durch den damaligen Geschmack zu einem fortwährenden Kampf gegen die Fettpölsterchen ihrer Hüften verurteilte Fritzi (sämtliche Photos von ihr mußten in jenen Jahren in der Hüftpartie »auf schlank« retuschiert werden) übertraf sie alle durch ihre enorme Intensität, durch ihr motorisches Temperament.[61]

Anlässlich von *Eine Frau von Format* schrieb das *12-Uhr-Blatt*:

Sie ist herrlich wie am ersten Tag. Hier fühlt und erlebt man reinsten Zusammenklang von schauspielerischer Intention und stimmlicher Beherrschung. Sie wirbelt über die Bühne, schneller als die anderen, haftender als die anderen. Sie tanzt wild, unbeherrscht, und dieser Tanz ist so gegliedert, so gebaut, dass er ganz nebenbei eingeschaltet, in jeder Phase fesselt, in jeder Phase hinreißt. Oder sie trägt ein Couplet vor über ein banales Thema, doch wie sie die Worte setzt und treibt und vorwärts schnellt, mit einem kleinen bestimmten Ruck wieder zurückholt und nochmals heraustrillert, wie sie dann abtönt und verschieden bringt, wie sie einen Satz wiederholen kann und immer wieder neuartig formt, das ist einzigartig, beglückend[62].

---

60 Zit. nach Schneidereit (Anm. 3), S. 90.
61 Ebd., S. 25 f. Schneidereit bezieht sich auf die Zeit vor dem Ersten Weltkrieg.
62 Zit nach ebd., S. 99 f.

Wie schrieb Alfred Polgar (s. o.)? »Die Noten sind von Leo Fall ... Aber die Musik ist von Fritzi Massary.«

Fritzi Massary fügte ihrem Text »kurze Girr- oder Knurrlaute«[63] hinzu. Kurt Tucholsky schrieb:

> Für jede Frau ist eigentlich ein ganz besonderer Laut charakteristisch, den sie und nur sie hat. Manche müssen keifen, um ganz sie selbst zu sein, manche trällern und manche leise seufzen. Wenn man an die Massary denkt, stellt sich gleich die Vorstellung eines tiefen Kehllauts ein, der alles Mögliche bedeuten kann, vor allem so viel Ironie. Es wäre ein Hauptspaß, einmal mit anzuhören, wie dieses Bündel überlegener Nerven auf acht verschiedene Liebeserklärungen reagiert.

Die Massary war auch eine Lieblingssängerin von Hugo von Hofmannsthal: Am 1. April 1923 schrieb er an Richard Strauss:

> Wie Ihnen der Gedanke an ein dürftiges und gemeines Orchester alle Lust erstickt, so geht's mir, wenn ich an die Darsteller denke. Vieles, was Sie auf diesem Gebiete noch erträglich finden, ist mir zum Ekel. Sehe ich eine Person wie die Massary auf der Bühne, deren Geist, Beweglichkeit, Reichtum der Nuance dem Innersten meiner eigenen schöpferischen Natur entgegenkommt – und denke dann an die Opernsänger. So ist mir, wie wenn ich von einem Göttertisch, mit Ambrosia gedeckt, weggerissen würde zu einem schmutzig gedeckten Wirtshaustisch mit dem übelsten Essen[64].

Hofmannsthal wollte (was aus der Sicht des Librettisten verständlich ist), dass das Publikum seinen Text versteht. Die differenzierte Gestaltungskunst der Massary kann sich entfalten, weil (in den Schallplattenaufnahmen) das Orchester die Stimme nie übertönt. Mit dem Orchester von Richard Strauss (oder Richard Wagner) ist das aber unmöglich. Strauss (der im Brief vom 5. Juni 1916 ja die erstaunliche

---

63 Thiel (Anm. 50), S. 102. Das folgende Zitat ebd.
64 Richard Strauss – Hugo von Hofmannsthal, *Briefwechsel*, hg. von Willi Schuh, München – Mainz 1978, S. 490.

Äußerung tat: »daß ich ein großes Talent zur Operette habe […] Ja, ich fühle mich geradezu berufen zum Offenbach des 20. Jahrhunderts […][65]«) scheint zumindest erwogen zu haben, seinem Dichter in dieser Hinsicht entgegenzukommen: Noch am 15. Juni 1929 schickte er ihm einen Zeitungsausschnitt mit dem Kommentar:

> Wäre aus beiliegendem Feuilleton nicht ein hübsches Satyrspiel zu *Helena* zu formen? Für die Massary? Ein Akt mit 3 bis 4 Verwandlungen? Kleines Orchester? Regina – ein Operettenstar, der ein paar hübsche Couplets in den Mund gelegt werden könnten? Was meinen Sie?[66]

Wie manche anderen Pläne sollte auch dieser bekanntlich nicht realisiert werden.

In der kleinen, bibliophilen »Monographiensammlung« »Der Schauspieler« (hg. von Herbert Ihering) veröffentlichte Oscar Bie – einer der größten, wenn nicht *der* größte Lobredner der Fritzi Massary – als siebtes Bändchen *Fritzi Massary. Tagebuch eines jungen Mannes*. Ein Rollenspiel: 1920, als das Bändchen erschien, war Bie Mitte fünfzig. Er geht kurz auf ihre Anfänge ein (beginnend mit der Russland-Tournee von 1898 oder 1899). Er bemerkt auch:

> Sie kommt nach Berlin, zuerst an das Nollendorftheater[67], aber sie kann sich über eine wohlwollende Kritik zunächst nicht gerade beklagen. Es soll nur einen Kritiker gegeben haben, Oscar Bie, der gleich von Anfang an bei ihr Feuer fing. Er ist ihr dann nicht von den Fersen gewichen. Er folgte ihr ins Metropoltheater und ins Berliner Theater und verfasste wahre Hymnen auf sie. Nicht alle folgten ihm gleich darin. Aber wenn ich heute seine Worte lese, finde ich, dass er recht impressionabel die Eigentümlichkeit dieses Bühnengenies erkannt hat, von dem er behauptet, dass es vielleicht die größte Theaterbegabung in Berlin sei. Längst haben ihm die anderen recht

---

65 Ebd., S. 344.
66 Ebd., S. 690.
67 Das ist ein Versehen: Wie oben gesagt, war ihre erste Station das Metropol Theater.

gegeben. Und was ich hier schreibe, steht sicherlich unter dem Einfluss seiner Anschauung.[68]

Der Reiz des Bändchens (47 Textseiten) liegt u. a. darin, dass nicht immer klar ist, ob gerade von der Bühnenkünstlerin oder der Frau die Rede ist:

> Ich konzentriere mich auf die Soubrette. Ich weiß nicht, wie ich darauf komme. Man verzeihe, ich bin ein junger Mann. Ich schreibe hier mein Tagebuch über die Soubrette, obwohl ich eigentlich hundert andere Dinge zu tun habe.
> Aber die Soubrette läßt mich nicht los. Komische Idee. Während ich so schreibe, sitzt sie vor mir auf einem Geländer, schaukelt mit den Beinen in den grauseidenen Strümpfen und lächelt einem Jüngling zu, der neben ihr steht. Sie blitzt mit den Augen und sagt immerfort »hm, hm«, in einem Tone, der von Verständnisinnigkeit glüht. Sie meint: Ich weiß schon, was du willst, und wenn der Augenblick gekommen ist, werden wir sehen. Dann singt sie irgendein Couplet.[69] […]
> Ich könnte auch über die Stimme schreiben. Die Soubrette hat eine sinnliche Stimme. Ihr Ton hat etwas Flaches, Nacktes. Sie bietet ihn dar ohne Erfahrung der Technik, ohne Umhüllung der Kunst. Er entfernt sich von dem Worte nur so weit, dass er seine Pointe nie verliert. Er streut die Musik nur als Zucker auf das Wort. Er leiht von der Musik nur das Tempo, es noch eindringlicher zu machen. Vielleicht hat er sogar etwas Ordinäres. So ein bisschen habe ich es ganz gern, wenn es als Verlockung durchschimmert, wenn es in das Laster gewisser tiefer Töne hinuntersinkt, die mich an wer weiß was erinnern. Woran erinnern sie? Ich weiß von den Lüsten der Menschen. Wir alle wissen es, wir sagen es nicht, wir musizieren hier ein bisschen, ihr versteht es schon. Alles ist Andeutung. Alles ist Zweideutigkeit. Wenn ich etwas sage, meine ich das andere. Wenn ich es sage, was meine

---

68 Oscar Bie, *Fritzi Massary. Tagebuch eines jungen Mannes* (Der Schauspieler. Eine Monographiensammlung, hg. von Herbert Ihering, 7), Berlin 1920, S. 21.
69 Ebd,. S. 7.

ich dann? Den Duft, die Musik, das Parfum, Musik baut Assoziationen.[70]
[…]
    Ich wurde ihr vorgestellt. Und war verlegen.
    Ich dachte: Welche Herrschaft in Kostüm, Haltung, Gebärde. Welche Sicherheit in der mondänen Disposition, welche Überlegenheit des künstlerischen Gewissens, welche Reinheit zwischen Einsamkeit und Gesellschaft. Geschlossene Kultur, und ich ein Faselhans.
    Sie fragte mich. Ich stotterte etwas von meiner Soubrette.
    Soubrette? Ich versuchte ihr, wie ein angehender Professor, zu erklären, welches mein Ideal der Soubrette sei, Verhältnis zum zweiten Sopran in der Oper, Entwicklung von Zerline zu Adele, Klassifikation des Tragischen und des Grotesken – und dabei hatte ich, das weiß ich, etwas ganz anderes im Sinn, erotische Kindereien, Philosophien des Leichtsinnes, Schule des Lasters. Ich verfing mich. Ich wollte beichten und dozierte. Ich wollte übermütig in die Praxis springen und verhüllte mich in die Theorie. Mit einem Wort: Ich wollte ihr die Kur machen und blamierte mich.[71]

Bies assoziativ-andeutender Schreibstil weist, so scheint es, durchaus eine gewisse Ähnlichkeit mit Fritzi Massarys Kunst der Vieldeutigkeit und des Verschweigens auf.

---

70 Ebd., S. 8 f.
71 Ebd., S. 10 f.

»Sing mir ein Liebeslied …«
Auf der Bühne des Lebens mit Richard Tauber

Von Gottfried Franz Kasparek

Vier Künstlerinnen, darunter zwei Sängerinnen, waren nicht bloß auf der Bühne oder im Film Partnerinnen Richard Taubers, sondern auch zeitweilig Gefährtinnen seines Lebens. Wer sich nun süffige Berichte über das Privatleben des Tenors erwartet, geht fehl. Es ist nicht die Aufgabe dieses Buches, sich mit den Liebesabenteuern oder gar den erotischen Fähigkeiten eines Mannes zu beschäftigen, der sich berufsmäßig in seinen Rollen ständig mit den großen Emotionen zwischen Mann und Frau auseinandersetzen musste und der dabei eine grandiose künstlerische Ausdruckskraft entwickelte. Im Zentrum sollen jedoch auch hier die Frauen und deren Schicksale stehen – die sich freilich nicht ganz von Taubers Leben trennen lassen.

Der Begriff »Soubrette«, der auf Carlotta Vanconti nicht wirklich und auf Mary Losseff nur zum Teil passt, ist heute meist nur mehr Fachleuten geläufig. Er stammt aus dem Französischen und bedeutet ursprünglich Zofe oder Dienerin. Im Musiktheater ist das heutzutage

Abb. 20: Collage zur Premiere von Richard Taubers Operette *Der Singende Traum* mit Richard Tauber, Ellen Schwannecke, Mary Losseff, Fritz Heller, Felix Grönenfeldt, Fritz Steiner und Sari »Zsa Zsa« Gabor, im Uhrzeigersinn

mitunter als etwas fragwürdig und verkleinernd empfundene Wort allerdings nach wie vor ein Fachbegriff für einen »leichten« lyrischen Sopran, italienisch auch »soprano secondo«, und für eine Darstellerin hauptsächlich komischer Rollen, wobei die Palette von Wolfgang Amadé Mozarts herzhafter Blonde im Singspiel »Die Entführung aus dem Serail« – als Stück fast ein Prototyp der Operette! – bis zur kapriziösen Zerbinetta in der Oper »Ariadne auf Naxos« von Richard Strauss reicht. Blonde ist wie viele ihrer Nachfolgerinnen eine echte Kammerzofe, Zerbinetta dagegen eine sehr selbstbestimmte, virtuose Sängerin und Tänzerin in der Tradition der Commedia dell'Arte. Diese Rollen sind keineswegs leicht zu singen und verlangen eine besonders flexible, helle Stimme, oft mit der Fähigkeit zu brillanten Koloraturen. Soubretten mussten immer schon auch über beachtliche schauspielerische Qualitäten verfügen und sind mitunter sogar wahre Spielmacherinnen – man denke etwa an Despina in Mozarts »Cosí fan tutte«. Überdies sind die Grenzen zwischen »erstem« und »zweitem« Sopran oft fließend und viele Künstlerinnen entwickelten sich im Lauf ihrer Karrieren von der Soubrette zur Primadonna oder wechselten mitunter zwischen den Fächern. In Opern der Moderne spielen sie freilich nur mehr sehr selten mit, was vor allem mit gesellschaftlichen Veränderungen zusammenhängt – Zofen und Stubenmädchen sind sehr rare Erscheinungen geworden. In der Operette gibt es zudem die »Tanzsoubrette«, die allerdings auch singen können muss, wofür in ihrem Fall nicht unbedingt eine Opernausbildung notwendig ist.

Carlotta Vanconti. Eine rätselhafte Frau mit vielen Namen

Sie war keine Italienerin, sondern ein deutsches Arbeiterkind, geboren 1894 als Martha Carolina Emilie Wunder in Hamburg, vielleicht schon 1892 in Hannover. Sie wird oft als eine Art »böser Fee« in Taubers Leben beschrieben. Wie ihre Karriere begonnen hat, wissen wir nicht. Ihr erster Ehemann war ein gewisser Ferdinand Xeconty, ein Kaufmann aus Südtirol, den sie offenbar bald verlassen hat. Seinen Familiennamen benützte sie, wandelte ihn aber zu einem »Grafen Conti« um und nannte sich zeitweilig »Wanda Conti«. Als sie Tauber 1924 im Theater an der Wien kennenlernte, war sie schon als Carlotta Vanconti die Zweitbesetzung in Emmerich Kálmáns »Gräfin Mariza« und zwar nicht in der Soubretten-, sondern in der Titelrolle. Immerhin war sie der »Neuen Freien Presse« eine Kritik wert. Am 25. Juli 1924 war da zu lesen von einer »*bezaubernden Schönheit, in ihrem Spiel unwiderstehlich, mitreißend durch Charme und Temperament*« sowie von einer Sängerin »*frei von jeder Operettenunart*«, ja mit »*geradezu opernmäßiger Kultur*«.

Beim Anhören der erhaltenen, im Jänner 1926 entstandenen Duettaufnahmen mit Richard Tauber aus zwei Operetten Franz Lehárs – »Paganini« und dem frühen »Rastelbinder« – ist festzustellen, dass der ungenannte Kritiker gute Ohren hatte. In beiden Fällen sang Frau

Abb. 21: Carlotta Vanconti und Richard Tauber in ihrer Berliner Wohnung, ca. 1927.

Tauber-Vanconti, wie sie sich damals nannte, die Diva mit mehr als nur interessantem, wohlig abgedunkeltem Timbre und ganz natürlich daraus aufsteigender, strahlkräftiger Höhe. Da wird intensiv »höchstes Glück und tiefstes Lied« beschworen und gegenseitig »Niemand liebt Dich so wie ich«. Apropos, im Publikum kursierte längst eine parodistische Version des zweiten Duetts – »Niemand liebt Dich wieso ich?«. Auf Schellack schlüpfte das edle Paar Fürstin Anna Elisa und Paganini noch dazu gleichsam in die Kostüme des Buffopaars und interpretierte durchaus glaubwürdig mit Witz und Pep den Schlager »Einmal möcht' ich was Närrisches tun …« Und wie heißt es im »Rastelbinder«? »Wenn zwei sich lieben, so steht's geschrieben, dann sind sie ein Herz und sind sie ein Sinn …«. Sind sie, Carlotta und Richard, das jemals gewesen?

Wir dürfen es bezweifeln. Der Tenor verliebte sich immer sehr schnell und leidenschaftlich, die Sopranistin hatte wohl doch eine berechnende Ader und schätzte ihre Karrierechancen an der Seite eines

Abb. 22: Carlotta Vanconti 1924 in Wien

Weltstars gut ein. Die Gefühle, die sie hatte, werden mangels an persönlichen Dokumenten immer ein Mysterium bleiben. Sie hatte, wie Fotos beweisen, ein etwas gekünstelt wirkendes, damenhaftes Aussehen. Schon 1925 zog man in Berlin zusammen. Nach der Scheidung von Herrn Xeconty wurde am 18. März 1926 in Wien geheiratet, gefeiert aber ein paar Tage danach in der Stadt an der Spree, wo unter anderen Franz Lehár und der bedeutende Dirigent Erich Kleiber mit dabei waren. Der gefeierte Opernmaestro Kleiber war mit Tauber befreundet. Vielleicht hatte er ein wenig Interesse an der Künstlerin Vanconti, die sich freilich nie an großen Opern versuchte, obwohl ihre Fähigkeiten dies eigentlich nahelegten. Man darf vermuten, dass sie sich mit ihren eigenen Launen und Narreteien im Wege stand, was eine größere Karriere betraf. Mit Tauber, der sie mehrmals aus Engagements freikaufen musste, gastierte sie als Sonja im »Zarewitsch« 1927 erfolgreich in Köln und Frankfurt am Main, sagte aber bald darauf in Wien unbegründet ab, wo ihr Noch-Gatte wieder einmal die

Ablöse berappen musste. Im September 1928 kam es zur Scheidung in Deutschland, der aus kuriosen rechtlichen Gründen 1936 noch eine in Österreich folgte.

Was dann noch folgte, war ein einziger Abstieg. Bis fast zu seinem Tod verfolgte sie Tauber mit letztlich erfolglosen Klagen bei Gerichten, obwohl er ihr recht brav Unterhalt zahlte. Sie unternahm einen inszenierten Selbstmordversuch, war als »Lotte Wander« im Stadttheater Bern engagiert und wurde im deutschen Bühnenjahrbuch bis 1944 als »Carlotta Vanconty« geführt, ohne dass Auftritte bekannt wurden. Die Verhältnisse zu Männern neben, zwischen und nach ihren Ehen, die ihr nachgesagt werden, sind wohl etwas übertrieben, doch sicher nicht ganz aus der Luft gegriffen. Nach 1945 wirkte sie der Überlieferung nach in Berlin als Gesangs- und Sprechlehrerin und starb, völlig vergessen, am 15. November 1964 in der Künstlerkolonie Friedenau, die nicht ganz zu Unrecht im Berliner Volksmund bis heute »Hungerburg« genannt wird.

Viel zu wenig ist bekannt, um den schwierigen Charakter dieser zweifellos begabten Frau wahrhaftig erkennen zu können. In der Zeit ihrer Ehe mit Tauber betätigte sie sich auch als aus der feinen Gesellschaft berichtende Journalistin für Berliner Zeitschriften und schrieb sehr egozentrisch über die »reichen, hochstehenden und berühmten Persönlichkeiten«, mit deren Bekanntschaft sie sich schmückte. Tiefer lässt folgende Mitteilung blicken, die immerhin eine gewisse Selbsterkenntnis verrät: »Wenn alle Künstlergattinnen […] die oft nötige Toleranz, Güte, Nachsicht und Selbstüberwindung aufbringen könnten, gäbe es viel mehr glückliche Künstler und Künstlerehen, die, leider manchmal gar zu schnell geschlossen, eine baldige Ernüchterung zur Folge haben …«. (Zitiert nach Otto Schneidereit.) Scheiterte sie nur an sich selbst? An falscher Partnerwahl? Oder doch auch an patriarchalen Strukturen? Offenbar hatte sie kaum Kontakte zu ihrer Familie, blieb kinderlos und verschwand aus dieser Welt wie ein fremder Gast. Hört man die wenigen Tondokumente genau und mehrmals an, dann taucht irgendwo hinter dem etwas altmodisch artikulierten, eher diven- als soubrettenhaften, meist wohlklingenden Gesang eine seltsam verborgene Traurigkeit auf.

Mary Losseff. Träume und Albträume

»Mary Losseff hat etwas, was wir leider seit einiger Zeit in der Operette vermisst hatten: richtigen Hollywooder Sex-Appeal. Gerade Wien gilt seit jeher als jene Theaterstadt, die nicht nur talentierte, sondern vor allem schöne Menschen auf der Bühne gerne sieht. Nach ihrem großen Erfolg in 'Ball im Savoy' ist es zu hoffen, dass wir Mary Losseff jetzt öfters in Wien zu sehen bekommen werden. Die Operettenbühne ist arm an solchen Talenten […].« (Aus der Zeitschrift »Tonfilm Theater Tanz«, Heft 1/1934).

Damals nahte schon das Ende der Lebensgemeinschaft Mary Losseffs mit Richard Tauber, die allerdings ganz im Gegensatz zur katastrophalen Beziehung zu Frau Vanconti in eine bis zum Tod des Tenors bestehende Freundschaft mündete und auch noch zu weiteren gemeinsamen Auftritten führte. Der Grund für diese Trennung war die allzu starke, krankhafte Neigung Marys zum Alkohol, welche ihr Gefährte nicht verstehen konnte. Einem guten Gläschen nicht abgeneigt, wusste er immer, wann es genug war. Er blieb jedoch nicht nur ihr stets um sie besorgter Freund, sondern half ihr auch immer wieder in finanzieller Hinsicht. Sie litt zwar heftig unter der Trennung, vertrug sich jedoch gut mit seiner späteren Ehefrau Diana Napier und nahm am Begräbnis Taubers teil. Vieles deutet darauf hin, dass es sich bei dieser Beziehung um wirkliche Liebe gehandelt hat.

Über Mary Losseffs Leben ist mehr bekannt als über das Carlotta Vancontis. Als Mara Losseff wurde sie am 13. März 1907 (nach anderen Quellen 1910) in Wladiwostok als Tochter eines wohlhabenden Fabrikanten geboren. Die Familie flüchtete vor der Oktoberrevolution 1917 zunächst nach Japan und dann 1921 nach Berlin. Die begabte Mary, wie sie sich bald nannte, lernte schnell die deutsche Sprache, versuchte sich zunächst als Tänzerin und debütierte 1929 auf der Bühne in einer »Nelson-Revue«, für die Friedrich Hollaender die Musik geschrieben hatte. Mit Peter Kreuder als Begleiter am Klavier wurde ihr Chanson »Peter, Peter, komm zurück zu mir« zu einem der Schlager der Saison. Bei Peter handelte es sich nicht um den Pianisten, sondern ursprünglich um einen Kater, der nach der in eben dieser Zeit statt-

Abb. 23: Richard Tauber als Tokito und Mary Losseff als Sonja in Taubers *Der singende Traum*, September 1934.

gefundenen, im Rekordtempo zu leidenschaftlicher Liebe führenden Begegnung mit Richard Tauber in einen Menschenmann verwandelt und schließlich, mit einem neuen Text, zu einem der großen Erfolge der jungen Marlene Dietrich wurde. Schon 1930 wirkte Mary Losseff an der Seite Taubers in der Rahmenhandlung der Verfilmung von Lehárs »Das Land des Lächelns« mit und war für die Tonaufnahmen auch das sprechende Cover der Wiener Sopranistin Margit Suchy als Lisa. Ihre Karriere ging flott voran und war nur teilweise von ihrem Lebensgefährten abhängig. Unter Taubers Dirigat spielte sie 1932 in Dresden »Die Dubarry« von Millöcker/Mackeben, im März 1933 übernahm sie in Berlin für wenige noch mögliche Vorstellungen von Jaromir Weinbergers Operette »Frühlingsstürme« die Divenrolle der Jarmila Novotná. Ohne Tauber feierte sie Erfolge in Paul Ábraháms »Ball im Savoy« und 1935 im in Wien gedrehten Film »Bretter, die die Welt bedeuten« mit der schmissigen Musik des neuen ungarischen »Operettenkönigs«.

Mit Tauber trat sie von August bis November 1934 in dessen Operette »Der singende Traum« im Theater an der Wien als Tänzerin Sonja Sorina auf, in die sich der vom Komponisten verkörperte Zauberer Tokito unsterblich verliebt. Er lehrt sie das »hochdramatische« Singen, was ein bisschen autobiografisch wirkt, wenn man etwa an Mary Losseffs so gar nicht soubrettenhafte Rolle in den »Frühlingsstürmen« denkt. Die Sache endet wehmütig mit melodramatischem Entsagen, auch die Musik erinnert unüberhörbar an Franz Lehár, ohne dessen melodische Qualität zu erreichen. Die Instrumentation knüpft allerdings an Taubers 1909/10 entstandene, nie aufgeführte einaktige Oper »Die Sühne« an und lässt mehr an den »deutschen Verismo« denken als an Puccini. Am Pult wirkte in bester Freundschaft Anton Paulik, der leider nach 1938 zum willigen Nazi-Mitläufer, doch nach 1945 zum stilprägenden Operettenmaestro der Wiener Volksoper wurde – also eine typisch österreichische Karriere.

Aus dem Stück ist die effektvolle Tenornummer »Du bist die Welt für mich« zur Freude vieler großer Tenöre im Repertoire geblieben, der Rest ist vergessen, was nicht ganz gerecht ist. Denn das Lied der Sonja, »Wer mich küsst, kommt nicht wieder los von mir«, und die Szene »Sing mir ein Liebeslied«, in der sich Mary Losseff mit fein gesungenen Vokalisen ihres schön geformten lyrischen Soprans in die Beschwörungen Richard Taubers mischt, verraten den durchaus hohen Anspruch des Komponisten ebenso wie sie zu den ganz wenigen Tondokumenten zählen, in denen die Stimme der Partnerin erhalten geblieben ist – neben dem Chanson für Kater Peter.

Und, nicht zu vergessen, ein Ausschnitt aus dem Film »Liebeskommando«, den Géza von Bolváry 1931 in Berlin drehte, auf ein Drehbuch des später von den Nazis ermordeten Kabarettisten Fritz Grünbaum und des 1938 in die Schweiz und 1940 in die USA emigrierten k. u. k.-Armee-Autors Alexander Roda Roda. In dieser witzigen Militärklamotte aus Alt-Österreich spielte Mary Losseff ein Fräulein Floron, das, um den Jargon der Zeit zu zitieren, als naiver »Backfisch« getarnt in einem edlen Nachtclub mit gut gespielter Schüchternheit und einem assistierenden Herrentrio, das sich »Three Admirals« nannte und in der Art der »Comedian Harmonists« wirkte, ein hübsches Lied von Robert Stolz zum Besten gibt – »Im Traum hast Du mir alles erlaubt«. Damit entfacht sie die Träume sich »unerlaubt aus der Kaserne entfernt habender« Fähnriche, die bei einem Versuch, sie in einem Separée aufzusuchen, entsetzt feststellen müssen, dass ausgerechnet ihr Kommandant der Nutznießer des Traums der jungen Dame ist. Frohgemut kündigt ihnen dieser in Gestalt Gustav Fröhlichs eine Arreststrafe am nächsten Tag an und wünscht freundlich noch einen schönen Abend. So waren sie, die vom Publikum geliebten Unterhaltungsfilme von anno dazumal. Und so ging es in Wien vor 1914 mitunter wirklich zu, was der Schreiber dieser Zeilen aus Erzählungen seiner Vorfahren wie eines ehemaligen Kellermeisters im Etablissement Ronacher weiß.

Obwohl »Der singende Traum« in Wien nach »nur« 89 Vorstellungen abgesetzt wurde, ging das singende Traumpaar damit auf Tournee nach Prag, Budapest, Linz und Salzburg. Am 22. Jänner dirigierte Richard Tauber im Musikverein das Faschingskonzert der Wiener Philharmoniker, in dem Jarmila Novotná und Mary Losseff ebenso auftraten wie der befreundete Kollege Joseph Schmidt, wahrscheinlich der erste jener großen Tenöre, die seitdem »Du bist die Welt für mich« gesungen haben. Da waren Mary und Richard schon getrennt von Tisch und Bett, die Sängerin blieb allerdings eine bevorzugte Bühnenpartnerin (siehe dazu auch den Beitrag über Tauber in London). Im Jahr 1938 vermittelte Tauber die wegen ihrer wohl russisch-jüdischen Wurzeln – ein im Internet auffindbarer Familien-Stammbaum deutet darauf hin – mit seiner Hilfe ebenfalls nach England geflüchtete Mary Losseff an Emmerich Kálmán, der »Gräfin Mariza« in London herausbrachte, mit ihr in der Titelrolle. Traf sie in der englischen Emigration ihren Sohn Dimitri Alexander Losseff (1927–1991), den sie bald nach seiner unehelichen Geburt in ein Internat geschickt hatte, um ihre Laufbahn nicht zu gefährden? Wir wollen ihr nicht vorwerfen, was zum Beispiel auch Clara Schumann nach dem Tod ihres Mannes getan hat. Alleinerziehende Mutterschaft mit künstlerischer Berufung zu verbinden, war früher noch viel schwieriger als heute. Über den Sohn ist nichts Näheres in Erfahrung zu bringen, aber im Internet findet man Marys Enkelin Frau Dr. Nicky Losseff (geb. 1962), die in Großbritannien eine gut bekannte und beliebte Musikwissenschaftlerin, Pianistin und Organistin ist. Nicky Losseff könnte Großmutter Mary noch oft begegnet sein, denn diese starb am 3. Juli 1972 in London.

Mary Losseff geriet nach Taubers Tod in Geldnot. Ihre 1938 eingegangene, bald wieder getrennte, aber erst 1947 geschiedene Ehe mit einem britischen Schauspieler war unglücklich verlaufen ebenso wie zwei weitere Beziehungen. Ihr letzter verbürgter Auftritt fand in einem Konzert in Bournemouth im April 1950 statt. In dem 1950er-Jahren machte sich Taubers Witwe Diana Napier Sorgen um die als psychisch sehr labil bekannte Kollegin, fand sie nicht und ließ sie per Anzeige in der »Times« suchen – ohne Erfolg. Gerüchte, die Vermisste sei in dieser Zeit bis in die Gosse herabgesunken, sind nicht nachweisbar. Sie scheint sich jedenfalls wieder erholt zu haben und lebte ab 1959 zurückgezogen mit einem vermögenden Exilrussen in dessen Haus in London-Hammersmith. Mag sein, dies war auch eine Flucht in eine lange verlorene Heimat, die sie in der Fremde wiedergefunden hatte. Der Mann ihrer Träume war dennoch Richard Tauber.

Diana Napier und Esther Moncrieff. Zwei Damen am Sterbelager

Im Sommer des Jahres 1935 lernte Richard Tauber in London eine sehr attraktive Schauspielerin kennen, Diana Napier. Geboren 1905 als Alice Mary Ellis im englischen Bath, hatte sie als Künstlerin den Mädchennamen ihrer Mutter gewählt. Sie war vor allem eine Darstellerin kleiner Charakterrollen, am Theater und im Film. Tauber verliebte sich in sie wieder einmal gründlich und hurtig, bezahlte alle ihre Schulden, was er von den vorausgegangenen Partnerinnen ja gewohnt war, und machte ihr, die auch schon eine Ehe hinter sich gebracht hatte, den Vorschlag, ihn zu heiraten. Außerdem verschaffte er ihr eine Rolle in seinem nächsten Film, »Heart's Desire«, in dem ein Tenor aus Wien in London zum Star wird. Bei der Premiere am 17. Oktober 1935 überraschte der Star des Films die Gäste mit der Vorstellung Diana Napiers als seiner Verlobten.

Eine Besprechung des Streifens im »Sydney Morning Herald« vom 18. November 1935 drückt vollendet aus, was die Faszination solcher mit angenehmen Klängen versehenen Zelluloid-Epen ausmachte: »Diese Handlung stellt kaum Anforderungen an Herrn Tauber als Schauspieler und ermöglicht es dem Publikum, seinen großartigen Gesang ohne große Unterbrechung zu genießen … Man kann sich das kaum vorstellen, wenn Herr Tauber einen Film drehen würde, der dramatischer ist als dieser. Ein Film, in dem er auftritt, wird zu einer angenehmen Alternative seiner Schallplatten. Unter diesem Gesichtspunkt ist dieser den Produzenten bewundernswert gelungen.«

Der tüchtige Komponist der Filmmusik, George Howard Clutsam (1866–1951), stammte aus Australien und war vor allem wegen seiner volkstümlichen Lieder bekannt, die er schon für seine legendäre »Landsfrau« Nellie Melba geschrieben hatte. Daneben komponierte er Orchesterwerke und Opern, alles gut gemachte britische Spätromantik ohne besondere Eigenart und in Vergessenheit versunken. Bald allerdings konnte man sich an Tauber in einem dramatischen Film mit zündender und bewegender Musik erfreuen, denn 1936 folgte »Pagliacci« (nach Ruggero Leoncavallos veristischem Meisterwerk »I Pagliacci«, deutsch »Der Bajazzo«), in dem der Star als Canio auch sein mimisches Können vorführen konnte. Diana Napier ist darin als eine gewisse Trina zu sehen, die in der Oper gar nicht vorkommt – und auch in der Inhaltsangabe des Films nicht. Solche Rollen sollten ihr Schicksal bleiben. Im nächsten Film mit Tauber, »Land Without Music«, ebenfalls 1936 gedreht, gab es eine Ausnahme. Denn da durfte sie eine Prinzregentin spielen, die ihrem Volk die Musik verbietet, weil die Leute zu viel Geld dafür ausgeben. Da es sich um eine Komödie handelt, setzen sich der Tenor und die Musik natürlich durch. Der Titel spielte mit dem Titel eines 1914 erschienenen, deutschen Buchs über die Probleme Englands, dem der Autor Oscar H. A. Schmitz den Titel »Das Land ohne Musik« gegeben hatte, was schon vor dem großen Aufschwung der britischen Musik im 20. Jahrhundert eine böse und dumme Beleidigung des Landes Henry Purcells, Edward Elgars und wundersamer Folklore gewesen ist. Kurioserweise war das fragwürdige Buch auch in englischer Übersetzung ein Erfolg. Die einschmeichelnden Lieder zum Film stammen großteils nicht von einem Briten, sondern vom damals noch vor der Emigration in Bad Ischl lebenden Wiener Oscar Straus und klingen, den englischen Texten zum Trotz, auch sehr wienerisch – wie ein Fortspinnen seines größten Erfolgs »Ein Walzertraum«.

Im selben Jahr 1936 feierte das glückliche Paar im Wiener Lehár-Schlössel im Freundeskreis seine Zweisamkeit, die Hochzeit fand aber im London statt. Diana Napier-Tauber war, wie damals nahezu alle Intellektuellen aus Großbritannien, im Grunde der deutschen Sprache mächtig und verfeinerte ihre Kenntnisse noch ebenso wie ihr Gatte seine des Englischen. Die Ehe war der bisher größte Erfolg im Beziehungsleben des Tenors und währte in der Tat bis zu seinem Tod. Dies war freilich der Herzensgüte Dianas zu verdanken, die über seine sonstigen Abenteuer hinwegsah, sich selber mitunter schadlos hielt und in den letzten Jahren sogar noch eine feste Geliebte Richards akzeptierte. Man wohnte dann zwar getrennt, lehnte aber eine Scheidung ab und verkehrte weiterhin miteinander. Bei der neuen Herzensdame handelte es sich um eine Kollegin der Angetrauten, Esther Moncrieff (1914–1981), ebenfalls eine ausnehmend hübsche (und jüngere …) Interpretin kleiner, höchstens mittlerer Rollen. In der englischen »Fledermaus«-Variante »Gay Rosalinda« durfte sie in den 1940er-Jahren »Molly, Adele's Sister« spielen (also Adeles Schwester Ida) und in Taubers Operette »Old Chelsea« eine Rolle, die auf der gekürzten Aufnahme gerade zwei Zeilen in einem Ensemble singt, das gar nicht von Tauber stammt, sondern von Bernard Grun.

Am Sterbelager des geliebten Mannes in seinem Londoner Heim und im Spital gaben Diana Tauber-Napier und Esther Moncrieff einander die Türklinke in die Hand. Am Morgen des 8. Jänner 1948 hatte er ausgelitten. Esther Moncrieff entschwand alsbald in die Anonymität. Diana Napier, die sich schon seit 1940 der Wohltätigkeit zugewandet hatte und bevorzugt polnische Emigranten betreute, widmete ihr restliches Leben vor allem Richard Tauber, über den sie idealisierende Bücher und Artikel schrieb, deren Gehalt an Dichtung oft größer ist als der an Wahrheit. Sie ging 1953 noch eine dritte Ehe mit dem polnischen Künstler Stanislaus Maria Wolkowicki (1902–1965) ein und

Abb. 24: Carlotta Vanconti und Richard Tauber mit seinem Wagen im Wiener Prater.

lebte bis 1982 im Gedenken an ihre genialen Männer, vor allem den einen, der ihr so tief ins Herz gesungen hatte, dass sie ihm verzieh, was er schon anno 1923 in Erich Wolfgang Korngolds Version der Johann Strauss-Operette »Eine Nacht in Venedig« elegant und charmant formuliert hatte: »Treu sein, das liegt mir nicht …«

Verwendete Literatur

Otto Schneidereit, Richard Tauber. Ein Leben – eine Stimme, Berlin 1988
Martin Sollfrank, Richard Tauber, Dresden/Sargans 2014
Heide Stockinger/Kai-Uwe Garrels, Tauber, mein Tauber, Weitra 2017
www.wikipedia.at
www.wienerphilharmoniker.at Archiv

»Die Frau, die jeder liebt …« – Henny Porten und ihre Freundschaft mit Richard Tauber

Von Kai-Uwe Garrels

Henny Porten und Richard Tauber lernten sich im Sommer 1926 im Ostseebad Heringsdorf kennen, das Tauber bereits 1900 mit seinem Vater Richard Anton Tauber besucht hatte. Für dieses erste Treffen ist ein Zeitraum zwischen Anfang Juli und Anfang August 1926 wahrscheinlich – Tauber war innerhalb von zwei Tagen für die deutsche Erstaufführung von Giacomo Puccinis nachgelassener Oper *Turandot* am 4. Juli in Dresden eingesprungen, am 6. des Monats letztmals in Dresden aufgetreten und begann am 9. August seine Auftritte bei den Salzburger Festspielen.

Henny Porten:
»Er war […] mit seiner ersten Frau Carlotta Vanconti […] nach Heringsdorf gefahren […]. Und ich muss sagen: Es war gleich von Anfang mit uns

Abb. 25: Filmplakat für den Stummfilm *die Frau, die jeder liebt, bist Du!* (1929) und Künstlerpostkarte mit Henny Porten.

ein so starker Kontakt, aus dem ja auch später eine wirkliche, echte Freundschaft wurde. Diese Tage in Heringsdorf, die werden mir unvergesslich bleiben. Wir beide waren richtig ausgehungert nach ein bisschen Luft und Wasser und Wind und haben diese Tage so richtig ausgekostet. Dann war Tauber richtig wie ein Kind.«

Henny Porten (1890–1960) war bereits seit 1910 der erste deutsche Filmstar, den das Publikum beim Namen kannte. Begonnen hatte sie 1906 unter der Regie ihres Vaters Franz Porten in Oskar Messters »Tonbildern«, die als Stummfilme zur Begleitung einer Grammophonplatte den ersten Schritt in Richtung Tonfilm darstellten. Mitunter stand sie gemeinsam mit ihrer älteren Schwester Rose (eigentlich Therese) Porten vor der Kamera, die für sie auch das erste Skript für einen deutschen Film mit geschlossener Handlung schrieb. Bis in die 1920er Jahre beeinflusste Henny Porten die künstlerische Entwicklung des deutschen Films nicht nur durch ihre Popularität, sondern bemühte sich auch energisch, aus der einstigen Jahrmarktsattraktion »Kintopp« eine seriöse Kunstform zu machen, die auch vom bürgerlichen Publikum akzeptiert wurde. Ihr persönlich gelang es, dass Gerhart Hauptmann sein Drama *Rose Bernd* 1919 zur Verfilmung freigab; die folgende Pressekampagne gegen Hauptmann, die Ufa und sie selbst provozierte Henny Porten, zur Uraufführung erstmals nicht nur Film-, sondern auch Theaterkritiker einladen zu lassen.

> Henny Porten:
> »Es waren nicht nur Kritiken, es waren ganze Feuilletons, die über diesen Film erschienen, und ich erinnere mich gerade noch an eine Kritik. Alfred Kerr schrieb […]: 'Dieser Film *Rose Bernd* ist ein Markstein in der Geschichte des deutschen Films.'«

Henny Porten spielte die Titelrollen in Komödien wie *Kohlhiesels Töchter* und Dramen wie *Anna Boleyn*, sie war *Die Geier-Wally* und das *Frauenopfer* ebenso wie die Jungfrau Maria in *I.N.R.I.* Ihr öffentliches Auftreten verursachte Menschenaufläufe, sie hat mit sämtlichen großen Namen des deutschen Films gearbeitet. Mit heutigen Worten: Ein

Megastar. Es ist sicher davon auszugehen, dass Richard Tauber ihren Namen, ihr Gesicht kannte – vielleicht schon seit 1910, als er seine Musikstudien am Hoch'schen Konservatorium in Frankfurt am Main schleifen ließ? Dann hätte er ihren Auftritt am Klavier begleiten können …

> Richard Tauber:
> »Ein kleines Ballettgirl nahm mein Herz gefangen. […] Es war eine richtige kleine Liebelei, bei welcher ich vollkommen den Kopf verlor. So gab ich mein Studium am Frankfurter Konservatorium heimlich ganz auf und übernahm in einem kleinen Wiesbadener Kino die Stelle eines Klavierspielers, um Geld zu verdienen, IHR Blumen und Geschenke bringen zu können. Damals gab es noch keine Tonfilme, ich musste also die aufgeführten Filme musikalisch unterstreichen, wodurch ich Gelegenheit hatte, meiner Phantasie freien Spielraum zu lassen.«

16 Jahre später verstanden sich die beiden Prominenten Henny Porten und Richard Tauber jedenfalls auf Anhieb. Porten war mit ihrem zweiten Mann, dem Arzt Wilhelm Eduard Carl Richard Ritter von Kaufmann-Asser unterwegs, der 1921 die Leitung seiner Kurklinik in Partenkirchen aufgegeben hatte, um die Geschäftsführung ihrer eigenen Filmproduktionsgesellschaft zu übernehmen; Tauber war in Begleitung seiner frisch angetrauten Gattin Carlotta Vanconti.

> Henny Porten:
> »Er selber war kein Angler, aber mein Mann und ich haben leidenschaftlich geangelt, wir haben ihm dann den Geschmack daran beigebracht. Er war wahnsinnig aufgeregt […], dass ich immer wieder warnen musste: 'Machen Sie doch nicht so einen Krach, Sie verscheuchen uns ja die ganzen Fische!' Und wenn er dann endlich mal ein Fischlein an der Angel hatte, das vielleicht so groß war wie mein kleiner Finger, dann hat er ein Indianergeheul vor Freude angestimmt, als wenn er einen Walfisch gefangen hätte.«

Das fehlende Anglerglück kannte man auch in Bad Ischl im Salzkammergut, wo Richard Tauber sommers regelmäßig Franz Lehár und eine Zeitlang auch seinen Cousin und Manager Max Tauber besuchte. Noch 2017 lebte dort der hochbetagte Wolfgang E., der erzählte: »Als kleiner Bub hab' ich hier den Richard Tauber angeln sehen. Er hat aber nichts gefangen.« Der kleine Wolfgang habe den Kammersänger gefragt, ob er ihm zeigen solle, wie man es macht. Vorgemacht hat er's – doch das war etwas, das dem Tenor nicht lag. »So hab' ich dann für ihn fischen müssen und ein gutes Trinkgeld verdient.«

Auch den Wellen der Ostsee war der passionierte Autofahrer und – später – Ozeandampfer- und Flugpassagier Richard Tauber nicht gewachsen. Henny Porten berichtet von einer Segelfahrt, zu deren Beginn »nur so ein ganz zartes Windchen« wehte.

Henny Porten:
»Es war so wundervoll, und er war so selig und genoss es so, und wie wir so ein bisschen draußen waren, da wurde dieses Windchen immer stärker und stärker, und unser Bötchen fing so ein kleines bisschen an zu schaukeln. Mir fiel auf, dass der Richard immer stiller wurde und immer ernster und auch, dass sein Gesicht etwas blässlich aussah. Und plötzlich ging dieses Blässliche über ins Grünliche, und ich merkte, dass ihm das Segelfahren absolut nicht bekam.

Nun wollte er mit aller Gewalt die aufkommende Seekrankheit unterdrücken, und da kam er wieder auf eine Idee: Da hilft nur Singen. Und dann sang er ausgerechnet aus dem *Fliegenden Holländer*: 'Ach, lieber Südwind, blas' noch mehr, mein Mädel verlangt nach mir!' Aber das hat er dann ein paarmal versucht und immer wieder angestimmt, aber schließlich klammerte er sich in meinen Arm, war nun wirklich ganz grün im Gesicht und hauchte bloß noch zu mir: 'Hennylein umkehr'n, Hennylein umkehr'n, es wird höchste Zeit!' Das war das Ende unserer Seefahrt.«

Eine der ersten öffentlichen Spuren der Freundschaft zwischen »Hennylein« und Richard Tauber ist – eine Betrugsmasche. Anfang März 1927 versprach die angebliche Verlagsgesellschaft »Dichter-Dank«, »unter dem Protektorat Henny Porten, Richard Tauber« ein Buch herauszubringen, das die Werke bisher unbekannter Amateurdichter veröffentlichen sollte. Aufgefordert wurden »alle nicht berufsmäßigen

Poeten beiderlei Geschlechts«, ihre Gedichte (mit möglichst maximal 12 Verszeilen) einzureichen und 90 Pfennige – zuzüglich 15 Pfennige je weitere zwei Zeilen – zu überweisen. »Die Unsterblichkeit ist beinahe geschenkt«, mokierte sich eine Zeitung, die den Aufruf veröffentlichte: Ob das als Warnung ausreiche? Das Buch erschien natürlich nicht (»kann man für 90 Pfennige mehr verlangen?«), zurück blieb eine unbekannte Zahl von ent- wie getäuschten Dichtern und (eher: Nicht-)Denkern.

Kurz darauf, am 23. März 1927, standen Henny Porten und Richard Tauber gemeinsam vor dem Schallplattenmikrofon. Für Taubers Hausfirma Odeon entstanden in Berlin-Kreuzberg zwei Sketche, die Karl »Charlie« Roellinghoff getextet hatte: »Richard Tauber filmt« und »Henny Porten singt« karikieren den jeweiligen Star seines Fachs beim erfolglosen, aber amüsanten Unterricht des jeweils anderen. Zum Ende der Dreiminuten-Szenen geben Porten wie Tauber entnervt ihrer Hoffnung Ausdruck, dass »Sie mich morgen mit der Mitteilung überraschen, dass Sie doch bei der Oper« bzw. »beim Film bleiben wollen«.

Die Plattenfirma warb im Mai 1927 für die Aufnahmen: »Ein kleines, erlesenes Kunstwerk, eine Aufnahme des köstlichen Humors, schillernd und brillierend wie ein geschliffener Stein.« Das ist pflichtgemäß übertrieben; die Faszination für das damalige Publikum dürfte eher darin gelegen haben, erstmals die Sprechstimmen der Stummfilmschauspielerin Porten und des Sängers Tauber hören zu können. Amüsant sind auch heute noch die gutmütigen Sticheleien, mit denen sich die Freunde necken, und vor allem Henny Portens Gesangsrepertoire vom Jodler bis zur Wagner-Walküre. Für Tauber war dies seine ungefähr 150. Plattenaufnahme seit 1919, knapp 600 weitere sollten bis 1947 folgen; im Gegensatz dazu stellen diese zwei Titel gleich ein Drittel aller Schallplattenaufnahmen Henny Portens dar (sie nahm 1930 zwei weitere Schallplatten mit vier Gesangstiteln aus ihren Tonfilmen *Skandal um Eva* und *Kohlhiesels Töchter* auf).

Ende Juni 1927 sandte Henny Porten der Wiener Zeitschrift »Mein Film« auf die Frage, wie es in ihrem Zuhause aussehe, statt einer Antwort ein Foto »Im Empfangszimmer der Künstlerin« ein: tatsächlich

»Die Frau, die jeder liebt ...« 157

Abb. 26: Richard Tauber und Henny Porten am 23. März 1927 bei der Schallplattenfirma Odeon.

aber zeigte das Bild sie mit Richard Tauber im Künstlerzimmer der Plattenfirma anlässlich ihrer gemeinsamen Tonaufnahme, bei Kaffee und belegten Broten, mit dem Sketch-Manuskript in der Hand. Etwa 30 Jahre später erinnerte sie sich, wie es mit Tauber bei ihr daheim wirklich war:

Henny Porten:
»Am schönsten war es, wenn er uns in unserem schönen kleinen Haus in Dahlem besuchte. […] Wenn er dann hereinkam und die Tür hinter ihm zuging, dann streckte er sich erst einmal, dehnte sich und sagte: 'Kinder, endlich sind wir jetzt mal wieder allein!' Ja, und dann habe ich ihm erst ein sehr nettes Essen hergerichtet, und zwar alle seine Lieblingsspeisen.«

Der Journalistin Minni Vrieslander gestand Richard Tauber in einem Zeitschriften-Interview im März 1927: »Nockerln esse ich gern und Nudeln und Klöße und Gulasch und dazu eine Maß Bier – dafür gäbe ich das feinste Souper – aber das darf ich nicht: die schlanke Linie!« Ähnlich rustikal schilderte Henny Porten ihre eigenen kulinarischen Vorlieben in einer Umfrage für das »Blatt der Hausfrau« im Dezember 1927: »So viel Delikatessen und Süßigkeiten ich in meinem Leben auch genossen habe, – ich kehre immer wieder zurück zu Eisbein, Sauerkohl und Erbsenpüree!«

Henny Porten:
»Er hatte doch so eine Freude beim Essen und konnte doch so richtig genießen. Und wenn wir dann, aber nachher, in unserem Musikzimmer saßen, […] dann stand er plötzlich auf, ohne dass ihm jemand etwas sagte, und setzte sich an den Flügel, und dann fing er an zu musizieren, nur für uns. Er spielte ganze Partien, ganze Strecken, aus *Bohème*, aus *Tosca*, aus *Butterfly*, und sang dazu, auch die Partien der anderen Darsteller, der anderen Rollen, und es war unwahrscheinlich!

Ich habe es jedes Mal wieder bewundert, ich konnte es nicht begreifen, wie er jede Partitur bis ins Kleinste beherrschte. Und der Abschluss dieser musikalischen Darbietung war dann immer, dass er sagte: 'So, Hennylein, jetzt singen wir beide zum Schluss wieder ein paar schöne Volkslieder.'«

Es war sogar geplant, den Sketch »Henny Porten singt« in die Realität umzusetzen.

Henny Porten:
»Er mochte meine Stimme so gern, und wir hatten uns eigentlich auch vorgenommen, dass er später, wenn wir alle ein bisschen mehr Zeit haben würden, mit mir arbeiten und meine Stimme ausbilden würde. Aber dazu ist es leider nie gekommen. Dann haben wir Volkslieder gesungen. Er sang die erste Stimme und ich die zweite Stimme. Und ich muss sagen: Diese Stunden mit ihm, die waren so schön und so voll reinster, schönster Freude für meinen Mann und mich, dass sie uns stets unvergesslich bleiben werden.«

»Mein Film« wies im einleitenden Text zu Henny Portens »Daheim«-Foto darauf hin, dass sie »mit hohem Fieber zu Bett liegt und an schweren Gelenksschmerzen leidet. Es heißt sogar, dass der Zustand der Künstlerin ein ernster sein soll.« Diesen langwierigen und äußerst schmerzhaften Gelenkrheumatismus kurierte Henny Porten ab dem Spätsommer 1927 im slowakischen Rheuma-Heilbad Piešťany aus, nachdem es Anfang Juli noch geheißen hatte, sie hätte »die Einladung des radioaktiven Schwefel- und Schlammbades Trentschin-Teplitz zum Kurbesuch« angenommen, das etwa 60 Kilometer nordöstlich von Piešťany liegt. »In Pystian – das übrigens, wie ich heute voll Freude erklären darf, Wunder gewirkt hat – kam ich in radikalste Kurbehandlung. Es waren richtige Roßkuren, denen ich mich gerne unterzog, nur um rascher wieder gesund zu werden«, erklärte sie im Oktober 1927 im Interview mit der Zeitschrift »Mein Film«.

Keine anderthalb Jahre später sollte Richard Tauber ganz dasselbe Schicksal ereilen. Gegen Ende einer Gastspielreise durch Deutschland erkältete er sich am 20. Januar 1929 bei seinem Auftritt in Düsseldorf, sodass er zum Folgekonzert am 22. Januar in Hannover mit Halsweh eintraf.

Richard Tauber:
»Ich ließ mir einen Arzt kommen, welcher konstatierte, daß ich zwischen Mandeln und Rachen einen kleinen Eiterpickel habe. ›Na, das werden wir gleich haben‹, sagte der alte, gemütliche Herr und eins, zwei, drei hatte er mir mittels zweier Gazebäuschchen, welche an Stäbchen befestigt waren, das Pickelchen ausgedrückt. – Ich fühlte gleich eine große Erleichterung und war wütend, weil Max darauf bestand, das Konzert abzusagen.«

In Berlin nahm Tauber am 23. Januar seine Auftritte in *Friederike* mit Käthe Dorsch am Theater des Westens wieder auf und besuchte am 25. tagsüber Henny Porten bei Dreharbeiten im Atelier.

Richard Tauber:
»Henny Porten und ihr Mann Dr. Kaufmann gehörten meinem intimsten Freundeskreis an und ich wollte nicht versäumen, sie nach meiner längeren Abwesenheit sogleich zu begrüßen. Das Wiedersehen war sehr vergnügt,

wir […] sprachen über unsere nächsten Pläne. […] Während wir so fröhlich plauderten, hatte ich auf einmal ein seltsames Gefühl. Es war, als ob meine Beine bis zum Knie hinauf tot wären.«

Henny Porten:
»Meinem Mann und mir war aufgefallen, dass er fortwährend so merkwürdige Bewegungen mit seinen Händen machte. Mein Mann fragte ihn dann: 'Sag' mal, Richard, was machst Du denn eigentlich mit Deinen Händen?' – 'Ach', sagte er, 'ich weiß nicht, die tun mir nur so weh, es ist ein ganz komisches Gefühl, ach, bis morgen wird das wieder besser sein.'«

Richard Tauber:
»Nachts wachte ich auf durch einen Schmerz, als wenn ich auseinandergerissen würde. Ich wollte Licht machen, aber – entsetzend [sic!], die Arme versagten, ich konnte sie nicht bewegen, desgleichen die Beine.«

Tauber musste seinen Auftritt in *Friederike* absagen. »Stürmische Szenen« spielten sich darauf im Publikum, das erst kurz vor der Vorstellung informiert wurde, ab: Es verlangte das Eintrittsgeld zurück, die Direktion weigerte sich. »Die Folge davon waren Skandalszenen, bei denen heftige Beleidigungen gegen die Direktion ausgestoßen wurden«, berichteten sogar Wiener Tageszeitungen (so zwei Tage später die Illustrierte Kronen-Zeitung). Die Vorstellung – mit Karl Jöken als Ersatz für den Erkrankten – konnte erst beginnen, nachdem das Theater an alle Protestierenden, die die Aufführung verlassen wollten, Gutscheine für die nächste Vorstellung mit Tauber verteilt hatte.

Henny Porten:
»Mein Mann zog dann sofort unseren alten guten Freund Dr. Max Henius hinzu, der auch mich vor ungefähr zwei Jahren bei der gleichen Erkrankung mitbehandelt hatte, und mein Mann und er stellten dann die Diagnose, dass der Richard an einem schweren, akuten Gelenkrheumatismus erkrankt war. Am nächsten Tag erschienen in den Berliner Boulevardpresse Schlagzeilen wie: 'Richard Tauber lebensgefährlich erkrankt!' – 'Tauber wird nie mehr eine Bühne betreten!'«

Richard Tauber:
»Vier [recte: Gut zwei] Monate lag ich unbeweglich im Hotel Adlon. Durch das ausgedrückte Pickelchen war der Eiter in mein Blut gedrungen.«

Zusätzlich zur Belastung durch seinen zeitlebens zum Bersten ausgefüllten beruflichen Terminkalender mag auch die Scheidung von seiner ersten Frau, nur anderthalb Monate vorher, den Sänger psychosomatisch belastet haben. Carlotta Vanconti beging zwei Tage später einen wohldosierten und entsprechend erfolglosen Selbstmordversuch und sollte Tauber noch bis 1936 mit Geldforderungen und Erpressungsversuchen verfolgen. Die Presse charakterisierte sie als »äußerlich eine Soubrette, innerlich ein Krokodil«.

Richard Tauber:
»Alle Freunde kamen, sie umstanden mein Lager und jeder hatte einen Trost, wußte einen Rat.– Dann wurde es ruhiger um uns und als die Zeitungen schrieben, Richard Tauber ist, wie uns aus verläßlicher Quelle mitgeteilt wird, unheilbar erkrankt und wird die Bühne nicht mehr betreten können – wurde es ganz still. [...]
In solchen Zeiten lernt man seine Freunde kennen. Wirklich unverändert waren Henny Porten und ihr Mann, Marlene Dietrich, Vera Agnes von Esterhazy und Edi [Eduard] Lichtenstein. Sie kamen unentwegt weiter, saßen stundenlang bei mir, mich tröstend und aufheiternd. Besonders Henny Porten gelang dies, denn sie hatte vor Jahren dasselbe durchgemacht und sie saß gesund und beweglich vor mir, so daß ich bei ihrem Anblick jedesmal von neuer Hoffnung durchströmt wurde.«

Inzwischen hatte ein Stummfilm Henny Portens Premiere: *Die Frau, die jeder liebt, bist du* wurde am 22. März 1929 in mehreren Hamburger Kinos uraufgeführt und kam ab 5. April in die Berliner und übrigen deutschen Lichtspielhäuser. So stumm, wie wir uns dieses Medium heute vorstellen, war die Vorstellung nicht: Richard Tauber hatte – vor seiner Erkrankung – einen gleichnamigen langsamen Walzer geschrieben, in dessen Einleitung zitierte er das »Tauber-Lied« aus Franz Lehárs *Der Zarewitsch*: »Willst du ... Täubchen, komm' zum *Tauber*«.

Henny Porten:
»Richard Tauber interessierte dieser Stoff sehr, und er komponierte eigens für diesen Film für mich ein Walzerlied, […] was dann zu allen Vorstellungen in den Kinos und auch später im Radio noch viel gespielt wurde.«

Der Text von Fritz Rotter schmeichelte: »Die Frau, die jeder liebt, bist du / die nie ihr Herz vergibt, bist du. / Dein Lächeln, dein Küssen, dein Schweben / das gibt es nur einmal im Leben. / […] Nur eins stimmt mich traurig, mein Liebling / dass jeder dich so liebt!« Den Film selbst liebte nicht jeder, und auch gegen Taubers Mitwirkung stichelte zum Beispiel der Kritiker Hans Sahl: »Richard Tauber hat zu diesem Postkutschenschwank einen sehr mäßigen Schlager komponiert.«

Am Tag des deutschlandweiten Kinostarts, dem 5. April 1929, war Richard Tauber soweit transportfähig, dass er auf einer Trage das Hotel Adlon verlassen und mit dem Zug nach Piešťany gebracht werden konnte.

Richard Tauber:
»Max führte mit Reisebüros und mit der Eisenbahndirektion große Verhandlungen, ich bekam einen Salonwagen und zwar soll es früher der Salonwagen Kaiser Wilhelm[s] II. gewesen sein, Kostenpunkt 6.000 Mark. […] Obwohl alles sehr geheim und schnell gemacht wurde, etwas sickerte über meine Reise doch durch und am Anhalter Bahnhof war ein kleiner Menschenauflauf, der schon dadurch entstand, weil Henny Porten, ihr Mann und Marlene Dietrich gekommen waren, mir Adieu zu sagen.«

Henny Porten:
»Seine Genesung in Pistyan machte nur sehr langsame Fortschritte, und es kam der 16. Mai, das war sein Geburtstag [1891] und zugleich der Geburtstag meines Mannes [1888]. […] Nun hatten wir […] strengstens gebeten, kein Wort verlauten zu lassen, dass wir kommen. Wir kamen auf den Gang vor seinem Zimmer und hörten ganz leise Klaviertöne. Man hatte ihm einen Flügel ins Zimmer gestellt, wo er nun täglich mit seinen versteiften Händen ganz leichte Fingerübungen machen musste, um sie ganz allmählich wieder gelenkig zu machen.«

»Die Frau, die jeder liebt ...« 163

Abb. 27: Henny Porten im Stummfilm *Die Frau, die jeder liebt, bist Du!*

Richard Tauber:
»Da seltsamerweise in ganz Pistyan kein Klavier aufzutreiben war, fuhr Max nach Pressburg, wo er eines mietete und auch gleich nach Pistyan transportierte.«

Henny Porten:
»Ich öffnete behutsam die Tür, trat auf Zehenspitzen in das Zimmer und sagte nur das eine Wort: 'Richard'. Da zuckte er zusammen, drehte sich gar nicht um nach mir, sondern fiel einfach so vorn über die Tasten und weinte fassungslos. [...] Er umarmte uns und küsste uns und sagte nur: 'Nein, dass Ihr das für mich tut, dass Ihr heute gekommen seid, dass Ihr da seid, das werde ich Euch nie vergessen.'«

Mit einer kleinen List verleitete Henny Porten Richard Tauber am gleichen Abend noch dazu, seine lange brachliegende Gesangsstimme zu probieren. Für das Abendessen reservierte sie einen Tisch im Separée, dessen Tür an den Speisesaal grenzte, in dem abends eine Kapelle Unterhaltungsmusik spielte.

Henny Porten:
»Und es war wirklich ein so schönes und freudiges Geburtstagsmahl, und in ihm war nun mit einem Mal so viel Hoffnung und Freude auf Genesung. Und ich war vorher ganz heimlich zu dem Kapellmeister […] gegangen und hatte ihm gesagt, er möchte doch auch, wenn ich ein Zeichen geben lass', die bekanntesten Lieder, die der Richard Tauber gesungen hat, mit seiner Kapelle spielen.

Wir hatten nämlich von seinem Arzt, der auch mein Arzt gewesen war, gehört, dass seine größte Sorge war, dass der Richard die furchtbare Angst nicht loswerden konnte, dass er durch diese schwere Krankheit seine Stimme verlieren würde und dass diese seelische Belastung auch den ganzen Fortschritt seiner Genesung behinderte. […]

Und nun kam die Kapelle ganz dicht an die verschlossene Tür und fing an, seine Lieder zu spielen[…], und jetzt wurde er ganz still und furchtbar blass, und ich setzte mich nun zu ihm, nahm ihn um die Schulter und fing ganz leise an, seine Lieder ins Ohr zu summen. Dann […] packte er mich am Arm und klammerte sich ganz fest, als ob er irgendeinen Halt suchte, und dieses Summen ging plötzlich über in ein Singen, und dann brach aus ihm seine herrliche Stimme heraus, mit einer Macht und einem Schmelz, so schön und so warm, wie ich ihn überhaupt nie habe singen hören.

Und da wurden die Türen aufgerissen, und es war kein Halten mehr! Da stürzten die Menschen rein und waren einfach erschüttert von dieser herrlichen, zauberhaften Stimme. Als er geendet hatte, war er völlig erschöpft, und dann musste er ganz schnell wieder in sein Zimmer gebracht werden.«

Richard Tauber:
»Nun wollte ich natürlich auch wieder singen. […] Der Kapellmeister des Theaters kam nun täglich mit mir zu üben. Ich war blendend gut bei Stimme. Das Leben war wieder interessant und schön.«

Ab diesem Zeitpunkt machte die Rekonvaleszenz Taubers deutliche Fortschritte.

Richard Tauber:
»Als Henny Porten nach Pistyan kam, um ihre alljährliche Kur anzutreten, da holte ich sie bereits ausser dem Rollstuhl, nur noch auf meine Krücken gestützt, vom Bahnhof ab. […] Henny Porten, ihr Mann und Hanny Weise [Hanni Weisse] waren zur Kur da […], nachmittags und abends verbrachten wir reizende Stunden. […]

'So mein Freund', sagte Dr. [Ladislaus] Schmidt eines Tages, 'jetzt werden wir Ihre Krücken fein mit Ihrem Namen versehen, zu all den anderen geben, die gleich Ihnen hier ihre Heilung gefunden haben. Sie brauchen sie nicht mehr, ein Spazierstock ist alles, was ich Ihnen noch erlaube.' So geschah es und jedes folgende Jahr, in welchem ich in Bad Pistyan weilte, besuchte ich zuerst meine Krücken, die [neben Henny Portens] in der großen Kurhalle in einer Vitrine ausgestellt sind.«

(Bei seinem Besuch in Piešťany Mitte Mai 1930 erhielt Tauber zu seinem 39. Geburtstag von der Kurdirektion eine Marmorstatue des »Krückenbrechermannes«, des Maskottchens der Pistyaner Badegäste.)
Am 12. Juni 1929 gab Richard Tauber, fast völlig wiederhergestellt, ein Wohltätigkeitskonzert für die Armen Piešťanys, absolvierte danach eine Gastspielreise nach Holland, machte – nicht zuletzt aus finanziellen Gründen – eine außerordentlich große Anzahl von Plattenaufnahmen und hob im Oktober 1929 in der Uraufführung von Franz Lehárs *Das Land des Lächelns* mit »Dein ist mein ganzes Herz« das Tauber-Lied aus der Taufe, das weltweit zu seiner Erkennungsmelodie werden sollte.
Weniger erfolgreich war Richard Tauber mit seiner eigenen Tonfilmgesellschaft – auch dies eine Parallele zum Schicksal Henny Portens. Privat war Tauber ein begeisterter Amateurfilmer, wie er unter anderem im März 1927 der Illustrierten »Die schöne Frau« verriet: »Überall schleppe ich meinen Kinoapparat mit, wie ein anderer seinen Kodak, alles was kreucht und fleucht, was will und nicht will, wird gefilmt. Auf diese Art nahm ich meine Sommerreise [1926] auf, prachtvolle Bilder aus Heringsdorf, mit unserer Freundin Henny Porten.«
Seine eigene Filmproduktionsfirma entstand während der Dreharbeiten zum ersten Richard-Tauber-Tonfilm *Ich glaub' nie mehr an eine*

Frau, am 10. Dezember 1929. In nicht einmal anderthalb Jahren brachte das Unternehmen drei Sängerfilme mit Richard Tauber in der Hauptrolle heraus, die es – von der Kritik nicht unbedingt geschätzt – dem Kinopublikum ermöglichten, den weltbekannten Tenor näher, intensiver und nicht zuletzt preisgünstiger als im Theater zu sehen. Tauber selbst erklärte noch im Juni 1938 in einem Interview mit Clive Turnbull anlässlich seiner Australien-Tournee seine Motivation andersherum: Die Filmarbeit »ist eine gute Werbung, die beste, die man haben kann. Vor 20 Jahren hatte kein Künstler die Möglichkeit zu solch wirksamer Reklame. Wo immer man auftritt, die Leute sagen sogleich: Hier ist ja der Darsteller, den wir schon aus dem Film kennen!«

Trotz des großen, auch internationalen Publikumserfolgs musste die Gesellschaft Mitte September 1931 Konkurs anmelden. Die Pläne für den avisierten nächsten Tauber-Film *Als der Vorhang fiel* mit Olga Tschechowa (die wegen ihrer entgangenen Gage vor dem Arbeitsgericht klagte) zerschlugen sich ebenso wie eine Produktionsbeteiligung an zwei Willi-Forst-Tonfilmen. Gelegentlich heißt es, dafür sei Richards Vetter und Manager Max Tauber verantwortlich gewesen, was aber in das Reich der Legende gehört.

Geschäftsadresse der Tauber-Tonfilmgesellschaft war der Berliner Boulevard Unter den Linden 53. Unter derselben Hausnummer firmierte 1932 auch die Henny-Porten-Filmproduktion. Ob Tauber der Freundin und ihrer angeschlagenen Gesellschaft gegen Ende Asyl gewährt haben mag? Der Konkurs ereilte sie Mitte April 1932, Ursache dafür war ein Herzensanliegen Henny Portens, der Historienfilm *Luise, Königin von Preußen*. Das Drama vor dem Hintergrund der Napoleonischen Eroberungsfeldzüge kam bei der Kritik schlecht an: »Die Luise und ihr Mann, Blücher und Stein stehen immer an der Rampe; das Unglück Preußens, das dahintersteht, und das Volk, das es zu tragen hatte, sie bleiben unsichtbar: Preußens Fall – eine höfische Tragödie. Kümmerlich, kümmerlich«, urteilte zum Beispiel Hermann Sinsheimer im Berliner Tageblatt vom 5. Dezember 1931. Dabei hatte Henny Porten bei der Uraufführung einen uneingeschränkt positiven Eindruck von der Publikumsbegeisterung, auch angesichts der Tendenz, die sie ihrer Luise Herzogin zu Mecklenburg-Strelitz verliehen hatte:

Henny Porten:
»Ich habe viel Beifall erlebt, aber noch nie so einen so herzlichen wie im 'Atrium' nach der *Königin Luise*. Und als ich mich zum letzten Mal vor dem Publikum verbeugt hatte, war ich die glücklichste Frau der Welt. [...] Mein erster Mann war im Krieg [1916] gefallen. Ich hasste den Krieg. Und ich glaubte, es sei meine Pflicht gegenüber dem Vaterland, den Film mit den Worten ausklingen zu lassen: 'Nie wieder Krieg!'«

Tatsächlich sind die letzten Worte Henny Portens als Königin Luise: »Und nie wird es Frieden geben. Immer wieder Hass, und immer wieder Krieg. Ach Fritz [Gustaf Gründgens als Friedrich Wilhelm III.], ich bin müde ... müde bis auf den Tod.« Noch in der Nacht der Premiere informierte Produzent Wilhelm von Kaufmann seine Frau, die großen Kinos im Reich rissen sich um die Aufführungsrechte für den Film. Doch nach ein paar Tagen mehrten sich die Absagen.

Henny Porten:
»Die Theaterbesitzer lösten telegrafisch die Verträge. [...] Eine Katastrophe kündigte sich an. [...] In einem der Telegramme wurde ganz klar der Grund für die Absage angegeben [...]: 'Entnehmen der nationalsozialistischen Presse, dass der Film [...] einen pazifistischen Schluss hat. Uraufführung in unserem Theater unmöglich, weil Zerstörung unseres Mobiliars angedroht. Annullieren Geschäftsabschluss!'«

Henny Porten hatte auch ihr privates Vermögen in das Projekt investiert. Damit war nicht nur ihr Unternehmen überschuldet und musste nach vergeblichen Ausgleichsbemühungen am 16. April 1932 Konkurs anmelden. Selbst ihr Ziel, ihre persönlichen Schulden mit den Einnahmen künftiger Filmrollen zu tilgen, war unerreichbar. Die Zeitschrift »Mein Film« beschrieb ihre verfahrene Lage Ende April: »Schlimm ist, daß Henny Porten auch persönlich für die Schulden ihrer Firma haftet. Und sie hat sich sogar bereit erklärt, von den Gagen der Engagements, die sie nun bei anderen Firmen annehmen will, die Schulden abzuzahlen. Aber die Hauptgläubigerin [die Tobis Tonbild-Syndikat AG] entläßt Henny Porten nicht aus dem Vertrag, mit dem sie vorläufig auch als Darstellerin gebunden ist.«

Auch da die Tobis ihr vertragliches Recht, mit Henny Porten zu drehen, nicht nutzte, sattelte die 42-Jährige vorübergehend um, schrieb einen Memoirenband *Vom »Kintopp« zum Tonfilm – Ein Stück miterlebter Filmgeschichte* und betrat erstmals die Theaterbühne. Tourneen durch den gesamten deutschen Sprachraum führten sie zunächst mit Victorien Sardous und Émile Moreaus *Madame Sans-Gêne* und dann Felix Joskys *Morgen um fünf…* auch in die Schweiz, unter anderem am 20. April 1933 nach Bern. Dort sollte sie zum letzten Mal Richard Tauber begegnen, der nach seiner Vertreibung aus dem Deutschen Reich auf dem Weg nach Wien eine kurze Tournee durch die Schweiz absolvierte und am Berner Stadttheater am 23. April in *Das Land des Lächelns* auftrat.

> Henny Porten:
> »Er wusste, dass in Deutschland für ihn kein Platz mehr war. Wir wollten noch einen letzten Abend zusammen verbringen, bevor er am nächsten Morgen weiterreiste, und wir trafen uns in einem kleinen, stillen Weinlokal. […] Wir konnten fast keinen Bissen herunterkriegen, der Wein schmeckte uns nicht, und es wollte auch keine Unterhaltung aufkommen, trotzdem wir uns doch eigentlich so unendlich viel zu sagen hatten. Da hatten wir plötzlich das Gefühl, es hat keinen Zweck, lass' uns gehen. Als wir hinauskamen, war dichter Nebel. […] Die Straßen waren menschenleer, und jetzt nahm er uns beide ganz fest unter den Arm, und so gingen wir schweigend durch die stillen Straßen. Plötzlich blieb er stehen und sang mit ganz zarter, halber Stimme: ›Ach, wie ist's möglich dann, dass ich dich lassen kann.‹ Dann brach er ab, umarmte uns noch einmal, nahm uns ganz fest in die Arme und lief dann wortlos weg, und ich sehe noch, wie er so ganz langsam im Nebel verschwand, und wir alle drei wussten und fühlten, dass wir uns nie im Leben wiedersehen würden.«

Henny Portens berufliche Bilanz im sogenannten Dritten Reich, in das sie mit ihrem Mann Anfang Mai 1933 zurückkehrte, ist tragisch: Von 1933 bis 1944 trat sie in lediglich neun Filmen auf, in nicht einmal der Hälfte davon spielte sie die Hauptrolle. Ihre immer noch anhaltende Popularität beim Publikum, ihr Ruhm als Pionierin des deutschen Filmes sicherten ihr zwar persönliche Kontakte bis in höchste Kreise der nationalsozialistischen Regierung – Reichskanzler Adolf Hitler erklärte, sie zu verehren, und rühmte sich, »alle Ihre Filme« zu kennen, sein langjähriger designierter Nachfolger, Generalfeldmarschall Hermann Göring, ließ sie auf Vermittlung seiner zweiten Frau, der Schauspielerin Emmy, geborene Sonnemann, durch seinen Bruder Albert, den »guten Göring« unterstützen – doch Portens Ehemann galt den Nationalsozialisten als »Halbjude«.

Anders als Gustav Fröhlich und Heinz Rühmann, ähnlich wie Hans Moser und Theo Lingen, weigerte sich Henny Porten, sich scheiden zu lassen. Die gleichgeschaltete deutsche Filmindustrie beschäftigte sie lediglich sporadisch. Um den Lebensunterhalt für sich und ihren Mann zu sichern, trat Henny Porten sogar im Varieté auf – im September 1935 in der Berliner »Scala« mit einem Sketch von Hans Reimann, der an ihren stummen und tönenden Filmerfolg *Kohlhiesels Töchter* angelehnt war; Will Meisel komponierte ihr dafür den Stimmungswalzer »Hinein ins Vergnügen«, »Henny Porten herzlichst gewidmet«.

Sobald sie aber einen Monat später eine Nebenrolle als verwitwete Wäscherin in Veit Harlans erster Filmregie *Krach im Hinterhaus* übernehmen durfte, wurde sie im Interview mit »H.H.« für die österreichische Zeitschrift »Mein Film« Anfang November relativ deutlich: »Nun, an ihr hat es nicht gelegen. Sie brachte immer Vorschläge und sie wäre immer bereit gewesen, die Rollen zu spielen, die man ihr angeboten hätte. Aber niemand hat ihr welche angeboten. [...] Es klingt wie ein stiller, heldenhafter Kampf, als sie davon erzählt [...].« Auf ihr Gastspiel in der »Scala« angesprochen, bekennt sie sich vehement und »restlos zum Film. [...] 'Sie dürfen nicht vergessen, ich komme vom Film und nicht wie viele meiner Kollegen und Kolleginnen vom Theater. Was sie vermissen, [...] nämlich das Fehlen jedes Echos aus dem

Parkett … das habe ich ja nie gekannt als – sprechen wir es ruhig aus – als alte Filmschauspielerin.'«

Die gesamten zwölf Jahre der nationalsozialistischen Herrschaft in Deutschland bestanden für Henny Porten aus diesem Wechselbad zwischen existenzieller Bedrohung und offizieller Huldigung, während sie – in »nichtprivilegierter Mischehe« verheiratet und nur dank einer »Sonderzulassung« noch Mitglied in der Reichskulturkammer – ihren Mann in permanenter Unsicherheit wusste. Eine 1936 geplante Auswanderung scheiterte am Gesundheitszustand von Wilhelm von Kaufmanns Mutter, an der beide sehr hingen.

> Henny Porten:
> »Als wir im nächsten Jahr erneut wegen unserer Auswanderung verhandelten, erlebten wir eine neue Überraschung. Die Bedingungen lauteten jetzt anders. Meinen Mann wollte man gehen lassen. Mir aber wurde erklärt, ich müsse vorerst bleiben und eine Entscheidung abwarten. […] Auch hier gab es für mich nur eine Wahl: Helmi und ich bleiben zusammen. […] Der Minister [Goebbels] versuchte jetzt, mich mit zahllosen Schikanen und Bosheiten mürbe zu machen. Es schien mir so, als habe er direkt eine sadistische Freude daran.«

Am Tag der sogenannten Reichskristallnacht, dem 9. November 1938, wurde Dr. Wilhelm von Kaufmann von einem guten Freund geraten, Berlin unverzüglich zu verlassen.

> Henny Porten:
> »‚Sie müssen sofort mit Ihrer Verhaftung rechnen, Herr Doktor! Gehen Sie erst gar nicht mehr nach Hause, sondern fahren Sie in irgendeine fremde Stadt.' […] Als am nächsten Tag Beamte der Geheimen Staatspolizei in unsere Wohnung kamen, zogen sie wütend wieder ab, weil sie meinen Mann nicht antrafen. Es besteht gar kein Zweifel darüber, dass ihm sein Untertauchen in Hamburg das Leben gerettet hat. Die meisten, die an jenem Tag abgeholt wurden, kehrten nie mehr zurück.«

Kurz darauf wurde sie in die Reichsfilmkammer bestellt, wo man ihr ausrichtete, sie könne nicht mehr mit ihrem Mann zusammenbleiben, Minister Joseph Goebbels dränge jetzt auf Scheidung.

> Henny Porten:
> »Als ich nach Hause kam und dem Helmi das berichtete, wussten wir, dass es nun wahrscheinlich keinen Ausweg mehr geben würde […]. Nur eines war vollkommen klar: Wir würden uns nicht trennen […]. Als wir am nächsten Morgen zusammensaßen und wieder berieten, kam plötzlich […] ein großes Kuvert, hinten mit dem Stempel: Absender Reichskanzlei. ›So‹, sagte ich, ›das wird ja nun das Urteil sein für uns.‹«

Doch es handelte sich um die »Einladung für Frau Henny Porten zum Tag der Deutschen Kunst nach München als Gast des Führers«. Dieser fand am 16. und 17. Juli 1939 im sogenannten Braunen Haus statt, der Parteizentrale der NSDAP in München. Henny Porten war unsicher, ob sie an der Veranstaltung teilnehmen sollte – es hätte sich um einen organisatorischen Fehler oder, schlimmer noch, einen weiteren Anlauf handeln können, sie unter Druck zu setzen. Doch an zwei aufeinanderfolgenden Abenden unterhielt sich Adolf Hitler jovial, ausführlich und zugewandt mit der Künstlerin. Joseph Goebbels jedoch würdigte sie keines Wortes.

> Henny Porten:
> »Er hatte die Lippen zusammengekniffen, war ganz blass im Gesicht und sah mich mit einem Blick an, der so süffisant, so eiskalt war, dass es mir im Moment tatsächlich kalt über den Rücken lief.«

Beispielhaft für Henny Portens »Karriere« im nationalsozialistischen Deutschen Reich ist der Umgang mit ihr bei der Verfilmung der historischen Lebensgeschichte der Prinzipalin Caroline Neuber. Die Autorin Olly Boeheim empfahl Henny Porten ihren Roman *Philine* von 1935 als ideale Vorlage für einen Film. Immerhin hatte sich »die Neuberin« zu Zeiten des jungen Gotthold Ephraim Lessing mit der Verbannung des Hanswurst von der Theaterbühne ebenso für die Entwicklung der deutschen Bühnenkunst eingesetzt wie Henny Porten für den Fortschritt des deutschen Films. Henny Porten nutzte eine ausweichende Antwort des Propagandaministeriums zu passenden Filmstoffen für sie, Boeheims Vorlage vorzuschlagen – und unterzeichnete, wenn auch nach einigem Hin und Her, tatsächlich am 11. September 1940 einen Vertrag, in dem Film *Komödianten* die Hauptrolle der Caroline Neuber zu spielen.

Ausdrücklich hatte sie sich für Georg Wilhelm Pabst als Regisseur verwandt. Pabst, der bei der Machtübernahme der Nazis in Deutschland gerade in Paris gedreht hatte, war zunächst dortgeblieben und noch im selben Jahr nach Hollywood emigriert, kehrte jedoch mangels eines Erfolgs 1936 nach Paris zurück. Er plante, wieder in die USA zu gehen, wollte jedoch 1939 noch seine Familie in der damaligen »Ostmark« besuchen und konnte wegen des Kriegsausbruchs nicht mehr zurück. Trotz seiner weltanschaulich ganz anderswo verorteten Filme wie *Die Dreigroschenoper* von 1931 wurde er von der NS-Kulturpolitik engagiert – bzw. von Joseph Goebbels dazu »überredet« … Dennoch sieht die Aktenlage heute so aus, als hätte sich Pabst seinerseits für Käthe Dorsch in der Hauptrolle als Caroline Neuber eingesetzt – ob »der Minister« dies fingiert oder befördert hat, ist nicht mehr nachvollziehbar. Jedenfalls erhielt Henny Porten Anfang Oktober im Urlaub in Garmisch-Partenkirchen, während sie sich auf ihre große Rolle vorbereiten wollte, von ihrem Anwalt die Nachricht, dass ihr diese entzogen worden sei und sie stattdessen die Nebenrolle der Amalia Herzogin von Sachsen-Weißenfels spielen sollte.

> Henny Porten:
> »Ich sagte dann nur: 'Also gut, Doktor, dann lösen Sie meinen Vertrag.' […] Aber dann sagte er ganz fest und bestimmt: 'Liebe Frau Henny, Sie müssen, denn sonst finden Sie, wenn Sie zurückkommen, Ihren Mann nicht mehr.'«

Die Demütigungen gingen so weit, dass Joseph Goebbels für die gesamte Filmbelegschaft ein großes Festessen veranstalten ließ, während Henny Porten im selben Hotel auf ihrem Zimmer blieb. Ein Kellner

»Die Frau, die jeder liebt …« 173

Abb. 28: Henny Porten als Herzogin Amalia in *Komödianten*, 1940.

brachte ihr im Namen der Hotelbelegschaft eine Flasche Sekt aufs Zimmer.

Henny Porten:
»Als er schon zur Tür hinaus wollte, drehte er sich plötzlich nochmal um: '[…] Wissen Sie, ich habe gerade eben an der Festtafel serviert […], da hörte ich plötzlich folgendes Gespräch zwischen Herrn Dr. Goebbels und Frau Käthe Dorsch, die seine Tischdame ist. Er beugte sich zu ihr herüber und fragte sie: 'Na, gnädige Frau, sind Sie nun mit mir zufrieden?' […]

An diesem Abend fand der erste große, schwere Bombenangriff auf München statt. Die ganze Gesellschaft der Künstler aus Geiselgasteig, an der Spitze der Herr Dr. Goebbels, gingen unten in die Regina-Bar, die zugleich auch Luftschutzkeller war. […] Da plötzlich wurde die Tür aufgerissen, zwei Kellner kamen hereingestürzt, nahmen mich bei den Armen […] und rissen mich nun die Treppen herunter […] und dort steckten sie mich in die Herrengarderobe zwischen die Herrenmäntel.«

Carl Froelich, der schon bei Henny Portens ersten kurzen Stummfilmen hinter der Kamera gestanden hatte, später einer ihrer häufigsten Regisseure war, in den Zwanzigerjahren eine gemeinsame Produktionsfirma mit ihr besaß und inzwischen zum Präsidenten der Reichsfilmkammer aufgestiegen war, inszenierte 1943 zwei Filme, die im alten Berlin der Jahrhundertwende spielten. Er bot Henny Porten endlich einmal eine Hauptrolle an; auch Reichsfilmdramaturg Fritz Hippler setzte sich für sie ein. Während sie als Mutter Wilhelmine Buchholz in der Doppelproduktion *Familie Buchholz* und *Neigungsehe* in Neubabelsberg bei Potsdam vor der Filmkamera stand, wurde ihr Mann aus ihrer Berliner Wohnung von der Gestapo »abgeholt«. Als sie abends von den Dreharbeiten nach Hause kam, eilte sie sofort in die Prinz-Albrecht-Straße, deren Berliner Hauptquartier:

Henny Porten:
»Noch ehe der SS-Offizier eine Frage an mich richten konnte, schrie ich ihm entgegen: […] 'Es ist unmenschlich, dass man mir zuhause meinen Mann abholt, währen ich im Atelier die komischten Szenen spielen muss. […]' Himmlers Adjutant sah mich lange an. […] Schließlich antwortete er leise: '[…] Ich verspreche Ihnen auf mein Wort, dass Ihr Mann bis Mitternacht wieder bei Ihnen ist.' […] Plötzlich, nach Stunden, öffnete sich die Tür und … mein Mann stand wirklich vor mir. […] Erst langsam begriff er, dass er wieder bei mir war.«

Als ihre Wohnung in Berlin am 14. Februar 1944 ausgebombt wurde, durfte niemand Henny Portens Mann, der als »Halbjude« galt, Lebensmittel zur Verfügung stellen, geschweige denn Unterkunft gewähren. Der Zeitungsmann vom Kiosk an der Ecke half ebenso wie ein Adjutant Heinrich Himmlers, der unter Lebensgefahr einen fingierten »Führerbefehl« an mehrere Landräte in der Mark Brandenburg schickte, umgehend Quartier für Henny Porten und ihren Mann bereitzustellen. Es nutzte Henny Porten nichts, dass sie ab August 1944 auf Joseph Goebbels' »Gottbegnadeten-Liste« (»Abschnitt II: Weitere uk-gestellte Einzelkünstler«, »Unterabschnitt A: Filmliste«, mit 31 weiteren Schauspielerinnen) stand. Sie sollte bis 1949 keinen weiteren

Film mehr drehen. In den letzten Kriegstagen verlor sie auf der Flucht nach Westen ihren letzten bis dahin geretteten Schmuck.

Henny Porten und ihr Mann strandeten als Flüchtlinge im norddeutschen Ratzeburg. Trotz bitterer Armut, die selbst Care-Pakete von Ernst Lubitsch, seit seinen frühen Stummfilmerfolgen auch mit Porten in Hollywood erfolgreicher Regisseur und Produzent, nur punktuell lindern konnten, bestand Porten auf zwei Hausangestellten. Als sie im nahegelegenen Lübeck Mitte Oktober 1947 – zwei Wochen zuvor war Richard Tauber im Londoner Exil der von Krebs zerfressene linke Lungenflügel entfernt worden – erstmals wieder im Theater auftrat, musste der Intendant Wulf Leisner ihr für die Premiere mit Strümpfen aushelfen.

Wilhelm von Kaufmann baute in Ratzeburg vorübergehend ein Behelfskrankenhaus für Flüchtlinge und Aussiedler aus dem ehemaligen deutschen Osten und der Sowjetischen Besatzungszone (der späteren DDR) auf. Obwohl die Presse in teils deutlichen Worten über die Armut berichtete, in der Henny Porten lebte, ebenso wie die Sehnsucht ihres einstigen Publikums, sie wieder im Film erleben zu können, erhielt Porten in Westdeutschland nur eine einzige Nebenrolle in dem Film *Absender unbekannt* von 1949.

Umso hoffnungsvoller nahm sie ein Angebot der ostdeutschen DEFA, der volkseigenen Filmproduktion der DDR, an, die ihr die Titelrollen in den Filmen *Carola Lamberti – Eine vom Zirkus* und *Das Fräulein von Scuderi* übertrug. Weitere Rollen wären mit einer ständigen Übersiedlung und Einbürgerung in die DDR verbunden gewesen, das war durchaus ein Politikum. So wird vom damaligen West-Berliner Senator für Volksbildung Joachim Tiburtius berichtet, dass er Porten auf einem Empfang des Senats anlässlich der sechsten Internationalen Filmfestspiele in Berlin 1956 den Handschlag verweigerte, weil sie in »ostzonalen Filmen« mitgespielt hatte. Stattdessen blieb Henny Porten mit ihrem Mann in West-Berlin wohnen, wo sie auf einen kleinen »Ehrensold« des Berliner Senats angewiesen blieb. Wenn sie auch – außer ihrer Mitwirkung in der Rahmenhandlung des Kompilationsfilmes *Das gab's nur einmal* 1958 – keine Rollen mehr erhielt, wurde sie doch im Mai 1960, nach ihrem 70. Geburtstag und bereits mit Darmkrebs im Krankenhaus, mit dem Großen Verdienstkreuz der Bundesrepublik Deutschland ausgezeichnet. Im Oktober des Jahres ist sie in Berlin verstorben.

Die ernsthafte Hingabe an ihren Beruf hatte Henny Porten nie aufgegeben. Bereits in ihrer Autobiografie von 1932 bekannte sie: »Mein Lieblingskleidungsstück aber […] ist ein einfacher weißer Leinenkittel. Ihn trage ich seit meiner ersten Filmarbeit im Atelier, wenn gerade keine Probe oder Aufnahme ist« – eine weitere Parallele zu ihrem Freund Richard Tauber, der seine Schallplattenaufnahmen für die deutsche Odeon (bei der er als einziger Künstler über ein eigenes Arbeitszimmer verfügte) stets im weißen Arbeitskittel machte.

1962 gestalteten Josef Müller-Marein und Hannes Reinhardt für den Norddeutschen Rundfunk eine Gedenksendung für Richard Tauber in ihrer Radio-Sendereihe »Das musikalische Selbstportrait«; Anlass war, was sie seinerzeit für Taubers 70. Geburtstag hielten. (Richard Tauber hat – für eine gewisse Zeit recht erfolgreich – 1892 als sein Geburtsjahr propagiert. Seine Motivation war weniger Eitelkeit als wohl vielmehr die so geschaffene Möglichkeit, sich damit am 27. März 1913 als »gerade noch nicht 21-Jähriger« von seinem leiblichen Vater, dem Schauspieler und Theaterintendanten Richard Anton Tauber adoptieren zu lassen. Sogar auf der Gedenktafel – gestiftet 1952 – an Richard Taubers Linzer Geburtshaus, dem Hotel »Schwarzer Bär«, ist noch die ursprünglich eingemeißelte Jahreszahl 1892 zu erkennen.)

Die Sendung enthält eine etwas steife Plauderei Reinhardts mit Carlotta Vanconti und Henny Porten, die – auch wenn sie undatiert bleibt – jedenfalls bereits vor dem 15. Oktober 1960, Portens Sterbetag, stattgefunden haben muss. Vanconti gefällt sich in ausführlichen, selbstherrlichen Schilderungen, wie sie ihrem damaligen Mann Gesangsunterricht erteilt – bis zu ihrem Tod 1964 war sie im West-Berliner Telefonbuch als »Tauber-Vanconti, M. C., Stimmbildnerin« verzeichnet – und ihm insbesondere über seine schwere Stimmkrise nach seiner Krankheit 1929 hinweggeholfen hätte. Henny Porten, die aus erster Hand nicht nur um Taubers langwierigen Heilungsprozess gänzlich ohne Vancontis Beteiligung, sondern auch die deutlich vorher erfolgte Scheidung und lange zuvor stattgefundene Trennung wusste, hält sich während dieser Passagen vornehm zurück.

Lebhafter wird sie erst, als sie die Persönlichkeit des gut ein Jahrzehnt früher verstorbenen Freundes mit einer Anekdote aus Zürich illustrieren kann. Taubers Biograf Willi Korb datierte diese Begebenheit später auf den 6. Juni 1936: Zwar trat Richard Tauber damals in Franz Lehárs *Giuditta* am dortigen Stadttheater auf, doch Henny Portens Name ist in der zeitgenössischen Tagespresse nicht nachzuweisen – ganz im Gegensatz zu ihren ausführlich angekündigten Auftritten Anfang der 1930er-Jahre. Ihre Geschichte wird sich also eher 1933, kurz vor ihrem oben geschilderten letzten Abend mit ihrem Freund Richard Tauber ereignet haben.

Nach einem Bühnenauftritt saß sie in der Garderobe beim Abschminken, als plötzlich der Direktor hereinkam. Henny Porten zitiert ihn: »'Liebe Frau Porten, […] die Tochter einer guten Bekannten, ein ungewöhnlich begabtes Mädchen, die redlich für Sie schwärmt, möchte gerne zum Film gehen und Ihren Rat hören, ob sie sich dazu eignet.' […] Ich hatte gerade noch meine ganze Vaseline im Gesicht und saß vor dem Spiegel […]. Ganz verschwommen sah ich ein junges Mädchen mit ziemlich robustem Oberkörper in einem mattrosafarbenen Tüllkleidchen […], zwei dicken blonden Zöpfen und einem Blumenkränzchen im Haar. Schnell habe ich meine Abschminke abgelegt und drehe mich um, da versinkt das Mädchen in einen tiefen Knicks. Ich gehe freundlich auf sie zu und sage, nun mein Kind, richte sie auf und… (ich dachte, mich laust der Affe) wer schaut mir ins Gesicht? Der Richard, und im Auge hat er sein Monokel!«

Die eingerückten Zitate Henny Portens stammen aus ihren persönlichen Tonbandaufzeichnungen vom Ende der 1950er-Jahre, die ihr als Grundlage für eine Autobiografie – und möglichst sogar deren Verfilmung – dienen sollten.

Die eingerückten Zitate Richard Taubers sind dem unveröffentlichten Typskript *Aus den Memoiren des Richard Tauber* entnommen, welches Max Tauber, sein Cousin und langjähriger Manager, vier Jahre nach dessen Tod angefertigt hat. Darin gibt er an, Taubers Tagebuch von dessen Stief-

Abb. 29: Richard Tauber im Arbeitskittel, am 6. Oktober 1931 im Berliner Schallplattenstudio der Odeon.

bruder Otto Hasé erhalten zu haben, dem der Tenor es 1946 in der Schweiz übergeben hätte. Auch hier bestand offenbar Hoffnung auf eine Verfilmung, denn das Titelblatt vermerkt zum »Eigentümer« Max Tauber ausdrücklich: »Verfilmung nur mit dessen Zustimmung gestattet.« Dies könnte ein Grund dafür sein, dass der 1953 entstandene »Tauber-Film« DU BIST DIE WELT FÜR MICH (mit Rudolf Schock in der Hauptrolle) die frühe Biografie des Sängers – auch wo sie in der Realität durchaus dramatischer war – stark verfremdet. Teile des Textes sind seitdem, mitunter in abweichender Fassung, in Interviews, Biografien und auf Plattencovern erschienen.

Bibliografie

Helga Belach (Hg.): Henny Porten – Der erste deutsche Filmstar, 1890–1960. Berlin 1986

Klaus J. Dorsch: Der »erste deutsche Filmstar« Henny Porten (1890–1960), eine fast vergessene Ratzeburger Berühmtheit. Ratzeburg 2008

Gustaf Holberg: Henny Porten – Eine Biographie unserer beliebten Filmkünstlerin. Berlin 1920

Jürgen Kasten, Jeanpaul Goergen (Hg.): Henny Porten – Gretchen und Germania: Neue Studien über den ersten deutschen Filmstar. Berlin 2012

Willi Korb: Richard Tauber – Biographie eines unvergessenen Sängers. Wien 1966

Ulrich J. Klaus: Deutsche Tonfilme (Jg. 1929/30–1944/45, Bde. 1–15). Berlin und Berchtesgaden 1988–2006

Heinz Ludwigg (Hg.): Gesicht und Maske, Band I – Richard Tauber. Berlin 1928

Daniel O'Hara: Richard Tauber – A New Chronology. Saltburn-by-the-Sea (online) 2012–2022

[Nicht] Henny Porten: Wie ich wurde – Selbstbiographie. Berlin 1919

Henny Porten: Vom »Kintopp« zum Tonfilm – Ein Stück miterlebte Filmgeschichte. Dresden 1932

Cor Pot: Richard Tauber – Zanger zonder Grenzen. Zwolle 1988

Detlef Romey: Der gefallene Engel. Mölln 2020

Otto Schneidereit: Richard Tauber – Ein Leben, eine Stimme. Berlin (Ost) 1974; Neuausg.: Volker Kühn, Berlin 2000

Hansfried Sieben: Die Discographie eines großen Sängers – Richard Tauber. Düsseldorf 1986

Hansfried Sieben (Hg.): Gesammelte Erinnerungen von und an Richard Tauber, den weltberühmten Tenor, Dirigenten und Komponisten und prächtigen Menschen. Düsseldorf 1987

Martin Sollfrank: Richard Tauber – Weltstar des 20. Jahrhunderts. Dresden, Sargans 2014

Heide Stockinger, Kai-Uwe Garrels: Tauber, mein Tauber – 24 Annäherungen an den weltberühmten Linzer Tenor Richard Tauber. Weitra 2017

Heide Stockinger, Kai-Uwe Garrels (Hg.): Dein ist mein ganzes Herz – Ein Franz Lehár-Lesebuch. Wien, Köln, Weimar 2020

Max Tauber: Aus den Memoiren des Richard Tauber. Bad Ischl (Typoskript, unveröffentlicht) 1952

Manfred Weihermüller: Discographie der deutschen Kleinkunst, Band 2, Bonn 1991

Diverse Einzelnummern und Jahrgänge der zeitgenössischen Zeitungen, Zeitschriften und ähnlichen Periodika:

Amtliches Fernsprechbuch für den Bezirk der Landespostdirektion Berlin. Berlin
Berliner Adreßbuch. Berlin
Berliner Tageblatt. Berlin
Berliner Morgenpost. Berlin
Bieler Tagblatt. Biel
Die Bühne – Wochenschrift für Theater, Film, Mode, Kunst, Gesellschaft, Sport. Wien
Der Humorist – Zeitschrift für die Theater- und Kunstwelt. Wien
Illustrierte Kronen-Zeitung. Wien
Das interessante Blatt. Wien
Mein Film. Wien
Der Montag-Morgen. Berlin
Neue Freie Presse. Wien
Neues Wiener Journal: unparteiisches Tagblatt. Wien
Neues Wiener Tagblatt. Wien
Neue Zürcher Nachrichten. Zürich
Neue Zürcher Zeitung. Zürich
Odeon – Der Ton. Ein Magazin für Musik- und Tanzfreunde. Berlin
Österreichische Film-Zeitung, das Organ der österreichischen Filmindustrie. Wien
Die schöne Frau – Monatsschrift für Frauenkultur. Berlin
Der Spiegel. Hamburg
Der Tagesbote. Brünn/Brno
Ullsteins Blatt der Hausfrau. Wien
Vossische Zeitung. Berlin
Wiener Illustrierte. Wien
Wiener Magazin. Wien
Wiener Salonblatt. Wien

Die Hoffnung starb zuletzt

Mit Richard Tauber auf der Bühne in Wien 1938

Von Gottfried Franz Kasparek

In den ersten Monaten des Jahres 1938 muss eine eigenartig diffuse Stimmung in Wien geherrscht haben. Die böse Schlinge, die Adolf Hitler um Österreich gelegt hatte, zog sich immer fester zu. Bis zu den letzten Augenblicken des »Ständestaats« hofften viele friedlich gesinnte Menschen auf eine diplomatische Lösung. Doch mit einer terroristischen Diktatur kann man nicht diplomatisch verhandeln. Der »Führer« setzte den österreichischen Bundeskanzler Kurt Schuschnigg, im Grunde eine tragische Figur, immer mehr unter Druck. Als nach dem fatalen Treffen von Berchtesgaden am 11. Februar klar wurde, dass alle inhaftierten Nationalsozialisten wieder in Amt und Würden eingesetzt werden und sogar als Minister in die Regierung einziehen mussten, war kaum noch Hoffnung. Dennoch blieben viele Intellektuelle, viele Künstlerinnen und Künstler mit jüdischer Abstammung und auch viele überzeugte »arische« Gegner der NS-Ideologie noch im Lande, hartnäckig an den Schutz glaubend, den das zwar zum Teil von Antisemiten unterwanderte, aber eben nicht dezidiert rassistische Regime ihnen bot – den Schutz vor fanatischen Nazis, die auch in Österreich immer mächtiger wurden. Wir wollen hier nicht die immer wieder hochkochende Diskussion um Begriffe wie »Austrofaschismus« führen, aber auch nicht vergessen, dass der Jude Hermann Leopoldi bis zum traurigen Ende des »Ständestaats« häufig ins Bundeskanzleramt geladen wurde, um Staatsgästen Wienerlieder vorzusingen. Dies wäre in Berlin undenkbar gewesen.

Rosette Anday – »Klage und Jubel kommen direkt aus dem Herzen …«

Was spielte die Staatsoper, amtlich noch »Operntheater«, am Vorabend der Okkupation, am 11. März 1938? Pjotr Iljitsch Tschaikowskys »Eugen Onegin« mit der ungarischen Jüdin Rosette Anday in der Rolle der Olga. Zwei Tage später hatte die prominente Sängerin, die ein echter Publikumsliebling war, bereits Berufsverbot. Mit Richard Tauber war sie zuletzt am 4. Jänner 1938 in Wien auf der Bühne gestanden, als Magdalena in Wilhelm Kienzls früher vielgespielter Volksoper »Der Evangelimann«, neben Luise Helletsgruber als Martha.

Zwei Anmerkungen seien gestattet. Am 11. März war der junge slowenische Tenor Anton Dermota der Dichter Lenski. Bald musste er viele Tauber-Rollen übernehmen, gehörte nach 1945 zum legendären »Wiener Mozart-Ensemble« und trat 1947 beim berühmten Londoner Gastspiel der Staatsoper »seinen« Don Ottavio an Richard Tauber ab. Drei Jahrzehnte später war er in der Wiener Volksoper die wohl letzte bedeutende Besetzung des »Evangelimanns« Matthias Freudhofer in Wien. Und das »Operntheater« wurde im September 1938 von der NS-Kulturverwaltung auch amtlich als »Wiener Staatsoper« installiert, wie das Nachfolgeinstitut der Hofoper allerdings schon seit etwa 1920 im Wiener Sprachgebrauch genannt wurde.

Zurück zur Laufbahn von Rosette Anday. Geboren 1899 (und nicht, wie es in ihrer offiziellen Biographie stand, 1903) in Budapest als Piroschka Andauer, ist sie früh durch ihre klangvolle Mezzostimme und ihr leidenschaftliches Spiel aufgefallen und eroberte die Wiener als Georges Bizets »Carmen« schon 1921 im Sturm. Bald folgten Mozarts Cherubin und Dorabella, Verdis Amneris, Wagners Brangäne und vieles mehr. Schon 1932 wurde sie zur Kammersängerin ernannt. Auch bei den Salzburger Festspielen jubelte ihr das Publikum zu, in Mozart-Rollen und 1926 sogar als Orlofsky in der »Fledermaus« von Johann Strauss. Da stand Bruno Walter am Pult und es gab rund um »die Anday« teils wechselnde Besetzungen. Eine besondere Konstellation war die vom 28. August: Richard Tauber als Eisenstein, Fritzi Massary als Adele, Hans Moser als Frosch. Im Festspielsommer 1933 hätte Sigrid Onegin Christoph Glucks Orpheus darstellen sollen, sagte jedoch, wohl aus politischen Gründen, ab. Rosette Anday war die Retterin des Abends:

> Anstelle von Frau Onegin, die kurz vor der Aufführung abgesagt hatte, war Frau Anday – man darf hier das Wort heldenhaft gebrauchen – eingesprungen. Die Künstlerin kam direkt aus einem Sanatorium, wo sie vor abgezählten 21 Tagen eine Blinddarmoperation mit nachfolgender Rippenfellreizung mitgemacht hatte. Sie stand also unter ärztlichem Protest auf der Bühne, und mußte auch tatsächlich in einem Zwischenakt mittels einer Injektion gekräftigt werden. – Im Spiel ist Frau Anday lebendiger als ihre Vorgängerin. Sie ist weicher, gemütvoller, Klage und Jubel kommen wirklich aus dem Herzen. Auch gesanglich hielt sie sich mit aller Energie aufrecht. Die schöne Diktion und das volle, dunkelglühende Material kamen selbst in der schwierigen Situation zur Geltung. Als nach Schluss der Vorstellung Bruno Walter die Künstlerin allein vor den Vorhang treten ließ, umbrauste sie der dankerfüllte Jubel des Publikums. (Otto Kunz, Salzburger Volksblatt, 1.8.1933, S. 6)

Der Kritiker Otto Kunz, Mitarbeiter und verdienstvoller Archivar der Salzburger Mozart-Gedenkhäuser, war ab 1938 ein williger Gehilfe der neuen nationalsozialistischen Kulturpolitik und wendete sich zu Kriegsende rechtzeitig den Siegern zu. Rosette Anday konnte erst nach 1945 an die Stätte ihrer Triumphe zurückkehren. Zwischen 1938 und 1945 lebte sie als zum Katholizismus konvertierte Jüdin und Gattin des »arischen« Rechtsanwalts Karl Bündsdorf in einer sogenannten privilegierten Mischehe in Wien, ähnlich ins Private zurückgezogen wie Sophie Lehár in Bad Ischl und nie ganz sicher, nicht doch deportiert zu werden. Schon am 15. Juli 1945 nahm sie im Redoutensaal der Hofburg an einem von der Staatsoper veranstalteten Konzert mit Liedern von Franz Schubert, Hugo Wolf und Gustav Mahler teil. Am 15. September war sie wieder die Magdalena im »Evangelimann« in der »Wiener Staatsoper in der Volksoper«. Bis zu ihrem offiziellen Bühnenabschied als Klytämnestra in »Elektra« von Richard Strauss 1961 sang sie ein riesiges Repertoire, in den Ausweichquartieren Theater an der Wien und Volksoper und ab 1955 im wieder errichteten Haus am Ring. Rosette Anday war sich nicht zu schade, auch kleine Rollen zu übernehmen. Früher war sie eine gefeierte Fricka in Richard Wagners »Walküre« gewesen, doch ihr allerletzter Auftritt in der Staatsoper war 1962 die Roßweiße, eine der die toten Helden in Walhall empfangenden Wotanstöchter, unter der Leitung von Herbert von Karajan. Bis zu ihrem Tod im Jahr 1977 spielte sie dann noch eine gewichtige Rolle in der Wiener Gesellschaft rund um die geliebte Oper.

Die anpassungsfähige Adele war die beste Adele

Am Silvesterabend 1937 befand sich Richard Tauber in der »Fledermaus« auf der Bühne der Wiener Staatsoper, allerdings nicht in seiner alten Glanzrolle als Eisenstein und auch nicht als Alfred, den er in den Jahren davor bevorzugt hatte, sondern als singender Gast am Ball des Prinzen Orlofsky im zweiten Akt. Was er sang, hatte auf Umwegen auch viel mit dem »Walzerkönig« zu tun, denn es waren zwei Nummern, »Du bist mein Traum« und »Da rauscht und plauscht der Wienerwald«, aus der von Erich Wolfgang Korngold nach Motiven und Melodien des vergessenen Strauss-Stücks »Das Spitzentuch der Königin« sehr geschickt und erfolgreich zusammengestellten Operette »Das Lied der Liebe« (Berlin 1931). Den Namen Korngold sucht man freilich am Besetzungszettel und wohl deswegen auch im Archiv vergeblich. Der Dirigent des Abends war Josef Krips, damals und nach 1945 wieder eine oftmalige, stets beliebte Erscheinung am Pult der Wiener Staatsoper. Der »Halbjude« Krips überlebte die Nazizeit mit viel Glück als privater Klavierlehrer und Korrepetitor in Wien. Als Adele begegnete Tauber am Ball Adele Kern, die am 11. Jänner 1938 die Zerline bei seinem letzten Wiener Auftritt als Don Ottavio in Mozarts »Don Juan« neben Anni Konetzni und Luise Helletsgruber als Donna Anna und Donna Elvira und am 30. Jänner in der Premiere und zwei noch folgenden Vorstellungen von Franz Lehárs »Das Land des Lächelns« seine Schwester Mi sein würde. Diese Premiere wurde von der im Untergehen begriffenen Regierung Österreichs als staatliches Ereignis lebhaft unterstützt. Schuschnigg wohnte ihr bei und gratulierte den Mitwirkenden herzlich.

Adele Kern galt, Nomen est omen, viele Jahre als die beste Adele. Die 1901 in München geborene Sängerin war aber sehr vielseitig und anpassungsfähig. Vom Stimmtyp her ein echter »soprano leggeri«, eine wahre »Madame Silberklang« mit aufs Feinste ziselierten Koloraturen, debütierte sie 1924 in München als Olympia in Jacques Offenbachs »Hoffmanns Erzählungen« und folgte ihren Förderern, dem Dirigenten Clemens Krauss und dem Regisseur Lothar Wallerstein, zunächst nach Frankfurt am Main und dann von 1927 bis 1944 an die Berliner und Wiener Staatsoper. Das Duo Krauss & Wallerstein stand für moderne Inszenierungen und fortschrittliches, körperbetontes Musiktheater – Adele Kern als quirlige Singschauspielerin war dafür ideal geeignet. Doch während sich der Dirigent und die Sängerin später mit den Nazis arrangierten, musste Lothar Wallerstein 1938 Wien Richtung USA verlassen.

In Wien trat Adele Kern nicht weniger als neunzehnmal als kindlich verschmitzte Nuri in Eugen d'Alberts »Tiefland« auf, wobei sie des Öfteren mit Richard Tauber, dem führenden Darsteller des spanischen Naturburschen Pedro schon seit seinen Jahren in Dresden, zu tun hatte. Sie war jedoch auch oft als Gilda in Verdis »Rigoletto«, als Page Oscar in Verdis »Ein Maskenball«, in vielen Mozart-Rollen, in Ernst Kreneks »Johnny spielt auf« und in Ermanno Wolf-Ferraris Buffo-Oper »Die vier Grobiane« zu bewundern. Alle italienischen Opern wurden damals natürlich in Wien, München, Berlin und so weiter in deutscher

Sprache und unter deutschen Titeln gespielt. Da Adele Kern zwischendurch in Europa und bevorzugt in Südamerika erfolgreich gastierte, hat sie etliche dieser Rollen wohl auch im Original gesungen. Wobei in diesen Zeiten sogar gemischtsprachige Aufführungen keine Seltenheit waren.

Eine originelle, wenn auch nicht sehr erfolgreiche neue Oper in Wien war »Rossini in Neapel«. Der Wiener Bernhard Paumgartner (1887–1971), Sohn der Hofoperndiva Rosa Papier und des Musikers, Rezensenten und Brahms-Freundes Hans Paumgartner, wurde später als in Salzburg wirkender Mozart-Forscher, Dirigent sowie als Präsident der Akademie Mozarteum und der Festspiele berühmt. Er war aber auch ein achtbarer Komponist und hatte eine Art Buffo-Oper nach Melodien Gioachino Rossinis zusammengestellt. In der Premiere am 3. Jänner 1937 und in fünf weiteren Aufführungen gab Adele Kern die Soubrettenrolle der Nina zum Besten – Maestro Rossini war niemand Geringerer als Richard Tauber. Die witzige Inszenierung von Lothar Wallerstein und das pointierte Dirigat von Josef Krips konnten dem textlich eher hanebüchenen Stück auch nicht wirklich auf die Beine helfen. Paumgartner war übrigens 1938 in der Tat das einzige fest angestellte Mitglied des Salzburger Mozarteums, welches von den Nazis entlassen wurde, obwohl auch er keine jüdischen Wurzeln hatte. Als überzeugter »Deutsch-Österreicher« lehnte er das »Hitlertum« jedoch strikt ab und übernahm einen Forschungsauftrag in Sachen »Alte Musik« in Florenz. Nach einem Zwischenspiel in der Schweiz kehrte er nach dem Krieg mit Glanz und Gloria in die Mozartstadt zurück.

Adele Kern filmte auch, freilich selten, und sang gerne Operetten, die nicht von Johann Strauss waren. So gab sie 1931 im Theater an der Wien nicht mit Tauber, sondern mit Hans-Heinz Bollmann die Elisabeth in Franz Lehárs »Schön ist die Welt«, eine Rolle, die sie unter der Leitung des Komponisten 1942 in Wien für den Rundfunk aufnahm – mit Anton Dermota, der unter all den Tauber-Ersatz-Tenören derjenige war, welcher das große Vorbild nicht zu kopieren versuchte, sondern dessen Rollen mit seinem eigenen, unverwechselbar slawischen Timbre neu erfüllte. Die Aufnahme blieb erhalten und ist ein wertvolles Dokument. Im Dezember 1933 glänzte Adele Kern als verführerische Tänzerin Dolores in Eduard Künnekes opernhaftem E.T.A. Hoffmann-Singspiel »Die lockende Flamme« in Berlin. Das Stück ist zu Unrecht als Offenbach-Ersatz im Nazireich in Verruf geraten. Künneke hatte es schon vor Hitlers Machtübernahme konzipiert und hielt an seinen beiden jüdischen Librettisten fest, wofür der nach der Machtübernahme in Berlin erschienene Klavierauszug ein Beleg ist. Man kann diese komplizierte Situation durchaus mit dem Bestehen des Richard Strauss auf Stefan Zweig als Librettisten seiner Oper »Die schweigsame Frau« vergleichen.

Adele Kern nannte man auch eine »Strauss und Strauß-Sängerin« – in der früher üblichen Schreibweise waren Richard und Johann nicht zu verwechseln. Zu ihren absoluten Glanzpartien zählte die Zerbinetta in Strauss' »Ariadne auf Naxos«. Im Jahr 1944 sang Adele Kern diese Rolle noch in Krakau in einer vom Generalgouverneur Hans Frank, der einer der größten Naziverbrecher und daneben ein großer Musikliebhaber gewesen ist, befohlenen Aufführung. Über ihr Verhalten in dieser grässlichen Zeit ist nichts bekannt – sie ist wohl schlimmstenfalls als politisch unauffällige Mitläuferin einzustufen. Inzwischen war sie auf der »Gottbegnadeten-Liste« gelandet. Im Alter von 46 Jahren zog sie sich wegen eines Herzleidens von der Bühne zurück und verschwand so endgültig und vollkommen im Privatleben, dann nur mehr ihr Tod im Jahr 1980 in München publik wurde.

Sopranstimmen aus der Tiefe der Zeit

Richard Tauber hatte viel in Wien zu tun in dieser letzten Zeit vor den sieben Jahren, in denen Österreich zur Ostmark degradiert wurde. Neben den schon genannten Aufführungen gab es da noch im Jänner und Februar eine vereinzelte »Zauberflöte« am 10.2. unter Felix von Weingartner mit Marie Gerhart als Königin der Nacht und Maria Reining als Pamina, dreimal Smetanas »Verkaufte Braut« mit jedes Mal einer anderen Marie – Maria Müller, Hilde Konetzni und Jarmila Novotná – unter Josef Krips, dreimal die neu einstudierte Revolutionsoper Kienzls, »Der Kuhreigen«, mit Margit Bokor als Partnerin, eine

Puccini-»Bohéme« mit Maria Müller, eine »Madame Butterfly« mit Margherita Perras und zweimal Leoncavallos »Bajazzo« mit Frau Perras und Frau Bokor. Und im März die beiden letzten Aufführungen von Lehárs »Giuditta« unter der Leitung des Komponisten, am 1.3. mit der aus Prag stammenden Einspringerin Jarmila Ksirová (1911– 1983, sie machte nach dem Krieg vor allem eine ostdeutsche Karriere) und am 7.3. mit Jarmila Novotná.

Da traten also noch etliche Partnerinnen auf, die uns interessieren. Im Falle von Jarmila Novotná, Maria Reining, den Schwestern Anni und Hilde Konetzni sowie Margit Bokor sei auf andere Beiträge in diesem Buch verwiesen. Die 1900 geborene österreichische Sopranistin Luise Helletsgruber war vor allem eine außerordentliche Mozart-Sängerin, die in den 1930er-Jahren auch erfolgreich in Salzburg und bei den Festspielen im englischen Glyndebourne auftrat. Sie starb mit ihrem Gatten 1967 bei einem unverschuldeten Autounfall. Die Wienerin Marie (auch Maria) Gerhart (1890–1975) war von 1923 bis 1939 die sehr gefeierte »Erste Koloratursängerin« der Wiener Staatsoper, sang 1926 bei den Salzburger Festspielen die Constanze in Mozarts »Entführung aus dem Serail« mit Tauber als Belmonte und war nach ihrem Rückzug von der Bühne als Gesangspädagogin an der Wiener Musikakademie tätig.

Maria Müller, geboren 1889 im böhmischen Theresienstadt, gestorben 1958 in Bayreuth, war ein heute fast vergessener Weltstar. Über ihr MET-Debüt in Wagners »Walküre« am 21. Jänner 1925 war am folgenden Tag in der »New York Times« aus der Feder von Olin Downes zu lesen: *Die junge tschechische Sopranistin [...] wurde herzlich aufgenommen. Sie hat eine frische und jugendliche Stimme, ein wenig klein für die Rolle, aber mit viel Grazie und Aufrichtigkeit in ihrem Spiel. Nicht oft wirkt die Figur der Sieglinde so menschlich, so zart und ist so ansprechend anzuschauen.* Sie war also eine »moderne« Wagner-Heroine, die schon Wieland Wagners spätere Neuerungen vorweggenommen hat. Maria Müller trat mit großem Erfolg in Bayreuth, in Salzburg und an allen großen Opernhäusern Europas und Amerikas auf und wurde von Dirigenten wie Bruno Walter und Arturo Toscanini bevorzugt eingesetzt. In der Nazizeit sang sie alljährlich Wagner

Abb. 30: Maria Müller (Mueller). Die tschechische Sopranistin (1889–1958) trat in allen großen Opernhäusern Europas und Amerikas auf. Mit Richard Tauber stand sie als Marie in Smetanas *Die verkaufte Braut* und als Mimi in Puccinis *La Bohème* auf der Bühne.

in Bayreuth, allerdings offenbar ohne sich politisch mehr als unbedingt notwendig zu engagieren. Ihre Wiener Auftritte als Marie und Mimí an der Seite Richard Taubers beweisen, dass sie vielseitiger war als ihr Ruf. Erhaltene Tondokumente zeigen, dass sie zu den strahlendsten Sopranstimmen ihrer Zeit zu zählen ist.

Maria Müller ist wenigstens noch historisch interessierten Opernfans ein Begriff, aber wer war Margherita Perras (1908–1984), die aus Griechenland stammende Cio-Cio-San und Nedda neben Tauber? Geboren in Thessaloniki, sang sie schon als Kind bei Hochzeiten und studierte in Berlin, wo sie von Bruno Walter entdeckt wurde. Ihre Opernkarriere im italienischen Fach sowie mit Mozart- und Richard Strauss-Partien war kometenhaft und relativ kurz. In Berlin, Wien, bei den Salzburger Festspielen, in Spanien und Südamerika wurde sie umjubelt. Seit 1936 dem Vernehmen nach glücklich verheiratet, konzentrierte sie sich nach 1938 auf Konzerte und trat nach 1945 nur mehr vereinzelt auf Bühnen auf, erwarb sich aber einen sehr guten Ruf als

Interpretin der Lieder des Schweizer Komponisten Otmar Schoeck. Die Schweiz war ihre Wahlheimat geworden und in Zürich verbrachte sie ihren Lebensabend. Auf YouTube kann man sie als Mozarts Constanze, Verdis Traviata und mit etlichen Liedern ausschnittweise hören und auch auf Fotos betrachten. Die attraktive Frau verfügte über einen technisch perfekt geführten Sopran mit warm leuchtender, mühelos sich entfaltender Höhe – und ihre deutsche Artikulation war so gut, dass man jedes Wort versteht.

Verwendete Literatur

www.wikipedia.at
www.youtube.at
https://archiv.wiener-staatsoper.at
https://www.salzburgerfestspiele.at/startseite-archiv
Bernhard Paumgartner, Erinnerungen, Salzburg 1969/2001

Trotz alledem: »The Land of Smiles«

Richard Tauber und seine Bühnenpartnerinnen in
Großbritannien und in Übersee von 1931 bis 1945

Unter Verwendung eines Beitrags von Daniel O'Hara

von Gottfried Franz Kasparek

Richard Taubers erster Auftritt in London fand, unter großem Interesse des Publikums, am 8. Mai 1931 im »Drury Lane Theatre« statt, als Sou-Chong in Franz Lehárs Operette »Das Land des Lächelns«, in englischer Fassung »The Land of Smiles«. Die junge US-amerikanische Sopranistin Renée Bullard interpretierte die bei der Berliner Uraufführung am 10. Oktober 1929 von Vera Schwarz kreierte Rolle der Lisa. Die Prinzessin Mi war Hella Kurty, eigentlich Kürty, die schon im Berliner Metropol-Theater dabei gewesen war. Die Premiere war ein rauschender Erfolg. Leider musste Tauber wegen einer Laryngitis nach wenigen Tagen seine Partie an die Zweitbesetzung Robert Naylor abgeben und begab sich schließlich nach Deutschland in ärztliche Pflege. Später kehrte er zurück mit Lehár als Dirigent. Am 22. Juni gab es eine »Royal Gala« für König George V. und Königin Mary. Die Auf-

Abb. 31: Konzertplakat Paganini.

führungsserie endete am 18. Juli. Der Produzent Stanley Scott musste leider Verluste verzeichnen, was der Überlieferung nach mit der hohen Gage des Startenors und dessen längerer Abwesenheit zusammenhing. Tauber fuhr nach Deutschland und Österreich zurück und brach am 17. Oktober zu seinem ersten Besuch in den USA auf.

Unvollendetes Porträt einer Vergessenen

Die Sopranistin Renée Bullard stammte aus Milwaukee. Ihr Geburtsdatum ist ebenso wenig auffindbar wie Dokumente über ihren persönlichen Hintergrund und ihre Ausbildung. Die Suche nach einer Tonaufnahme erweist sich als erfolglos. Die Künstlerin hatte allerdings zwischen 1929 und 1931 schöne Erfolge an der Wiener Staatsoper, vor allem als Musetta in Giacomo Puccinis »La Bohéme« und als Nedda in Ruggiero Leoncavallos »I Pagliacci«. In Wien sang sie in deutscher Sprache, wie auch bei Konzerten des Wiener Symphonieorchesters, dem Vorläufer der Wiener Symphoniker. Deren vorbildliches Archiv verzeichnet zunächst ein denkwürdiges Konzert am 27. Dezember 1928. Erich Wolfgang Korngold dirigierte eigene Werke; Renée Bullard sang die sehr anspruchsvolle, lyrisch-dramatische Arie der Titelheldin, »Ich ging zu ihm …«, aus der Oper »Das Wunder der Heliane«, mit der in Wien 1927 Lotte Lehmann einen Triumph gefeiert hatte. Am 9. Dezember 1932 trat Renée Bullard noch einmal im Rahmen eines Symphonieorchester-Konzerts auf. Unter der Leitung von Rudolf Nilius interpretierte sie im ersten Teil Orchesterlieder des österreichischen Schreker-Schülers Joseph Rinaldini (1893–1977), der sich bereits 1938 aus gesundheitlichen, vielleicht auch anderen Gründen vollkommen ins Privatleben zurückzog und in völlige Vergessenheit geraten ist. Im zweiten, eher der »leichten Muse« gewidmeten Teil war sie mit der Arie der Sonja, »Einer wird kommen …«, aus Lehárs Operette »Der Zarewitsch« zu erleben. Judith Kopetzky vermerkt zudem in ihrem Buch »1928 – Wien und das zeitgenössische österreichische Konzertlied« einen Liederabend am 17. Dezember 1928 im Wiener Konzerthaus, bei dem Korngold die Sopranistin am Klavier begleitete, so auch bei seinem damals oft und gern gesungenen Lied »Was Du mir bist …« auf einen Text von Eleonore van der Straten.

Renée Bullard hatte ihren Wohnsitz offensichtlich nun in Wien, wo sie mit dem Kaufmann und Zuckerfabrikanten Georg Strakasch, der jüdischer Herkunft war, den Bund der Ehe einging. Wahrscheinlich zog sie sich bald von der Bühne zurück, denn in einer Notiz der »Jewish Agency« über ihren Mann wurde sie bereits 1938 als »ehemalige Sängerin« bezeichnet. Er hatte seine Frau schon früher in die USA nach Boston geschickt und versuchte, nach dem Anschluss Österreichs an Nazideutschland sein Vermögen zu retten. Im Sommer des unheilvollen Jahres beging er Selbstmord. Über Renée Bullards weiteres Schicksal ist nichts in Erfahrung zu bringen. So muss dieses kurze Porträt einer beeindruckend vielseitigen Sängerin unvollendet bleiben.

Wege in die Emigration und zurück

Richard Tauber machte in Übersee mit einem alten Kollegen aus seiner Zeit in Dresden, dem berühmten Dirigenten Fritz Reiner, Aufnahmen. Die Laryngitis machte dem Sänger weiterhin zu schaffen; etliche Konzerte sagte er ab. Nach London kehrte er im Mai 1932 für weitere Aufführungen von »The Land of Smiles« zurück. Er musste finanziell Abstriche machen, denn Mr. Scott wollte seine Verluste wettmachen. Die Produktion war diesmal mit der damals in Großbritannien sehr bekannten irischen Koloratursopranistin Josie Fearon (geboren 1896, gestorben?) als Lisa und wieder mit Hella Kürty als Mi besetzt. Tauber trat auch als Dirigent der »Show« in Erscheinung, wobei John Hendrik den Sou-Chong gab und Mary Losseff, seine Gefährtin in diesen Jahren nicht nur auf der Bühne, die Lisa. Mary Losseff war eindeutig eine Soubrette und kein lyrischer Sopran, aber wir wollen der Überlieferung Glauben schenken.

Hella Kürty, im Jahr 1900 geborene Deutsche jüdischer Abstammung, war ausgebildete Sopranistin, machte jedoch zunächst vor allem am Sprechtheater eine schöne Karriere, die sie bis ans Deutsche

Theater in München führte. 1930 hatte sie in Berlin den legendären Film »Land des Lächelns« mit Richard Tauber gedreht, in dem Mary Losseff als Lisa sprach, als Sängerin jedoch von der Wiener Sopranistin Margit Suchy (1891–1961) gedoubelt wurde. Hella Kürty sang die Prinzessin Mi selbst und mit viel Pep, wie die erhaltene Tonaufnahme (als CD bei Line Music erhältlich) beweist. Eine Kuriosität am Rande: Der Dirigent der gekürzten und arrangierten Musik war der Brecht-Mitarbeiter und spätere DDR-Komponist Paul Dessau. In der Nazizeit fand Hella Kürty Zuflucht in London, wo sie bis 1944 in einigen Filmen und weiterhin in Taubers Produktionen mitwirkte. Nach dem Krieg zog sie sich ins Private zurück und starb 1954 in London.

Nach Hitlers Machtübernahme 1933 kehrte Richard Tauber mit Heinrich Bertés Schubert-Singspiel »Das Dreimäderlhaus«, im deutschen Original gespielt, im Rahmen einer Tournee durch Österreich, Frankreich und die Niederlande nach London zurück, diesmal an das »Aldwych Theatre«. Das in London »Lilac Time« genannte Stück war ein bedeutender Publikumserfolg, der zu einem englischen Film mit dem Titel »Blossom Time« (Zeit der Blüten) führte, gedreht in den Londoner Elstree-Studios. Dies war der größte Erfolg unter den sechs Filmen, die mit Tauber bis 1946 in England entstanden. Seine Partnerinnen waren keine ausgebildeten Sängerinnen, sondern britische Schauspielerinnen. In Österreich lief der Streifen wegen Tauber und weiteren Vertriebenen in der Filmcrew erst nach 1945 unter dem Titel »Liebeslied«. Das »Dreimäderlhaus« in all seinen Versionen machte die wundersame Musik von Franz Schubert auch international noch populärer, wurde jedoch oft und nicht ganz zu Unrecht als Kitsch beschimpft – und erweist sich mitunter bis heute als gut gemachtes Theaterstück.

Der oben erwähnte John Hendrik trat mit Tauber gemeinsam auch im Schubert-Singspiel auf. Obwohl der 1904 in Berlin geborene, vielseitige Künstler ein Mann und Tenor war, sei hier seiner gedacht. Auch er war jüdischer Abstammung und emigrierte nach London und später in die USA, wo er zum Beispiel seine Glanzrolle Sou-Chong 1946 am New Yorker Broadway darstellte, wieder mit Richard Tauber am Dirigentenpult, an welches dieser wegen einer Indisposition gewechselt hatte. John Hendrik kehrte im Jahr 1957 in seine Heimatstadt zurück und wurde, aktiv bis in sein 90. Lebensjahr, ein allseits geschätzter Radio-Moderator. Fast hundertjährig starb er im Juni 2004 in seinem geliebten Berlin.

Wer war Evelyn Laye?

Der nächste prominente Auftritt Richard Taubers in London sollte eigentlich Franz Lehárs 1934 an der Wiener Staatsoper uraufgeführter »Giuditta« gelten, einer zwischen Oper und Operette changierenden »Musikalischen Komödie«. Tauber hatte auch gehofft, seine eigene, sehr an Lehárs Stil angelehnte, in Wien bejubelte Operette »Der singende Traum« in London präsentieren zu können. Aus beiden Plänen wurde nichts. Der britische Impresario Sir Charles Cochran war 1936 zu einer »Giuditta«-Aufführung in Zürich mit der allerersten Interpretin der Titelrolle, der gefeierten tschechischen Opernsängerin Jarmila Novotná, eingeladen gewesen, glaubte aber nicht an einen Erfolg des Stücks in London und entschied sich für Lehárs früheren Erfolg »Paganini«, der schließlich am 20. Mai 1937 die Saison des »Lyceum Theatre« eröffnete.

Evelyn Laye übernahm die Rolle der Fürstin Anna Elisa. Sie reiste nach Wien und erarbeitete die opernhafte Partie mit Meister Lehár, der sehr angetan war von ihrer Stimme und ihrer attraktiven Bühnenerscheinung. Er dirigierte auch die Premiere mit ihr und Tauber in London. Evelyn Laye, geboren 1900 ebendort, war eine echte »Singschauspielerin« mit klassisch geschultem Sopran und wurde in Großbritannien und den USA in Operette und Musical umjubelt. Ihren ersten Bühnentriumph feierte sie 1923 in ihrer Heimatstadt als Hanna Glawari in Lehárs Dauer-Welterfolg »Die lustige Witwe« (The Merry Widow), später hob sie unter anderem ebenso akklamiert die englischen Fassungen von Leo Falls »Madame Pompadour« und »Dollarprinzessin« (The Dollar Princess) aus der Taufe. Nach 1950 wandte sie sich vermehrt dem vorwiegend heiteren Sprechtheater zu, ohne jemals ganz mit dem Singen aufzuhören. Sie trat bis 1992 als Stargast an Galaabenden auf und starb 1996 in ihrer Geburtsstadt.

Für Sir Cochran endete die »Paganini«-Laufzeit enttäuschend früh, nämlich schon nach 59 Aufführungen in neun Wochen. Das Stück ist seitdem nie mehr in London auf die Bühne gekommen, warum auch immer. Erhalten blieben Aufnahmen mit den wesentlichen Nummern der beiden Stars Tauber und Laye – denn im angelsächsischen Raum war auch sie ein solcher. Darunter befand sich das Duett »Fear Nothing«, das Lehár nach Motiven seiner »Zigeunerliebe« (1909) eigens für die britische Version komponiert hatte.

Ambivalente Partnerschaften

Richard Tauber kehrte, nun als Emigrant zunächst in der Schweiz wohnhaft, in den Jahren 1938 und 1939 als Opernsänger an die Covent Garden Opera nach London zurück. So trat er am 13. Mai 1938 als Belmonte in Mozarts »Entführung aus dem Serail« auf. Seine Constanze war die an der Berliner Staatsoper und weltweit gefeierte deutsche Sopranistin Erna Berger (1900–1990), die später als einer der unverzichtbaren Gesangssterne des »Dritten Reiches« auf der »Gottbegnadeten-Liste« des Joseph Goebbels landen sollte. Bei Weitem nicht alle Künstlerinnen und Künstler auf dieser berüchtigten Liste waren Nazis. Eine schuldhafte Verbindung Erna Bergers mit dem Regime ist nicht bekannt.

Im Mai 1939 sang Tauber in London den Hans in Bedřich Smetanas Oper »Die verkaufte Braut« (englisch »The Bartered Bride«) mit Hilde Konetzni (1905–1980) als Marie, im folgenden Juni erstmals in italienischer Sprache den Don Ottavio in Mozarts »Don Giovanni« unter der Leitung von Sir Thomas Beecham. Immer noch gastierten prominente Partnerinnen aus Deutschland an seiner Seite, Elisabeth Rethberg (1894–1976), die eine der schönsten und klarsten Sopranstimmen ihrer Zeit besaß, und die nicht nur in Wien gerühmte Hilde Konetzni. Elisabeth Rethberg kannte er schon sehr gut von seinen Anfängen in Dresden. Sie hatte als von Arturo Toscanini geliebter Star der MET längst ihren Wohnsitz in New York, trat aber im Nazireich 1939 noch bei den Salzburger Festspielen als Donna Anna und Marschallin im »Rosenkavalier« des Richard Strauss auf, was für eine »Arierin« kein Problem war. Aber wusste Tauber, dass Hilde Konetzni im März 1938 in Wien öffentlich zum Anschluss an Deutschland aufgerufen hatte? Ohne sie entschuldigen zu wollen, sei hier vermerkt, dass zum Beispiel der von Leo Trotzki als »k. u. k.-Sozialdemokrat« bezeichnete Karl Renner, zweimal unmittelbar nach zwei Weltkriegen Kanzler und Präsident Österreichs, dies ebenfalls getan hatte.

Klingende Botschaften

In der Saison 1938/39 bereiste Tauber auch Australien und Südafrika mit »The Land of Smiles«, wobei des Öfteren Mary Losseff als Lisa und Hella Kürty als Mi mit ihm auf den Bühnen standen. Nach Auftritten in der Schweiz ließ er sich ab 8. Mai 1940 endgültig in London nieder. Die Kriegsjahre gehören zu den mit Beschäftigung erfülltesten in Taubers Leben. Sein Terminkalender war gefüllt mit Tourneen, Liederabenden, Rundfunksendungen und Plattenaufnahmen. In mehr als 50 Konzerten in ganz Großbritannien dirigierte er das London Philharmonic Orchestra. Allein im März 1941 trat er in einem Dutzend von Städten auf, leitete zehn symphonische Konzerte und sang 24-mal »Dein ist mein ganzes Herz«, meist zunächst deutsch und in der oft vierten (!) Wiederholung englisch. Dazwischen fielen die Bomben. Obwohl Franz Lehár nach einem zaghaften Versuch in Paris nicht emigriert war und, stets um seine jüdische Frau zitternd, mitunter von Hakenkreuzfahnen umrahmt Wehrmacht-Konzerte dirigierte, und obwohl sich die Freunde erst nach dem Krieg wieder treffen konnten, hielt Richard dem »Franzl« die Treue und beschwor immer wieder mit Leidenschaft ein »Land des Lächelns«, dessen geniale musikalische Liebesbotschaft alle Gräuel der Zeit überlebte.

In all den Jahren gab es lediglich drei szenische Produktionen mit Richard Tauber, in London und auf Tour: »The Land of Smiles« (mit Josie Fearon und Hella Kürty, August 1940–September 1941 mit einer Wiederholung 1942), »Blossom Time« (Oktober 1941–Juni 1942) und seine eigene neue Operette »Old Chelsea« von September 1942 bis

Trotz alledem: »The Land of Smiles« 199

Abb. 32: Richard Tauber (rechts im Bild), neben ihm Mary Losseff, beim Picknick, ca. 1930, aus der Sammlung von Daniel O Hara.

Abb. 33: Richard Tauber und Mary Losseff in St. Moritz, ca. September 1930, aus der Sammlung von Daniel O'Hara.

Juli 1944. In letzterem Werk waren die in Großbritannien wohlbekannte, sehr vielseitige Schauspielerin und Sängerin Carole Lynne (1918–2008) und die australische Mezzosopranistin Nancy Brown (1909–2003) Taubers Partnerinnen. Nancy Brown hatte das Londoner Publikum schon 1931 in Paul Ábraháms »Viktoria und ihr Husar« (Victoria and her Hussar) und 1938 in Emmerich Kálmáns »Gräfin Mariza« (Maritza) begeistert und trat in ihren späteren Jahren häufig als Schauspielerin auf.

Der Dirigent Tauber war auch beteiligt an englischsprachigen Produktionen von Johann Strauss' »Die Fledermaus« (nicht als »The Bat«, sondern als »Gay Rosalinda«) am Palace Theatre und Carl Zellers »Der Vogelhändler« (The Bird Seller). Wie weit diese oft recht freien und abenteuerlichen Bearbeitungen den Originalen entsprachen, sei dahingestellt. Eine gute alte Bekannte Taubers aus Deutschland, Irene Ambrus (1904–1990), betätigte sich als Finanzmanagerin, gab die Adele in der »Fledermaus« und nahm deren Lieder mit Tauber am Pult auf. Die als Irén Klopfer geborene Budapesterin war eine Cousine der Diva Gitta Alpár, studierte am Konservatorium ihrer Heimatstadt Gesang, begann als bald sehr beliebte Soubrette am Operettentheater und machte von 1927 bis 1933 Karriere in Deutschland in Revueoperetten in Berlin sowie als Interpretin meist schlüpfriger Schlager wie »Die Susie bläst das Saxophon«. Wie ihre Cousine wurde sie als Jüdin vertrieben. In Großbritannien hatte sie nur begrenzt Erfolg und starb im Altenheim. Richard Tauber war nach 1945 trotz zunehmend schwerer Krankheit weiterhin intensiv in London tätig bis zum anrührenden Finale in einem Mozart-Gastspiel der Wiener Staatsoper im Jahr 1947. Mit seinen drei sehr prominenten Partnerinnen in »Don Giovanni«, damals noch »Don Juan« genannt und deutsch gesungen, beschäftigt sich Marina Jamritsch in ihrem Beitrag für dieses Buch.

Verwendete Literatur

https://archiv.wiener-staatsoper.at
www.wienersymphoniker.at

www.wikipedia.at
https://www.jta.org/archive/vienna-merchant-husband-of-american-opera-star-commits-suicide (Jewish Telegraphy Agency)
Judith Kopetzky, 1928 – Wien und das zeitgenössische Konzertlied, Wien 1923
Daniel O'Hara, Richard Tauber. An Illustrated Chronology, London 2022
Martin Sollfrank, Musik war sein Leben – Richard Tauber, Weltstar des 20. Jahrhunderts, Dresden 2014

Covent Garden, 27. September 1947

Von Marina Jamritsch

Ein Wort zuvor

Das Jahrhundertphänomen Nationalsozialismus und dessen Regime habe den »deutschen Kulturmythos« nach innen und nach außen zur Durchsetzung seiner Kriegspolitik und Völkervernichtung missbraucht, so Oliver Rathkolb in der Einleitung zu seinem 1991 erschienenen Buch »Führertreu und gottbegnadet. Künstlereliten im Dritten Reich«. Die Verantwortung des Kunstschaffenden während der Diktatur Hitlers impliziere generell »weder strafrechtliche noch aktuelle Vorhaltungen, sondern ausschließlich die Feststellung, dass auch Künstler in einem solchen System mit Interessenskonstellationen und wechselseitigen Abhängigkeiten leben …«. Rathkolb versteht damit jedoch ausdrücklich nicht eine Forderung im Nachhinein, dass demokratisch gesonnene Künstler mit Emigration oder aktivem Widerstand zu reagieren gehabt hätten. Sein analytischer Maßstab bewegt sich zwischen einem »Opportunismus um des Überlebens willen« und »echtem Opportunismus zur optimalen Nutzung karrierefördernder Kontakte zum Regime«. Das Spektrum von Verhaltensweisen unter oft schwerem politischen Druck umfasse alle Nuancen zwischen Anbiederung und »subtil-subjektivem« Widerstand – so Rathkolbs Befund, der als taugliche Richtschnur gelten kann.

In dieses Kapitel fallen just Künstler, die am legendären Opernereignis vom 27. September 1947 in der Londoner Covent Garden Opera beteiligt waren, wo Mozarts »Don Juan« (Don Giovanni) gegeben wurde. Es war ein Gastspiel der Wiener Staatsoper, das nicht nur künstlerisch meisterhaft, sondern in der unmittelbaren Nachkriegszeit zeichensetzend geriet. Die Wiener Staatsoper, die nun nach England – kurz zuvor noch »Feindesland« – eingeladen wurde, nutzte die Kunst als Eisbrecher.

Das Gastspiel dauerte drei Wochen und wurde mit »Don Juan« gerade an jenem Tag eröffnet, an dem die diplomatischen Beziehungen zwischen England und Österreich wieder aufgenommen wurden. Es gab insgesamt 17 Opernvorstellungen: Die drei Da-Ponte-Opern Mozarts (deutsch gesungen) unter Josef Krips, »Fidelio« und »Salome« unter Clemens Krauss.

In diesen Tagen leitete Thomas Beecham ein seiner Meinung nach unzureichend besuchtes Orchesterkonzert und beschwerte sich in »einer seiner unkonventionellen Ansprachen ans Publikum« (vgl. Krips: »Erinnerungen«), dass in Covent Garden Österreicher, »die an der Seite Deutschlands im Kriege gegen England teilnahmen«, in deutscher Sprache Mozart aufführten, und dass das englische Publikum nach Covent Garden »strömte«. Krips kommentiert es mit folgendem Schluss: »Ist das nicht ein herrliches demokratisches Land? Sir Thomas darf sagen, was er will, und das Publikum darf tun, was es will. Es kam eben zu uns.«

Krips, unter dessen Leitung Tauber vor seiner Emigration sehr oft gesungen hat, erzählt in seinen »Erinnerungen« über diesen 27. September in besonders herzlicher Weise: »Er wollte so gern noch einmal mit seinen alten Kollegen auf der Bühne stehen. Da haben wir unseren Freund eingeladen, eine Aufführung *Don Giovanni* mit uns zu singen. […] Aus Bewunderung für seinen Kollegen erklärte sich Anton Dermota bereit, auf diesen Abend zu verzichten. Tauber sang dann den Don Ottavio wie in seinen jüngsten Jahren.« Es war dessen Schwanengesang, und Krips erfuhr es unmittelbar danach vom Arzt.

Dass unter den gebotenen Musikereignissen, die aufgrund der Sängernamen aus dem von Krips begründeten »Wiener Mozart-Ensemble« allein schon als glückhaft zu betrachten waren, jenes vom 27. September beispiellos genannt werden darf, hat eben mit dem Auftritt Richard Taubers als Don Ottavio zu tun. In Mozarts »Don Juan« trafen an seiner Seite unter der Leitung von Josef Krips in den Hauptrollen Hans Hotter (für den erkrankten Paul Schöffler), Maria Cebotari (Donna Anna), Elisabeth Schwarzkopf (Donna Elvira) und Hilde Güden (Zerline) aufeinander; in den weiteren Rollen sangen Ludwig Weber (Komtur), Erich Kunz (Leporello) und Alfred Poell (Masetto).

In dieser »Konstellation« – nimmt man das lateinische Grundwort wörtlich, waren es »Sterne« am gemeinsamen Sängerhimmel – standen einander Tauber, Krips, Güden als Opfer der nationalsozialistischen Kultur- und Rassenpolitik und Maria Cebotari und Elisabeth Schwarzkopf auf der anderen Seite gegenüber, die man in den letzten Jahren/Jahrzehnten im Zuge der »Aufarbeitung« und »Erinnerungsarbeit« als »Günstlinge« markierte. Dass dabei die durch ihre Biografie und ihre Wesensart besser gerüstete Schwarzkopf wesentlich häufiger in der Kritik stand als Cebotari, deren Leben trotz aller Erfolge schicksalsschwere Züge hatte und mit einem tragisch zu nennenden Tod endete, ist begreiflich.

»Diese Jahre zwischen 1938 und 1948 legten den Grundstein für mein ganzes späteres Leben, ja! Ich bin leider in diese Zeit hineingeboren worden. Ich habe mir das nicht ausgesucht! Und ich musste meine Chance nutzen. Wie wollen Sie singen lernen und auf sich aufmerksam machen, wenn nicht zum rechten Zeitpunkt? Sie müssen die Ihnen dazu gegebenen Jahre nutzen. Ich habe sie genutzt.« So zitiert Dieter David Scholz, der deutsche Journalist und Musikrezensent, aus seinem Interview (1995) mit der »Grande Dame und Hohepriesterin des deutschen Gesangs« Elisabeth Schwarzkopf in seinem online abrufbaren »Nachruf«.

Solche Worte umreißen, wo die Gräben – einerlei, ob beim Namen genannt oder verschwiegen, bestritten und kaschiert – dieser Zeit lagen und das Leben der Künstler, auch der drei Bühnenpartnerinnen Taubers am 27. September 1947 – Maria Cebotari (geb. 1910), Elisabeth Schwarzkopf (geb. 1915) und Hilde Güden (geb. 1917) – bestimmten.

Maria Cebotari (1910–1949)

2021 veröffentlichte die Historikerin Rosemarie Killius »Maria Cebotari: 'Ich lebe um zu singen'. Opernlegende und Filmstar«, eine Biografie, der saubere Recherche attestiert wird, die bislang falsch Überliefertes zu korrigieren sich vorgenommen hat und hier zugrunde gelegt wird.

Sie wurde als Maria Ivanovna Chebotar in Kischinew/Bessarabien (ehemals Russland) geboren, wuchs in armen Verhältnissen auf und erlebte als Kind und Jugendliche nicht nur die Not und die Entbehrungen des Ersten Weltkrieges, sondern auch die politischen Umbrüche: 1918 geriet ihre Heimat unter rumänische Herrschaft, und Maria, deren Muttersprache Russisch war, lernte in der Schule und am Konservatorium fließend Rumänisch. Der Vater, der sich ohne feste Arbeit mit Tabakhandel zu verdingen suchte, und die Mutter, eine Wäscherin, waren musikbegeistert, sangen Volkslieder, die der Vater auf der Gitarre und Mandoline begleitete. Zwei von ihren zwölf Kindern, Maria und Prascovia, erhielten eine Gesangsausbildung und trugen mit ihren Auftritten bei Hochzeiten, Taufen und Beerdigungen auch zum Familieneinkommen bei. Marias Musikalität wurde schon mit acht Jahren im Kirchenchor gefördert, mit einem Stipendium wurde ihr das Studium am Konservatorium ermöglicht, wo sie ein großes Repertoire lernte – das sie später auf Deutsch umzulernen hatte. An ihrem Lehrer Gavril Afanasiu war es, die Eltern davon zu überzeugen, dass das Talent für eine Sängerlaufbahn sprach. Am 16. Juni 1927 sang sie das erste Mal in einem Konzert, begeisterte Zuhörer wie Kritiker und wurde Mitglied der Oper von Kischinew.

Nachdem das ehemals russische Kischinew nach dem Ersten Weltkrieg zum rumänischen Chişinău geworden war, wurde es Zufluchtsort für viele russische Emigranten, die nicht in der neuen bolschewistischen Sowjetunion bleiben wollten und in dieser Diaspora die russische Sprache und Kultur gesichert sahen. Unter ihnen der in Kiew geborene Alexander Alexandrovich Vyrubov (1883–1962), Schauspieler, Regisseur und Leiter einer Theatergruppe. Er, 27 Jahre älter, wurde Förderer und Mentor für Maria Cebotari als Schauspielerin und nahm sie in die Kulturmetropole Paris mit, wo sie von seinen Schauspielern unterrichtet wurde und Französisch lernen konnte. Diesem »Pygmalion« verdankte sie den aus dem moldawischen »Chebotar« transformierten und italienisch anmutenden Künstlernamen. Maria hatte sich an einen Lebenskünstler gebunden, der in unsicheren finanziellen Verhältnissen zu leben gewohnt war, ihr zu Hause eine Sängerkarriere versprochen hatte, die nunmehr im Unsicheren lag. Ihre Eltern, die daher die sofortige Rückkehr der Tochter verlangten, konnte er jedoch mit seiner Weltgewandtheit und Überzeugungskraft beruhigen und sie mit der Aussicht auf ein Engagement in Berlin sowie einem Heiratsantrag versöhnen. Die Hochzeit fand am 11. August 1930 statt.

In Berlin begann Cebotari im September 1929 ihr Gesangstudium an der dortigen Hochschule. Nach nur drei Monaten Unterricht beim renommierten Lehrer Oskar Daniel, der als Jude bald von der Berliner Musikakademie entlassen werden sollte, empfahl sie dieser im Frühjahr 1930 an Fritz Busch, der sie als Leiter der Dresdner Staatsoper unter Vertrag nahm und mit seinem Instinkt für Stimmen voraussagte, dass sie innerhalb eines Jahres zum großen Gesangsstar aufsteigen würde. So blieb ihr der Weg über die Provinzbühnen erspart, ein Dreijahresvertrag befreite sie aus ihren finanziellen Nöten und bot jede Gelegenheit zu lernen: von ihren arrivierten Kollegen Max Lorenz, Paul Schöffler und Erna Berger.

Am 15. April 1931 debütierte sie als Mimì in Giacomo Puccinis »La Bohème« mit überwältigendem Erfolg bei Publikum und Presse als Sängerin und Darstellerin. Ähnliches wenig später als Cho-Cho-San in »Madame Butterfly«. Und im selben Jahr rief sie Bruno Walter zu den Salzburger Festspielen.

Mit 24 Jahren wurde sie 1934 in Dresden bereits zur Kammersängerin ernannt. Ihr musikalischer Ziehvater Fritz Busch war jedoch nicht mehr hier; im März 1933 als GMD seines Amtes enthoben, bemerkte er zum Abschied, er lasse einen von ihm gefundenen Edelstein zurück. Unter dessen Nachfolger Karl Böhm begann Cebotaris Aufstieg zur herausragenden Richard Strauss-Sängerin: als Aminta in der Uraufführung der »Schweigsamen Frau«, als Ariadne, Sophie und Salome.

1935 wurde sie an die Berliner Staatsoper engagiert, blieb Dresden aber weiterhin verbunden. 1936 begann ihre Filmkarriere mit »Mädchen in Weiß«. Mit »Mutterlied« (1937) und »Drei Frauen um Verdi« (1938) (gemeinsam mit Beniamino Gigli) eroberte sie die Herzen auch außerhalb der Opernwelt und geriet so in das Blickfeld der braunen Machthaber, die sich aus Renommierbedürftigkeit und Kalkül der Künstlerwelt bedienten, ob diese wollten oder nicht: entweder durch schwer auszuschlagende Einladungen oder durch Fotos nach einer Aufführung, wenn sich die Politiker auf der Bühne neben den Künstlern in Positur brachten. Cebotari ließ sich auf solches – so Killius – mit der ihr eigenen Höflichkeit und ihrem Charme ein.

In »Starke Herzen«, einem »antikommunistischen Propagandamelodram mit hohem Pathos aus der Zeit des Dritten Reiches« (vgl. www.filmdienst.de, zuletzt aufgerufen am 15.8.2023), lernte sie den Schauspieler Gustav Diessl kennen und lieben, heiratete ihn, sah es aber als ihre Pflicht an, weiterhin für den lebensuntüchtigen Vyrubov aufzukommen, ihm gar unterm gemeinsamen Dach mit Gustav Diessl Unterkunft zu gewähren.

Cebotari wird vorgehalten, »mit den Wölfen geheult« zu haben, um singen zu dürfen. Aber auch sie geriet in Bedrängnis wegen eines Auftritts mit dem Juden Bruno Walter am 21. Mai 1936 an der Wiener Staatsoper, es drohte der Ausschluss aus der Reichstheaterkammer und damit der Entzug der Auftrittsberechtigung. Wie seine Frau ging auch Gustav Diessl kein Risiko durch kritische Worte ein, wie düster er aber die Lage der Kunst unterm Hakenkreuz sah, wie verächtlich das Regime, bezeugt ein bei Killius zitierter Brief an die Eltern.

Das Hochzeitsbild anlässlich der Trauung am 19.8.1938, das das Ehepaar mit Hans Hinkel, Leiter der Filmabteilung im Propagandaministerium, als Trauzeugen zeigt, hat Cebotari später kompromit-

Abb. 34: Maria Cebotari, Foto um 1935.

tiert. Hinkel war ein Bewunderer ihrer Sangeskunst und suchte auch private Begegnungen mit ihr. Zu fragen, wie viel Kalkül und wie viel Sorge um die Sängerkarriere dabei war, ist müßig. Dass sie nicht gänzlich blind den Geschehnissen gegenüber war, sollen einige bei Killius ausgeführte kritische Bemerkungen beweisen. Eine davon Ilse Aichinger gegenüber, in der Cebotari die Hoffnung äußerte, dass »der Spuk hoffentlich bald vorbei sein« möge.

Mit der Berliner Staatsoper war Cebotari mitten im Krieg, obwohl bereits schwanger, bei Gastspielen in Rom und Paris, brachte im Juli 1941 ihren ersten Sohn zur Welt – und war danach, ebenso wie ihr Mann, beruflich zwischen Berlin, Dresden, Wien und München so viel unterwegs, dass eine Kinderfrau eingestellt werden musste. Sie sang damals nicht nur in Opernhäusern, sondern auch in Vorstellungen für Soldaten, Verwundete und Rüstungsarbeiter.

Unmittelbar nach Kriegsende schlägt sich Cebotari mit ihrem aus Wien stammenden Mann nach Österreich durch und singt 1945 bei den ersten Nachkriegsfestspielen in Salzburg die Konstanze in der »Entführung« und einen Liederabend. 1946 wird der zweite Sohn geboren und Salzburg zum Familienwohnsitz. Ab 1947 wird aber wieder Wien zu ihrem Mittelpunkt – als Strauss-Sängerin (Ariadne, Capriccio-Gräfin, Salome) und in Rollen von Mozart, Verdi, Puccini, Offenbach und Smetana (vgl. das Spielplanarchiv der Wiener Staatsoper). Bei den Salzburger Festspielen singt sie 1947 als Lucille bei der Uraufführung von Gottfried von Einems »Dantons Tod« und 1948 die Isoth in »Le vin herbé« von Frank Martin.

Seit dem Sommer 1943 nicht eingestandene Symptome und Schmerzen, die man einem Magengeschwür zuordnete, werden nun unleugbar. Die gesundheitlichen Probleme verschärfen sich trotz Disziplin und ihres Arbeitswillens. Von Leberkarzinom ist die Rede, aber auch von einer Infektionskrankheit. Sie ist am künstlerischen Zenit. Mit dem Geld unterstützt sie weiterhin ihren ersten Mann und ihre Familie in Rumänien.

Im März 1948 stirbt Gustav Diessl, der nach zwei Schlaganfällen seine Karriere wieder aufgenommen hatte und im Antisemitismus-Film »Der Prozess« (1947) noch einmal vor der Kamera stehen durfte. Nur wenige Tage nach seinem Tod tritt sie in Salzburg zu Ostern als Pamina auf. Im Dezember 1948 übernimmt sie in Wien unter Böhm neben Helge Rosvaenge die Turandot, am März 1949 singt sie ihre letzte Traviata, im »Zigeunerbaron« die Saffi, in Carl Millöckers »Bettelstudent« die Laura, ihre letzte Premiere. »Con tal morbo ogni speranza è morta« – sang Cebotari so oft als Verdis Violetta Valery. Im April 1949 gelten die Worte nun ihr: Die Schmerzen werden unerträglich und beenden ihren Bühnenmarathon. Sie stirbt am 9. Juni 1949 in Wien mit 39 Jahren.

Ihre Kinderfrau Hedwig Cattarius, der sie die Obsorge ihrer beiden Kinder übertragen hat, begeht Selbstmord, als eine Adoption durch ein britisches Musiker-Ehepaar ihr die Cebotari-Kinder nimmt. Das Los der Butterfly hat sich hier eine Abänderung erlaubt.

Abb. 35: Elisabeth
Schwarzkopf.

Elisabeth Schwarzkopf (1915–2006)

Olga Marie Friederike Schwarzkopf wurde am 9. Dezember 1915 als Tochter deutscher Eltern und Großeltern in Jarotschin (Provinz Posen) geboren, das 1919 polnisch wurde. Die kunstsinnigen Eltern sahen sich gezwungen, diesen politischen Umbruch mit all seinen Unsicherheiten hinter sich zu lassen und zogen zunächst nach Magdeburg (1923), wo die Tochter erfolgreich Klavier zu lernen begann und ihre hohe Naturstimme in Schulaufführungen zum ersten Mal auffiel. Der Vater, Gymnasiallehrer für Altphilologie und laut Alan Jefferson (»Elisabeth Schwarzkopf. Eine Biografie«) ein »liebenswerter, gelassener Intellektueller, der die einzige Tochter anbetete und seiner Familie einen gewissen Wohlstand bieten konnte«, lehrte sie die Liebe zur Musik ebenso wie die Mutter Elisabeth, der an einer gediegenen Ausbildung lag, die sie nur in der Hauptstadt Berlin gewährleistet sah. Sie registrierte aufmerksam jedoch bald eine gesangspädagogische Fehlentwicklung der Tochter, die die Hochschule verließ, um Schülerin von Maria Ivogün zu werden; deren Mann Michael Raucheisen sollte Schwarzkopf bei ihrem Emporstieg zu einer der großen Liedsängerinnen begleiten.

1938 stand ihre Aufnahme in die Reichstheaterkammer an – unumgänglich für Bühnenschaffende, an der jegliche Berechtigung zur Berufsausübung hing. Dem »Nationalsozialistischen Deutschen Studentenbund« war sie schon 1935 beigetreten.

Mit 22 Jahren wird Schwarzkopf am 13. April Mitglied der Deutschen Oper Berlin, wo sie bereits zwei Tage danach als 2. Blumenmädchen in Richard Wagners »Parsifal« debütiert. Und sie lernt schnell professionelles Verhalten. Mit der Zerbinetta in Richard Strauss' »Ariadne auf Naxos« 1940 beginnt ihr Weg an die Spitze – vorbei an länger dienenden Kolleginnen, und im Frühjahr 1942 erreicht sie mit ihrem Talent, Ehrgeiz und Durchsetzungsvermögen bei Rollenwünschen die begehrte Susanna in W. A. Mozarts »Die Hochzeit des Figaro«. Selbstbewusst lässt sie ihre Vorgesetzten – Wilhelm Rode, Intendant an der Deutschen Oper Berlin, und Ernst Keppler von der Theaterabteilung des Reichspropagandaministeriums – ihren Willen und ihre Capricen spüren. Im von Rathkolb zitierten Briefverkehr in der Causa Schwarzkopf erlebt man einen geradezu hilflosen Intendanten Rode.

Sie erreicht so, dass sie im Oktober/November 1942 zu zwei Gastspielen nach Wien eingeladen wird: als Zerbinetta und als Blondchen in Mozarts »Entführung aus dem Serail«, letzteres unter Karl Böhm, der dort ab 1943 designierter Operndirektor wird. Das Gerangel zwischen Rode in Berlin und Böhm in Wien um die junge Schwarzkopf nimmt seinen Lauf.

Als nach der allgemeinen Theatersperre ab August 1944 der Aufruf ans Theaterpersonal zum Einsatz in der Rüstungsindustrie und im Volkssturm ergeht, ignoriert Schwarzkopf diesen schlichtweg, singt im Rundfunk und bei Plattenaufnahmen. Sie nutzt dabei die schützende Hand Hans Erich Schrades, der in der Reichskulturkammer für »Sonderaufgaben« zuständig ist, worunter auch die Befreiung vom Arbeitsdienst fällt.

Nach dem Krieg ging Schwarzkopf nach Wien, wo sie ab Ende Oktober 1945 sich den Fragen über ihre Mitgliedschaft in der NSDAP zu stellen hatte, auf die sie nicht wenig Widersprüchliches von sich gab und die ihre Karriere zu bedrohen begannen.

Ihr Wille seit den Anfängen, an die Spitze zu kommen und dafür alle Mittel einzusetzen, zeigte sich auch zum Kriegsende in ihrer »Entschlossenheit und völligen Unerschrockenheit, wenn sie sich wieder einmal in Widersprüche verwickelt hatte« – so Jefferson. Ihr (und Herbert von Karajan, der sie als Susanna für die Salzburger Festspiele 1946 im Auge hatte) wurde die Mitwirkung an den Salzburger Festspielen 1946 untersagt, die Beurteilung ihres Falls zog sich bis in den Februar 1947, als sie »dank ihrer außerordentlichen Beliebtheit in Wien« und vor allem durch die Unterstützung Egon Hilberts, des Leiters der Österreichischen Bundestheaterverwaltung, wieder die Auftrittserlaubnis erhielt.

Im März 1946 trat Walter Legge in Schwarzkopfs Leben; er, der mit 16 die Schule verlassen hatte, um in den Kosmos der Musik einzutauchen und zu einem der einflussreichsten Musikproduzenten wurde, kam nach Kriegsende nach Wien, um Talente aufzuspüren, suchte den noch nicht entnazifizierten Karajan und fand im Theater an der Wien die Sängerin der Rosina in Gioachino Rossinis »Barbier von Sevilla« – »so ziemlich die beste Sängerin, die wir haben« (Karajan). Legge gab ihr mit seinen Anweisungen eine Lehrstunde, die für den anfangs anwesenden Karajan an Sadismus grenzte. Den Härtetest hatte Eliza Doolittle bei ihrem Prof. Higgins bestanden. Es begann eine jahrzehntelange Symbiose, die privat 1953 in die Ehe führte. Aus dem Koloratur-Fach der Rosina wechselte sie ins lyrische Fach und machte Weltkarriere.

Die Fragen zur Nazizeit begleiteten sie ihr Leben lang. Ihren Biografen Jefferson nannte sie Scholz gegenüber eine »Unperson«, einen »Kriminellen« und »Schizophrenen«, dem man den Zutritt zum Berliner »Document Center« verbieten hätte sollen. »Dort kriegt Zugang doch nur, wer ein politisches Buch schreibt. Können Sie mir sagen, was ein einundvierzigjähriges Sängerleben mit Politik zu tun hat? Null Komma nichts« gab sie sich indigniert. Das Angebot, in diesem Interview Gerüchte, Missverständnisse und Anschuldigungen auszuräumen, konnte und wollte sie nicht annehmen und berief sich auf das Misstrauen, das sie sich zu eigen gemacht hatte. »[…] Sie dürfen sich nicht wundern, warum wir alle so misstrauisch geworden sind. Ich bin 1915 geboren worden. Wäre ich 1925 geboren worden, wäre alles anders verlaufen. Aber mir wurde nicht der Segen der späten Geburt zuteil. Wissen Sie, in meinem Leben machten diese zehn Jahre das ganze Leben aus. Ich musste im Dritten Reich Karriere machen.« Den Menschen hinter der Diva und »Lordsiegelbewahrerin großer Gesangstradition« zu begegnen, ist Scholz in diesem Interview nur teilweise gelungen. Aus Angst vor Enthüllungen zu ihrer Vergangenheit habe sie sich »in eine Welt der undurchdringlichen Künstlichkeit und marmornen Selbststilisierung geflüchtet.« – »Come scoglio immoto […]« (Wie ein regungsloser Felsen) sang sie als Fiordiligi in Mozarts »Cosí fan tutte«.

Jeffersons Buch ist gewiss durch die Linse des Biografen gebrochen, aber niemals eine feindselige Bastonade und gewürzt durch feine Ironie. Der widrige Knoten der Interessen beider Seiten wird für einen Leser nie zu lösen und gänzlich durchschaubar sein. Aber dass Porträtierte versuchen, ihre Lebensgeschichte aufzuwerten, nachträglich in manchmal umwerfend historischer Verkürzung zu korrigieren und zu konstruieren, ist unleugbar und oft genug belegt.

Oliver Rathkolb befasste sich in seinem Buch »Führertreu und gottbegnadet« auch mit dem Fall Schwarzkopf, die fallweise ihre Mitgliedschaft gar geleugnet habe, und deren höchstpersönlicher Art und Weise, sich mit dem Regime zu arrangieren. Zitate aus Archivalien ergeben nicht immer die erhofften klaren und richtig deutbaren Hinweise, sind aber anzuerkennen und waren einer Historiker-Interpretation zuzuführen.

Ein notwendiges Addendum stellt, um einen Fehlschluss zu vermeiden, ein Zitat aus Robert Schlesingers Buch »Gott sei mit unserm Führer. Der Opernbetrieb im deutschen Faschismus« (1997) dar: »Was man den Nazis vielleicht am ehesten zutraut, ist die Protegierung von Parteigenossen, und gewiss, das hat es gegeben, aber nie in einem Maß, das dem Können des Künstlers nicht entsprochen hätte. Die Sopranistin Elisabeth Schwarzkopf etwa, die ihre Karriere 1938 am Deutschen Opernhaus Berlin begann, erfreute sich als Funktionärin des Studentenbundes und Mitglied der Partei der Unterstützung hoher Stellen des Propagandaministeriums; sie konnte sich daher offenbar diverse Extravaganzen erlauben. Aber ihren Weg wäre sie auch ohne solche Protektion gegangen, denn sie war eine Sängerin von Rang.«

Den Durchbruch legt Jens Malte Fischer auf das Jahr 1947 fest: Bei Johannes Brahms' »Deutschem Requiem« unter Wilhelm Furtwängler in Luzern – mit Legge als Vermittler – und dem gefeierten Gastspiel der Wiener Staatsoper in London in der Rolle der Elvira. Schwarzkopf band sich auch jetzt nicht an ein Haus, dosierte ihre Opernauftritte auf reputable Orte wie die Salzburger Festspiele, nahm an Plattenaufnahmen teil und widmete sich einer regen Liederabend- und Konzerttätigkeit, was dem nicht allzu großen Volumen ihres lyrischen Soprans entgegenkam. Auf Puccini- und Wagner-Ausflüge verzichtete sie bald ganz und beschränkte ihr Repertoire letztendlich auf fünf Rollen: drei aus Mozart-Opern (Fiordiligi, Elvira, Figaro-Gräfin), und zwei Strauss-Rollen (Marschallin und Capriccio-Gräfin).

Mit ihrer Stimme folgte sie Legges »Alchimie kreativer Stimulierung« – und lernte wie eine »diebische Elster« von ihren großen Vorgängern und Vorgängerinnen: Timbre und noble Linie von Rosa Ponselle, slawische Brillanz von Nina Koshetz, dazu kamen die Vorbilder von Geraldine Farrar, Nellie Melba, Meta Seinemeyer und Elisabeth Rethberg, wofür Kritiker manchmal den Begriff »Manieriertheit« einsetzten.

Für Richard Tauber war Elisabeth Schwarzkopf am 27. September 1947 eine neue Kollegin, für Schwarzkopf war es ein ungeheuer beeindruckendes Erlebnis, mit einem Idol ihrer Jungmädchenzeit auf der Bühne zu stehen. Hingerissen war sie vom »unglaublichen Pianissimo« und seiner »bestechenden Atemtechnik«. Er habe zwischen den Koloraturen nicht geatmet – merkte sie überwältigt an. Und sie sang auch am 20. Jänner 1948 in der Royal Albert Hall beim Gedenkkonzert für den am 8. Jänner Verstorbenen.

Hilde Güden (1917–1988)

Hilde Güden »erzählt« – so der Titel eines Interviews auf Youtube – über ihr Leben, ihre Familie, ihre Karriere, das das Atout der Authentizität hat, aber auch das für Autobiografien nicht seltene elektive Moment, welches nicht nur familiäre Interna, sondern auch die Zeit 1938–1945 betrifft, über die man ca. 15 Jahre nach Kriegsende noch anders sprechen wollte, als es uns die letzten Jahrzehnte gelehrt haben.

Ihr richtiger Name war Hulda Geiringer, und den »konnte man auf der Bühne ausgeschlossen anwenden, da dieser nur in altmodischen Romanen vorkommt, und unter dem man sich eine germanische Erscheinung vorstellte«. Daher sagte man ihr, sie müsse sich Hilde nennen. Bei ihrem ersten Bühnenauftritt in Robert Stolz' Operette »Servus, Servus« war ihr Künstlername aber erst zu »Hulda Gerin« gediehen.

Der Grund, zu Theater und Oper zu gehen, war zunächst ihre Mutter Frida Brammer, die nach dem Besuch der Wiener Theaterakademie kurz vor Ausbruch des Ersten Weltkrieges nach Köln ins Engagement strebte. Davor lernte sie Fritz Geiringer – damals junger Leutnant, der bald einrücken sollte – kennen und heiratete ihn im April 1917, im September wurde ihre Tochter geboren. Aus der Karriere wurde nichts, »es blieb die ungeheure Liebe zum Theater«, die sie der Tochter weitergab, und der Wunsch, dass diese erreichen sollte, was sie selbst im Leben nicht erreicht hat. Hilde Güden beschreibt die Atmosphäre, in der sie aufwuchs, als sehr musikalisch: Nicht nur der Großvater Jakob Julius Brammer. mütterlicherseits ein Burgschauspieler und Librettist (Kálmán, Lehár), auch der aus einer Wiener Industriellenfamilie stammende Vater war sehr musikalisch, ebenso die aus Italien stammende Großmutter Hilde Güdens. Die stimmliche Begabung habe sie von der Vater-, die schauspielerische von der Mutterseite.

Die Mutter sah darauf, dass sie von Klavier über Sprachen und Tanzen alles ihr notwendig Erscheinende erlernte, auch wenn sich das Kind gelegentlich dagegen auflehnte und lieber mit Kindern gespielt hätte. Einem Gast bei einem Hauskonzert der Familie fiel die Musikalität des Mädchens auf; der riet, die Stimme des Mädchens ausbilden zu lassen. Trotz der mütterlichen Zweifel begann die Tochter mit 15 Gesangsunterricht zu nehmen. Während die Mutter eine Schauspiel- bzw. Operettenkarriere im Auge hatte, wollte diese »eigentlich heiraten und Kinder bekommen.« Mit nur 16 wurde sie von Robert Stolz für eine kleine Rolle in der Operette »Servus, Servus« an das Wiener Scala-Theater eingeladen – von zu Hause weg nach nur einem Jahr Gesangsunterricht. Sie blieb einige Monate im Engagement, sang noch in weiteren Operettenrollen »und war eigentlich gar nicht glücklich darüber. Alles endete jedoch 1938 mit Hitlers Einmarsch in Österreich. Ich konnte dann nicht mehr Theater spielen, da meine Mutter lt. Reichskulturkammergesetz nicht arisch war.«

Hilde Güden ging 1939 nach Zürich ins Opernengagement, ihre Mutter blieb in Wien. »Und natürlich hatten wir keine sehr einfachen Zeiten wie viele Menschen.« In der Züricher Oper war sie endlich »in ihrem Element« (1. Partie Cherubino in Mozarts »Figaro«), obwohl ihr die Operette nicht erspart blieb. Auf Rat ihres ersten Mannes, des türkischen Presse-Attachés Dr. Güden, von dem sie sich 1941 scheiden ließ, verließ sie darum auch Zürich und wurde von Clemens Krauss 1941 nach München in ein Ensemble geholt – unter Größen wie Hotter, Ursuleac, Weber – »alles Kammersänger rund um mich«. Mit diesem Ensemble sang sie Ende 1941 als Mozarts Despina auch bei einem Gastspiel an der Wiener Staatsoper.

»Sowie meine Eltern, besonders meine Mutter, im Krieg Schwierigkeiten hatten, war mein Bleiben in München nicht von langer Dauer, ich musste nach eineinhalb Jahren ganz plötzlich aus München weg.« Nach Italien, zunächst nach Rom, um mit Mühe eine neue Karriere aufzubauen. Bereits nach einem halben Jahr sang sie an der römischen Oper die Sophie im »Rosenkavalier« von Richard Strauss.

Nach dem deutschen Einmarsch in Rom (1943) ging Güden nach Venedig, wo sie zwei Jahre lebte, ohne zu singen, mit Toti dal Monte aber Koloratur studierte und so das Rüstzeug für die Mailänder Scala erwarb. Damals »habe ich ganz genau drei Jahre nicht gesungen« (1943–1946). Sie hatte aber in Italien die Sprache gut erlernt und hoffte auf den Einsatz im italienischen Fach.

1946 wurde sie zu den Salzburger Festspielen eingeladen. Sie war glücklich, nach so vielen Jahren in die Heimat zurückkehren zu können. Danach folgte die Einladung an die Wiener Staatsoper, wo die Entbehrungen im Alltag ungleich größer als in Italien zu spüren waren, aber: »Es war dieser Geist des Ensembles, dieser Aufbaugeist, wo man für ein unglaublich dankbares Publikum spielte.« Hilde Güden sang von 1947–1949 jeweils sechs Monate im Jahr in Wien, die übrige Zeit an der Mailänder Scala (Glucks Eurydice, Offenbachs Antonia, alle Mozart-Rollen ihres Fachs). Der »Chauvinismus« der Italiener gestattete es ihr indes nicht, im italienischen Fach zu singen – so Güden.

Mit der Wiener Staatsoper nahm sie an Nachkriegsgastspielen in Covent Garden, Nizza, Paris, Brüssel unter Krips und Böhm teil. Es folgte eine Einladung an die MET, wohin sie Rudolf Bing als »Rosalinde« in der »Fledermaus« des Johann Strauss verpflichten wollte; Güden sagte ab: »Nicht wieder in einer Operette!«. Nur für eine Oper wollte sie an Bings Haus kommen, der sie im Jahr darauf – Saison 1952/53 – als Gilda in Verdis »Rigoletto« einlud. Seither habe sie acht Saisonen dort gesungen, sodass das undatierte Interview, das hier aus den eingangs angegebenen Gründen zur Hauptquelle gewählt wurde, ins Jahr 1960 zu datieren ist. In all diesen Jahren kamen in den USA auch zahlreiche Liederabende dazu.

Es war ein in jeder Hinsicht »elegantes« Interview, wo sie sich das Recht nahm zu sagen, was ihr erzählwichtig war, sprachlich zu kaschieren, was 1960 noch schwer formulierbar war, und auszulassen, was sie für nötig hielt – u. a. was online im ÖML nachlesbar ist:

»Nachdem G.s jüdische Abstammung bekannt wurde, wehrte sie sich gegen ihrer Meinung nach falsche Zuschreibungen. G. wollte in Wien gerichtlich klären lassen, dass ihr leiblicher, 1917 verstorbener Vater im Gegensatz zu ihrem offiziellen Vater keinerlei jüdische Wurzeln gehabt hatte. Einer Entscheidung kam man im Nazi-Deutschland jedoch zuvor, indem man ihr im Sommer 1943 Spionage vorwarf.«

Die Mutter, Frida Brammer (geb. 1897 in Szolnok/Ungarn) starb am 6.10.1942 »jung an einer schweren Krankheit«, womit Güden im Interview verbrämt, was in der Online-Genealogie (www.geni.com,

Abb. 36: Hilde Güden (am
Flughafen Schiphol, 1962).

zuletzt aufgerufen am 15.8.2023) den Zusatz »Holocaust« beim Todesdatum trägt.

Die Frage, ob der in ihrem Geburtsjahr verstorbene leibliche arische Vater existierte, ist innerfamiliär möglicherweise ihr selbst nie beantwortet worden. Im Interview – Inkonsistenz der Memoria? – apostrophiert sie jedenfalls Fritz Geiringer als ihren Vater, dessen Eltern der aus Tschechien stammende Max Kornelius Geiringer (1868–1938, Konvertit und 1897 evangelisch getauft) und die aus Triest stammende Hulda Sidonie Grünwald, verh. Geiringer (1872–1937) waren (vgl. www.freepages.rootsweb.com); von ihnen ausdrücklich wollte Güden ihre Musikalität geerbt haben.

Ab 1947 gehörte sie zum Ensemble der Wiener Staatsoper. 1970 beendete sie ihre Bühnenlaufbahn und war danach Lehrerin an deren Opernstudio. Zum 20. Todestag am 17. September 2008 gestaltete Ö1 eine Gedenksendung, die die sängerischen Stationen der großen Mozart- und Strauss-Interpretin alla breve folgendermaßen zusammenfasste: »*Im Laufe ihrer Karriere hat Hilde Güden sich stimmlich und darstellerisch kontinuierlich weiterentwickelt: von Despina und Susanna zu Fiordiligi und Gräfin, von Zerlina zu Donna Elvira, von Norina und Adina zu Mimi und Violetta. Dazu kamen Margarete und Mélisande, Eurydike, Alice Ford, ebenso eine Reihe von zeitgenössischen Partien und als die große Paradepartie immer wieder die Rosalinde in der 'Fledermaus' – für nicht wenige bis heute eine unerreichte Glanzleistung.*«

In den 1980er-Jahren aber erkrankte sie so schwer, dass sie sich schließlich völlig aus der Öffentlichkeit zurückziehen musste. Sie starb am 17. September 1988, zwei Tage nach ihrem 71. Geburtstag.

Hilde Güden und Richard Tauber hatten beide jüdische Wurzeln, von denen sie sich in verschiedener Weise zu distanzieren trachteten: Tauber mit der schlichten Frage, was diese damit zu tun hätten, dass er singen wolle, Güden, die laut Ernst Klee (»Kulturlexikon zum Dritten Reich«) drei jüdische Großeltern hatte, versuchte es mit biografischen »Korrekturen«. Eine der praktikablen Techniken in Lebensnöten, um solche zu überleben; darin fanden sich Täter und Opfer, Mitläufer und Draufzahler.

Verwendete Literatur

Fischer, Jens-Malte: Große Stimmen. (1995)
Jefferson, Alan: Elisabeth Schwarzkopf. Eine Biografie. (1996)
Killius, Rosemarie: Maria Cebotari: »Ich lebe, um zu singen«. Opernlegende und Filmstar. (2021)
Klee, Ernst: Kulturlexikon zum Dritten Reich. (2009)
Krips, Josef: Ohne Liebe kann man keine Musik machen. Erinnerungen. (1994)
Rathkolb. Oliver: Führertreu und gottbegnadet. Künstlereliten im Dritten Reich. (1991)
Schlesinger, Robert: Gott sei mit unserm Führer. Der Opernbetrieb im deutschen Faschismus. (1997)
Scholz, Dieter-David: https://Elisabeth Schwarzkopf Nachruf | dieterdavidscholz.de (1995)
http://www.musiklexikon.ac.at, Österreichisches Musiklexikon (ÖML) online.

*Hat denn Richard Tauber im
luftleeren Raum gesungen?
Nachgeholte Erinnerungskultur …*

Ein Epilog

Von Heide Stockinger

Die in diesem Buch versammelten Künstlerinnen (fast alle sind Sängerinnen) standen zum seinerzeit berühmten und gefeierten Richard Tauber in einem Naheverhältnis und/oder waren Richard Taubers Partnerinnen in Operette, Oper und Konzert. Provokante Frage: Sind sie dadurch schon geadelt, dass sie mit Tauber auf der Bühne standen, und dürfen daher Heldinnen in diesem Lesebuch sein?

Die Antwort auf diese Frage ist eine lapidare. Nein, sie haben durchaus ihre eigenen Lorbeeren eingeheimst, sie sind das Ergebnis eines Auswahlverfahrens. Dem Herausgeber dieses Buches Gottfried Franz Kasparek und meiner Person, der Verfasserin dieses Epilogs, erwuchs gemeinsam der Wunsch, die großartigen Künstlerinnen rund um Tauber, fast allesamt Soprane, endlich auch einmal vor den Vorhang zu holen. Unseren Applaus können sie nicht mehr hören, die Klangfarben ihrer Stimmen und die Intensität ihres Vortrags dringen nur gefiltert über mehr oder weniger technisch ausgereifte Aufnahmegeräte an unsere Ohren, aber ein Forum für ihre Schicksale können wir sein, durch Ausheben von Dokumentarischem aller Art aus Archiven – verstaubt sind diese freilich nicht, weil in verschlungenen Kanälen virtueller Welten da und dort versteckt.

Dass das, was die Leserschaft nun vorfindet, geradezu ein Füllhorn breit gefächerten Wissens sein würde, war in diesem Umfang gar nicht vorhersehbar. Allen im Buch besprochenen, den in Vergessenheit geratenen bzw. nur mehr in einschlägiger Fachliteratur auffindbaren Künstlerinnen ist gemeinsam, dass sie noch vor Ende des Ersten Weltkrieges geboren wurden, in verschiedenen Ländern Europas in Monarchien verschiedener Ausprägung (mit einer Ausnahme, der Amerikanerin Renée Bullard). Ihre Karrieren begannen zum Teil schon vor dem Ersten Weltkrieg, sie erlebten die kargen Jahre der Nachkriegszeit, und alle, auch die erst in den Zehnerjahren des 20. Jahrhunderts Geborenen, waren, mit Ausnahme der englischen »Heldinnen« dieses Buches, in sich verdunkelnden Zeiten vom Heraufkommen nationalsozialistischer bzw. faschistischer Ideologien und deren fatalen Auswirkungen betroffen. Elisabeth Schwarzkopf, geboren 1915, sprach in einem Interview davon (siehe im Beitrag von Marina Jamritsch), sich die Zeit, in die sie hineingeboren wurde, nicht ausgesucht zu haben, als ihr nach Ende des Zweiten Weltkrieges ihre Mitgliedschaft bei der NSDAP vorgeworfen wurde. Sängerinnen jüdischer Herkunft können begreiflicherweise erst recht nicht von einer Gnade der Geburt sprechen, wie ja auch Richard Tauber nicht, der aufgrund jüdischer Wurzeln fast zehn Jahre, bis zu seinem Tod im Jänner 1948, in England lebte und abgeschnitten war vom kontinentalen Musiktheaterbetrieb.

Schicksale von Künstlerinnen haben sich erfüllt zwischen Erstem und Zweitem Weltkrieg. Diese einzufangen macht sich das Buch zur Aufgabe. Es erhält durch die Beiträge von Autorinnen und Autoren, die sich auf Quellen stützen, zeitgeschichtliche Relevanz. Das private

Umfeld der Künstlerinnen und die Orte, wo sie ihre Triumphe feierten, diese Topoi verschränken sich und ergeben übergreifend nicht nur auf Musikalisches bezogene kulturhistorische Zusammenhänge. Dereinst klingende Namen werden aufs Papier gebannt und ihren Trägerinnen wird Leben eingehaucht …

Warum spricht man heute noch (Tauber zunächst einmal ausgenommen) vom Jahrhunderttenor Enrico Caruso, von Leo Slezak und seinem »Wann geht der nächste Schwan«, von Jan Kiepura, dem Schönling, der Italianità des Beniamino Gigli und allenfalls noch von Joseph Schmidt und seinem tragischen Ende? Ihre dereinst gerühmten Stimmen sind der Nachwelt erhalten, in schlechter Aufnahmequalität – dies gilt aber, in bescheidenerem Maße, auch für die Stimmen der Künstlerinnen, die hier besprochen werden. Warum sind dennoch nicht geradezu göttliche Diven wie Jarmila Novotná und gefeierte Stars wie Vera Schwarz im Bewusstsein von Musiktheaterfreunden verblieben? Freilich, Sängerinnen wie Elisabeth Schwarzkopf, Maria Cebotari und Hilde Güden, in der Mozart-Oper »Don Giovanni« Sangespartnerinnen von Richard Tauber im Herbst 1947 in Covent Garden, sind heute noch ein Begriff. Ihre Karrieren haben auch nach dem Zweiten Weltkrieg noch eine Weile angedauert.

Der heute noch nicht erloschene Bekanntheits- und Verehrungsgrad des Phänomens Richard Tauber hat verschiedene Gründe, die hier nicht Gegenstand von Analysen sind. Der Grad der Popularität war so groß, dass das Wissen um seine stimmlichen und auch menschlichen Vorzüge sich nicht nur bei Fans – ja, die gibt es noch – bis heute erhalten hat. Haben doch Groß- und Urgroßmütter, wie ich immer wieder mal erfuhr, ihren Nachkommen erzählt von den gerahmten Fotos ihres Idols am Nachtkästchen! Seine Tenor-Stimme, baritonal gefärbt, so wie sie uns heute über Medien wie Schallplatte, CD, Film und über YouTube erreicht, vermag heute noch zu betören. Sie hat ein Alleinstellungsmerkmal. Tauberesque, diese ikonographische Zuschreibung für die Nachwelt, hat die Verfasserin dieses Epilogs unlängst in einer französischen Schrift zu »großen Stimmen der Vergangenheit« entdeckt. »Stellte man Tauber heute auf die Bühne und hörte ihn singen, mit zeitgenössischen Kollegen im Vergleich, würde man feststellen: Die Stimme hat keine Patina angesetzt und Wandlungen der Moden – ja, auch Gesangsstil und Gesangstechnik unterliegen diesen – unbeschadet überdauert«, sinngemäße Wiedergabe einer Aussage von Herausgeber Gottfried Franz Kasparek. Der Kenner der Gesangskunst Jürgen Kesting findet für denselben Tatbestand folgende Worte: »Was macht sängerische Größe aus? Was sichert Ruhm und Nachruhm? Beide fallen nur jenen zu, die eine innere *Gleichzeitigkeit* herzustellen verstehen zwischen dem Werk und seinen Hörern – selbst in einem Zeitabstand, [der bei Tauber] in etwa ein Jahrhundert beträgt. Wenn man [ihn] hört, ist die Zeit aufgehoben.« – Nachbemerkung: Der Verein Freunde des Linzer Musiktheaters würdigt alljährlich im Frühsommer den »großen« Sohn der Stadt Linz mit der feierlichen Verleihung von Richard Tauber-Medaillen an verdiente Bühnenkünstler.

Richard Tauber spielt in diesem Buch ausnahmsweise keine Hauptrolle, begegnet uns aber prominent im Titel des Buchs. Der berühmte Tenor hat nach seinem ersten langen Engagement in Dresden schon einen gewissen Bekanntheitsgrad erreicht, Soprane zweiter Wahl als Bühnenpartnerinnen kamen für ihn nun nicht mehr in Betracht. Die Wiener Aufenthalte des aufstrebenden Stars ab Beginn der 1920er-Jahre des vorigen Jahrhunderts in diesem Buch vorzustellen – wer wäre da berufener als Teresa Hrdlicka, die Enkelin des Dirigenten an der Wiener Staatsoper Hugo Reichenberger, der oft am Pult stand, wenn Richard Tauber auf der Bühne sang? Der Künstler (Tauber war auch Dirigent und Komponist) hätte aufgrund seiner großmütigen Veranlagung sicher Verständnis dafür gehabt, dass er diesmal das Podium freimachen müsse für die Primadonnen und Soubretten vergangener Zeiten! Teresa Hrdlickas Beitrag mit viel Wissenswertem ergießt sich aus dem noch vollen Füllhorn gleich zu Beginn des Buches. Die Autorin bedient sich hierfür nach einleitenden biografischen Notizen zu Taubers Werdegang aufschlussreicher Kritiken in Wiener Tageszeitungen, die neben Huldigung für Tauber auch mit großem Lob für die Glanzleistungen der herrlichen Sopran-Stimmen seiner Partnerinnen aufwarten. Kritiken, die ich aus Tauber-Biografien kenne, sind zumeist zu Taubers Gunsten unvollständig wiedergegeben. Nun einmal anders herum: Die Sängerin steht im Vordergrund. Der Blick auf die Opern- und Operettentraditionen im Wien der 1920er-Jahre wird in Hrdlickas Beitrag durch sieben Sängerinnenporträts vervollständigt.

Bevor ich fortfahre mit dem näheren Eingehen auf Beiträge und den Platz, den sie im Gesamtkonzept des Buchs einnehmen, ein paar Überlegungen, angeregt durch einleitende Sätze von Iris Mangeng in ihrem Beitrag »Vera Schwarz zwischen Oper und Operette – ein Rezeptionsstück«. Wie ist etwas zu erfahren zum Leben von Künstlerinnen und deren Ausübung der Sangeskunst in vergangener Zeit mit ihren kulturellen und sozialen Implikationen und politischen Verwerfungen? Was geben die Künstlerinnen preis in biographisch verwertbaren, privaten Aufzeichnungen, in Briefen oder Interviews, was ist glaubhaft, was dient dazu, medial Aufmerksamkeit zu bekommen? Was sagen oft nur bruchstückhaft vorhandene Nachlassdokumente aus? Wie ist Rezeptionszeugnissen zu trauen aus der Tagespresse, Publizistik und Fachzeitschriften?

Ins-Gedächtnis-Rufen von Wissen und Nutzung der Quellen sind funktional der Gegenwart angeglichene Verfahrensweisen der Beiträgerinnen und Beiträger. Iris Mangeng, Verfasserin eines Aufsatzes in diesem Buch: »Orte und Zeit der Handlung werden mit Ausführungen zu verschiedenen Diskursen und Phänomenen zwischen 'Hoch- und populärer Massenkultur' kontextualisiert.« Welches vorhandene Material in besonderem Maß relevant für die inhaltliche Vorgabe dieses Buchs ist, welche Gestaltungsprinzipien tragend werden zu schwerpunktmäßig sachlichen bis hin zu essayistischen Texten, in welchem Maß der Gesamttext eine prägende Zeitgestalt hat, das hängt von der 'Handschrift' der Beiträgerinnen und Beiträger ab. Wie dokumentierbare Nähe zu den realen Fakten hergestellt wird, in welchem Maß ein Text formalen Gestaltungsprinzipien unterworfen wird, hängt aber nicht nur mit der Anzahl nachprüfbarer Fakten zusammen.

Wenn für Teresa Hrdlicka, die Enkelin des Wiener Dirigenten Hugo Reichenberger, Richard Taubers Strahlkraft Ausgangspunkt für ihre Betrachtungen ist, so deckt Iris Mangeng, sich des zweiten Teils des Buchtitels annehmend, mit dem Stoff ihres Aufsatzes (»Vera Schwarz zwischen Oper und Operette – ein Rezeptionsstück«) Frauenthemen ab, sie leiht der Sängerin Vera Schwarz ihre Feder. Den »nicht zu unterschätzenden Einblick« in die Erwartungshaltung des Publikums verschafft Mangeng den Lesern in ihrem Beitrag. Eine Operettendiva hatte eine königliche Erscheinung zu sein, eine schöne Frau. Dem Erscheinungsbild von schlanken Frauen im eleganten Kostüm und der Gabe der extravaganten Inszenierung (in der Öffentlichkeit, in den Medien) entsprechen und dem Rollentypus (die Reine, die Femme fatal) gerecht werden – das war im Sinne des Publikums. Vera Schwarz, die Imagepflege betrieb und als Stilikone Bilder von sich im Umlauf hatte, schaffte es, die Soubrette in der Operette hinter sich zu lassen, sie war nun nicht mehr eine Operettendiva, ein Label, das man laut Operettenforscher Stefan Frey bloß durch die Besetzung bekommt, sondern schlicht und einfach eine Diva, weil sie dank ihrer Gesangskunst nun in der Oper sang, in mehr als 40 Rollen. Freilich, Kultstatus haben Vera Schwarz und auch Bühnenpartner Richard Tauber im Operettengenre erreicht. »Was kann nach der Tauber-Stimme noch kommen? Die Vera-Schwarz-Stimme«, so zitiert Mangeng einen Satz aus einer Rezension zu »Das Land des Lächelns«. Zu lachen hatten Richard Tauber und Vera Schwarz im realen Leben ab 1938 nichts mehr, beide waren aufgrund ihrer jüdischen Wurzeln gezwungen, die Jahre der NS-Diktatur im Ausland zu verbringen. Frauenthemen in diesem Buch, so wird der Leser feststellen, sind inhaltlich eine Erweiterung des Schwerpunkts. Ein eben solcher ist »Emigrantenschicksal«, zumeist aufgrund von jüdischen Wurzeln. Die der Vergessenheit anheimgefallenen Künstlerinnen konnten nach langer Abwesenheit im deutschen Kulturbetrieb nicht mehr Fuß fassen.

Mein Beitrag »Käthe Dorsch, eine 'Lehár-Heldin'? Sie war doch eine gefeierte Mimin!« bringt die Thematik »Genre-Grenzgänge« zur Sprache, wobei diese bei Dorsch nicht von der Operette zur Oper verlaufen, sondern von der Operette zum Schauspiel. Ihr Wirkungskreis ging nicht von einer Stadt wie Wien in die weite Welt hinaus, sondern von Berlin nach Wien. Käthe Dorsch war in den zehn letzten Jahren ihres Lebens Burgschauspielerin. Auch die unglaubliche Vielfalt an Ausdrucksmöglichkeiten hebt sie von den anderen im Buch besprochenen Künstlerinnen ab. Bei ihrem Auftritt – Hunderte Male! – als

Friederike in Lehárs gleichnamigem Singspiel an der Seite von Richard Tauber konnte das Publikum auch eine neue Facette ihrer Verwandlungskunst erleben, sie spielte ein in Liebesdingen unerfahrenes Mädchen (sie war bei der Premiere 1928 bereits 38 Jahre alt!). Wie die Weltstadt Berlin in puncto kultureller Vielfalt in den 1920er-Jahren tickte, bei Tag und bei Nacht, und wie die fiebrige Atmosphäre 1933 mit einem Mal umschlug und harte Tatsachen schuf, die für viele dem neuen Regime nicht genehme Personen den Verlust der Heimat bedeutete, ist ebenso Gegenstand des Beitrags wie Interna an den Berliner Opern-, Operetten- und Schauspielbühnen während der kurzen Zeitspanne der Weimarer Republik. Dass auch der Karriereweg der »arischen« Käthe Dorsch im Nationalsozialismus in dieses Buch kommen müsse, ist klar! Sie kannte seit Jugendtagen Hermann Göring, der sie verehrte. Sie konnte durch Intervention bei Göring jüdischen Mitbürgern, Mitbürgerinnen das Leben retten. Ist sie, wie zum Beispiel Elisabeth Schwarzkopf, nach dem Zweiten Weltkrieg belangt worden? Siehe dazu auch die Information zu einem aufschlussreichen »Protokoll zur Entnazifizierung 1946«, vor dem Letztkapitel »Ausklang« meines Käthe Dorsch-Aufsatzes. [Für die Ausreisemöglichkeit im Jahr 1941 für den Verfasser der Texte für eine Hollaender-Revue Moriz Seeler] *organisieren Hubert von Meyerinck und Theo Lingens umgehend eine Sammlung, zu der auch Kollegen wie Hans Albers, Käthe Dorsch, Hans Brausewetter, Gustaf Gründgens und Rudolf Platte beitragen.* [Dennoch wurde Moriz Seeler 1942 ins Ghetto Riga gebracht und ermordet].

Nach Käthe Dorsch steht die etwas ältere Fritzi Massary, von Albert Gier in diesem Buch porträtiert, im Focus meiner Betrachtungen. Der Ausnahmesänger Richard Tauber, der »König von Berlin«, und als Goethe mit Käthe Dorsch als Friederike auf der Bühne Triumphe feiernd, musste Fritzi Massary, der »vielleicht größten Theaterbegabung in Berlin« (Biograf Herbert Ihering), weichen. Massary hat den Sieg in Beliebtheit davongetragen. Lehárs Singspiel »Friederike« musste auf Geheiß der Theaterdirektoren Fritz und Alfred Rotter nach knapp drei Monaten Aufführungsdauer ins Theater des Westens übersiedeln. Lehárs Operette »Die lustige Witwe« mit Fritzi Massary in der Titelrolle zog ins prestigeträchtigere Metropol-Theater ein. Für Massary wurde das Libretto der Operette umgeschrieben, neue Gesangsnummern kamen hinzu. Einwände von Franz Lehár sind nicht bekannt. Im Aufsatz von »Fritzi Massary, die Soubrette« lässt Albert Gier Zitate sprechen, um Massarys Karriereweg von der Interpretin erotischer Chansons zur eleganten, intelligenten, geistreichen Operettensängerin nachzuzeichnen. Ein gewisser Oscar Bie, »einer der größten, wenn nicht *der* größte Lobredner der Fritzi Massary«, hat das letzte Wort, sich vordergründig der Bezeichnung »Soubrette« widmend, wobei sein Stil »durchaus eine gewisse Ähnlichkeit mit Massarys Kunst der Vieldeutigkeit und des Verschweigens« habe. Richard Tauber stand zwar nur in Wien und Salzburg mit Fritzi Massary auf der Bühne, seine Wege werden sich in Berlin aber mit der Künstlerin gekreuzt haben, so wie sich auch Massary und Käthe Dorsch begegnet sein müssen. War doch die gerade einmal 20-jährige Käthe Dorsch die Zweitbesetzung der weiblichen Hauptrolle in Leo Falls »Der liebe Augustin«. Für die etwas ältere Fritzi war es als Erstbesetzte der Einstieg ins Operettenfach. Im Jahr 1929 als Hanna Glawari war sie am Höhepunkt ihres Ruhms, und nach ihrer Emigration Ende der 1930er in die USA war sie schon nicht mehr jung genug für einen erfolgreichen Neubeginn. Das Älterwerden von Sängerinnen : auch eine inhaltliche Facette dieses Lesebuchs!

Für die aus Prag stammende Jarmila Novotná, diese Primadonna am Weg zur ganz großen Karriere, kam ein Verbleib im Dritten Reich nicht in Frage. Die leidenschaftliche Gegnerin des Faschismus und überzeugte Pazifistin weilte ab 1940 in den USA und trat bis 1956 an der MET 208-mal auf. »Jarmila Novotná war ein Koloratursopran mit strahlenden Höhen und tragfähiger Mittellage und Tiefe«, charakterisiert Gottfried Franz Kasparek in seinem Aufsatz »Ein von Musik erfülltes Leben im 20. Jahrhundert« die Sängerin. Ihre Weltkarriere in einzelnen Stationen in der Operette, in der Oper und im Film nachzeichnend und ihre Auftritte aufzählend an Bühnen in Berlin, vorzugsweise in Wien, bei den Salzburger Festspielen, in Prag, und nach dem »Anschluss« auch in Frankreich und Italien, liegt es für den Autor auch auf der Hand, Novotnás gesangliche Vorzüge anschaulich herauszustreichen. In der Verfilmung von Smetanas Oper »Der Kuss« singe sie mit slawischer Seele und Jubel in der Stimme ein wundersames Liebeslied, und in der Verfilmung von Lehárs Operette »Frasquita« grundiere sie mit leiser Wehmut das Lied »Wüßt ich, wer morgen mein Liebster ist«, wenn sie es mit einer faszinierenden Mischung aus Inbrunst und Operettenpep singe. Und nachgerade Verzauberung findet auf der Bühne statt im Duett mit Tauber, bei »Schön, wie die blaue Sommernacht« – und in Lehárs »Giuditta« würden »die Stimmen von Jarmila Novotná und Richard Tauber, Silberklang und bronzenes Timbre, verschmelzen zu einer glückhaften Einheit, die für Momente möglich ist«. – Ich weise in diesem Epilog auf thematische Schwerpunkte in den Beiträgen der Autoren und Autorinnen hin. Was wäre ein Buch, das Sangeskünstlerinnen vorstellt, ohne mit den Mitteln der Sprache deren Darbietungen zu »malen« – synästhetisch ist dies in den Griff zu kriegen!

Laufbahnen von Sängerinnen unterscheiden sich voneinander in vielerlei Hinsicht, Einblicke in die durch Stimme, Gesangskunst und darstellerische Fähigkeiten bedingten Karriereschritte können Ausführungen von Kaspareks Beitrag »Warum hat jeder Frühling, ach, nur einen Mai …« geben – die Sängerinnen Rita Georg und Gitta Alpár wurden vom Autor hierfür beispielhaft herangezogen. Die Bezeichnung des Rollenfachs der jüdischen Berliner Sängerin Rita Georg mit »kleiner Stimme« ist »Soubrette«, dennoch hat der »theatererfahrene« Lehár ihr in der Operette »Der Zarewitsch« die Sopranpartie anvertraut, er habe wohl gewusst, dass eine »reife« vokale Stimme für die junge, in Liebesdingen noch unerfahrene Tänzerin Sonja nicht passe. »Gesangstechnisch« und auch in ihrem Spiel meisterte sie an der Seite von Richard Tauber als Aljoscha die Herausforderungen der Rolle, das Publikum war jedenfalls begeistert. Rita Georg sei, so Kasparek, aber so klug gewesen, sich von Rollen für opernerprobte Sängerinnen in Lehár-Operetten zu verabschieden. Einen »swingenden Schlager«, ein »jazzig angehauchtes« Lied und im typischen Ton des Chansons komponierte Musik schöpften, wie bei Kasparek nachzulesen, schon eher ihre Fähigkeiten als Sängerin aus. Aber viel Zeit verblieb ihr in Berlin nicht, sie ging 1933 nach Paris, reüssierte dort ihrer

Begabung entsprechend in Auftritten, bei denen auch erotische Ausstrahlung gefragt war. Es tobte der Zweite Weltkrieg; was Rita Georg an Ungemach geschah, im Anschluss an Anmerkungen zu Gitta Alpárs gesanglicher Laufbahn!

Die Tochter des Oberkantors der großen Synagoge in Budapest, mit Künstlernamen Gitta Alpár, debütierte an der Budapester Staatsoper, ging nach Berlin und als gefeierte Koloratursopranistin sang sie in Mozart-, Rossini-, Verdi- und Puccini-Opern. Auch in Richard Strauss-Opern trat sie auf. Das Bemerkenswerte ihrer Laufbahn als Sängerin ist nach ihrer Opernphase die Hinwendung zur Operette. Also ein Karriereverlauf, der sich von der üblicheren Entwicklung von Sängerinnen von der Soubrette zur Primadonna vollzog. Ihr Partner in Franz Lehárs Operette »Schön ist die Welt«, meines Erachtens einer zu Unrecht kaum aufgeführten Petitesse mit im zweiten Akt »nur« gesanglichen Zwiegesprächen zweier Liebender, ist Richard Tauber. Auch er sang während seiner Dresdener Zeit fast ausschließlich in der Oper; als Lehár ihn für seine Werke als Titelhelden entdeckte, war dies aber nicht Taubers Aus im Opernfach.

Die beiden Künstlerinnen Rita Georg und Gitta Alpár fanden im amerikanischen Exil keinen Anschluss mehr als Sopranistinnen im Musiktheaterbetrieb. Rita Georg hatte Abenteuerliches zu bestehen, sie war nach Paris in die Niederlande gekommen, wurde von der Gestapo verhaftet, kam erstaunlicherweise wieder frei und lebte mit ihrem »hochgeachteten Ehemann«, der ein paar Jahre vor ihr starb, noch fast 30 Jahre in ihrer Wahlheimat Vancouver. Gitta Alpár, einst gefeierter Star an der MET, trat zwar ab 1933 noch in Operetten und Konzerten auf, danach, im amerikanischen Exil, »versickerte« aber ihre Karriere. Ein biografisches Detail: Ihr »arischer« Ehemann Gustav Fröhlich, Bonvivant und Filmcharmeur, verließ die jüdische Ehefrau zwei Jahre nach Hitlers Machtergreifung in Deutschland, um seine Karriere nicht zu gefährden.

Ein weiteres ähnlich gelagertes Beispiel:

Die Mezzosopranistin Rosette Anday, jüdischer Herkunft, ab 1921 an der Wiener Staatsoper engagiert, war zwar nach dem »Anschluss« 1938 latent gefährdet, aber doch geschützt durch ihren »arischen«

Ehemann Karl Bündsdorf. Nach dem Zweiten Weltkrieg konnte sie ihre Karriere als Staatsopernsängerin am Theater an der Wien fortsetzen. Mit Richard Tauber stand sie ab Jänner 1924 in mehreren Opern auf der Bühne. Sie war eine gefeierte Carmen, eine weitere ihr auf den Leib geschneiderte Rolle war die des Orlofsky in der »Fledermaus«. Im Jänner 1938 war sie noch Taubers Partnerin im »Evangelimann« und in der »Verkauften Braut«. Auf dem Cover dieses Buches blickt sie an Taubers Seite als Carmen den Lesern erwartungsvoll entgegen.

Ein Beispiel für eine »arische« Künstlerin mit jüdischem Ehemann: Der »erste Filmstar Deutschlands«, die mit Richard Tauber eng befreundete Henny Porten, musste Karriereeinbußen in Kauf nehmen, als sie zu ihrem jüdischen Ehemann Wilhelm Ritter von Kaufmann-Asser während der Zeit nach 1933 stand. Sie besuchte den schwer erkrankten Richard Tauber zu dessen 38. Geburtstag am 16. Mai 1929 in Bad Pistyan. Der Sänger soll neuen Lebensmut durch diesen Besuch geschöpft haben. Wie in meinem Aufsatz zu Käthe Dorsch erwähnt, war Henny Porten in dem 1941 uraufgeführten Film »Komödianten« auch mit einer Rolle bedacht.

Die »Dorsch« ist in dem im 18. Jahrhundert spielenden Film die Theaterprinzipalin Caroline Neuber, die »Porten« Amalia Herzogin von Weißenfels, wobei die nicht ganz durchsichtige Rollenzuweisung an die beiden Künstlerinnen durch Kai-Uwe Garrels in seinem Aufsatz einer näheren Betrachtung unterzogen wird. Der programmatische Titel seines Aufsatzes »Die Frau, die jeder liebt…« bezieht sich nicht nur auf den Beliebtheitsgrad der Filmschauspielerin Henny Porten, sondern auch, wie ja schon anklang, auf eine Zuschreibung wie »sie war eine liebenswerte Person«. Und Richard Tauber war, wie vielfach dokumentiert, neben seiner überragenden Sangeskultur auch aufgrund seiner umgänglichen Art beliebt. Kai-Uwe Garrels schildert die sich immer wieder kreuzenden Lebenswege der beiden Ausnahmekünstler, privat bei Taubers Besuchen im »schönen kleinen Haus in Dahlem« des befreundeten Ehepaars und bei Urlaubsabenteuern an der Ostsee, und beruflich sowohl 1927 »gemeinsam vor dem Schallplattenmikrofon« als auch 1929, als Tauber ein Walzerlied komponierte für den Stummfilm mit Henny Porten in der Hauptrolle von »Die Frau, die jeder liebt«. 1933 »war kein Platz mehr für Tauber in Deutschland«, es endete eine ungewöhnliche Seelenverwandtschaft, die Kai-Uwe Garrels mit einer Fülle von Beispielen und Originalzitaten durchleuchtet, breitgefächert ist dadurch der kulturgeschichtliche Rundumblick, den der Autor der Leserschaft gewährt, endend mit der Schilderung vom traurigen Lebensabend von »Hennylein«, wie Tauber sie nannte.

Ein endgültiges Aus für »mit Tauber auf der Bühne« kam für viele Künstlerinnen, als das Unheil der »Hitlerei« über deutsche Lande kam. Richard Tauber meisterte noch nach den vorletzten Londoner Opernauftritten 1938 und 1939 einen allerletzten in seiner Paraderolle als Don Ottavio mit Bravour, ein paar Wochen vor seinem Tod im Herbst 1947 in Covent Garden. Die Sängerinnen zu Beginn ihrer großen Karrieren Maria Cebotari, Elisabeth Schwarzkopf und Hilde Güden waren mit den Wiener Philharmonikern nach London gekommen, um in Mozarts »Don Giovanni« (gesungen wurde auf Deutsch) an der Seite von Startenor Richard Tauber ihren Rollen nachzukommen. Freilich, begonnen haben ihre künstlerischen Laufbahnen die erwähnten Sängerinnen schon zu Zeiten des Nazi-Regimes. Gleich eingangs nimmt Marina Jamritsch in ihrem Aufsatz »Coventgarden, 27. September« Bezug auf die politische Ausgangslage (mit Zitaten des Zeitgeschichtlers Oliver Rathkolb), die Künstlerinnen und Künstler in den Jahren ab 1938 in Österreich und Deutschland in Bedrängnis brachte: entweder »Opportunismus um des Überlebenswillens« oder »echter Opportunismus zur optimalen Nutzung karrierefördernder Kontakte zum Regime«. Wohl nicht zu erwähnen, dass es zwischen diesen beiden Polen allerlei Zwischenpositionen gab. Als tragisch ist der Verlauf des Sängerlebens von Tauber zu bezeichnen, der in England während des Zweiten Weltkrieges mit Konzertauftritten und einem selbst komponierten Musical durch die Lande tingelte und so seinen Unterhalt sicherte – die Opernhäuser in London waren geschlossen. Bitter auch ob ihres chamäleonhaften Verhaltens ist das Sängerleben von Hilde Güden; sie versuchte, ihre jüdischen Wurzeln zu verheimlichen mittels biografischer Korrekturen. Den letzten Satz aus Jamritschs Aufsatz will ich abschließend zum Thema »Korrekturen« wegen ihres untrüglichen Wahrheitsgehalts zitieren: »– eine der praktikablen Techniken in Lebensnöten, um solche zu überleben; darin fanden sich Täter und Opfer, Mitläufer und Draufzahler«.

Vorbemerkung zum Aufsatz »Trotz alledem: 'The Land of Smiles'«: Da Richard Tauber 1936 die englische Schauspielerin Diana Napier ehelichte, konnte der Sänger nach seiner Vertreibung aus Österreich in England Fuß fassen und erhielt 1940 die englische Staatsbürgerschaft. Tauber war ja seit Jahren in England kein Unbekannter mehr und wird auch heute noch in musikinteressierten Kreisen verehrt. Dem Briten Daniel O'Hara ist eine umfassende »Richard Tauber-Chronology« zu verdanken, die ab 2011 in mehreren, immer wieder ergänzten Auflagen online erschienen ist, zuletzt im Jahr 2022. Mein Kollege Kai-Uwe Garrels und ich profitierten von der Chronology beim Verfassen des Werkes »Tauber, mein Tauber. 24 Annäherungen an den weltberühmten Linzer Tenor Richard Tauber«, erschienen 2017 und derzeit vergriffen. Im Zuge unserer Arbeit entwickelte sich auch eine, zunächst nur über Medien, fruchtbare Zusammenarbeit, bis Garrels und ich Daniel O'Hara im Februar 2019 auch persönlich treffen konnten. Wir holten Tauber-Memorabilien bei O'Hara ab, die in der Österreichischen Mediathek und Nationalbibliothek eine neue Heimstätte fanden. Gemeinsam mit dem Leiter der Musikabteilung der ÖNB Dr. Thomas Leibnitz verbrachten wir eineinhalb schöne Tage in dem Städtchen Saltburn-by-the-Sea, O'Haras Wohnort in North Yorkshire, in trautem »angetaubertem« Gespräch.

Für das Buchprojekt »Mit Richard Tauber auf der Bühne« verfasste dankenswerterweise der Tauber-Forscher O'Hara einen Bericht mit dem Titel »Richard Tauber's Female Partners on the London Stage«. Gottfried Franz Kasparek schrieb unter Verwendung von O'Hara's auf Englisch verfasstem Text den Beitrag »Trotz alledem: 'The Land of Smiles. Richard Taubers Bühnenpartnerinnen in Großbritannien und in Übersee von 1931 bis 1945.'« Er bediente sich auch der Archive der Wiener Staatsoper und der Wiener Symphoniker und auch der Jewish Telegraphy Agency fürs Quellenstudium, ein Recherscheweg, der O'Hara nicht zugänglich war.

Kaspareks Aufsatz, unter Verwendung des Beitrags von Daniel O'Hara, macht nicht nur mit wunderbaren Sängerinnen aus England und einer damals gerühmten Sängerin aus den USA (Renée Bullard) bekannt, die auch auf dem europäischen Festland großen Beifall fanden, sondern ebenso mit Sängerinnen, geboren in Wien und angrenzenden Staaten, die in England gastierten. Die Aufzählung einer Vielzahl von musikalischen Ereignissen mit Tauber als Debütant in Chemnitz 1913 bis hin zu Taubers Karrierehöhepunkten in O'Haras Chronology gewährt natürlich auch Einblicke in die musikalische Aufführungspraxis während des Zweiten Weltkrieges. Nach meinem Kenntnisstand fehlte bisher in Publikationen zu Tauber so eine Schwerpunktsetzung. So wie auch in Künstlerinnenporträts der anderen Beiträge von Autorinnen und Autoren in diesem Buch manche betroffen machende biografische Details enthalten sind, so fehlen im Aufsatz »The Land of Smiles« ebenfalls Hinweise auf Schicksale von Jüdinnen nicht – wobei auch eines jüdischen Ehemanns (von Renée Bullard) und eines jüdischen Sängers (John Hendrik) im hier besprochenen Beitrag gedacht wird.

Post Scriptum: Am 26. Februar 2024 erreichte mich die Nachricht vom Ableben des von mir sehr geschätzten englischen Tauber-Experten Daniel O'Hara. Er hätte im September d. J. seinen 84. Geburtstag gefeiert. Nicht nur wird sein von unermüdlichem Forschergeist getragenes Werk, zuletzt erschienen im September 2022 als »A New Chronology, last edition, illustrated (!)«, weiterhin eine wertvolle Arbeitsunterlage sein, sondern wird auch das Andenken an den freundlichen Gastgeber, der beruflich als »Welfare Officer« im High Court in London gearbeitet hat, durch meinen Tauberbuch-Kollegen Kai-Uwe Garrels und mich gewahrt bleiben.

Gottfried Franz Kaspareks Aufsatz »Die Hoffnung starb zuletzt. Mit Richard Tauber auf der Bühne in Wien 1938« zeichnet ein Stimmungsbild der Stadt in den Wochen vor dem »Anschluss«, das fatal an die letzten Wochen der Weimarer Republik kurz vor Hitlers Machtübernahme erinnert. War 1933 das Aus für jüdische Kulturschaffende und Oppositionelle in Berlin (wie im übrigen Deutschland) gekommen, so wiederholt sich das Szenario 1938 in Wien (wie insgesamt im annektierten Österreich). Für dem Regime nicht genehme Personen war nur mehr die Flucht ins fremdsprachliche Ausland oder das Abtauchen in den Untergrund offen. Die Dagebliebenen arrangierten sich bzw. mussten sich mit neuen Bedingungen arrangieren.

Als ob Tauber es geahnt hätte, bestritt er im Jänner und Februar 1938 noch einmal einen Aufführungsmarathon. Die »Aufzählung« seiner Auftritte ist das probateste Mittel, um Taubers erstaunliche Gabe, in kürzester Zeit in verschiedene Rollen zu schlüpfen, die er offenbar auf Knopfdruck parat hatte, anschaulich zu machen. Die Partnerinnen in den Aufführungen stellt Kasparek in Kurzbiografien vor; wir machen nicht nur wiederum Bekanntschaft mit den Besonderheiten schöner Sopranstimmen, sondern auch mit den weiteren Karrierestationen der Sopranistinnen und deren unterschiedlichen Verläufen.

Silvesterabend 1937 Richard Tauber in der »Fledermaus« als singender Gast (Adele Kern als Adele, Rosette Anday als Orlofsky) / 2.1.1938 Bajazzo (Margherita Perras, Anton Dermota) / 4.1.1938 Evangelimann (Rosette Anday, Luise Helletzgruber) / 11.1.1938 Don Giovanni (Luise Helletzgruber, Anni Konetzni, Adele Kern) / 12.1.1938 und 21.1.1938 Kuhreigen, Oper von Wilhelm Kienzl, (Margit Bokor) / 15.1.1938 Opernball mit Taubers Auftritt / 16.1.1938 Verkaufte Braut (Maria Müller, Rosette Anday) / 26.1.1938 Bajazzo (Margit Bokor, Anton Dermota) / 28.1.1938 Kuhreigen (Margit Bokor) / 30.1.1938 und 2.2.1938 Land des Lächelns (Maria Reining, Adele Kern) / 4.2.1938 Madame Butterfly (Margherita Perras) / 6.2.1938 Verkaufte Braut; Matinee (Hilde Konetzni) / 8.2.1938 und 11.2.1938 Land des Lächelns (Vera Schwarz, Adele Kern) / 10.2.1938 Zauberflöte (Maria Reining) / Aufführungen in Prag 13.2.1938 Land des Lächelns und 18.2.1938 Bajazzo / 23.2.1938 Land des Lächelns (Vera Schwarz, Adele Kern) / 25.2.1938 nur ein Radio-Konzert / 27.2.1938 La Bohème (Maria Müller) / 1.3.1938 Giuditta (Jarmila Ksirová) / 5.3.1938 Die verkaufte Braut (Jarmila Novotná)/ 7.3.1938 Giuditta (Jarmila Novotná)

Der Tenor Anton Dermota wird in der Aufzählung zweimal genannt; er kannte also Tauber, als er im Herbst 1947 bei dem Londoner Gastspiel von Mozarts »Don Giovanni« seine Rolle, die des Don Ottavio, an Richard Tauber abgetreten hat, weil Richard Tauber als Sänger nach langer Durststecke noch einmal unter dem Dirigat von dem ihm auch noch gut bekannten Josef Krips von den Wiener Philharmonikern begleitet sein wollte. Wie er mit nur einem Lungenflügel die schwierigen Arien des Don Ottavio bewältigte, das wissen wir, weil ein Amateur, der die Direktübertragung der Mozart-Oper im Radio mitverfolgte, seinen Gesang am Tonband mitgeschnitten hat. Tauber starb am 8. Jänner 1948; seine Frau Diana Napier und seine Freundin Esther Moncrieff standen ihm in seinen letzten Stunden bei.

Diana Tauber-Napier und Esther Moncrieff haben, wie Gottfried Franz Kasparek in seinem Aufsatz »Sing mir ein Liebeslied …« (aus »Der singender Traum«, Operette von Richard Tauber) schreibt, »am Sterbelager des geliebten Mannes in seinem Londoner Heim und im Spital einander die Türklinke in die Hand gegeben«. Wer waren die beiden Tauber-Gefährtinnen? Darüber berichtet Kasparek in seinem Aufsatz über Frauen, die mit Tauber im Lauf der Jahre »auf der Bühne des Lebens« gestanden sind. Seine Aufgabe, so Kasparek, sei es nicht, sich mit den Liebesabenteuern oder gar den erotischen Fähigkeiten von Richard Tauber zu beschäftigen. Denn Frauen und ihre Schicksale stünden im Zentrum seines Aufsatzes, wobei sich diese »freilich nicht ganz von Taubers Leben trennen lassen«. Der Autor geht dabei chronologisch vor …

Ganz vermeiden lässt sich aber das Erzählen von Details rund ums Privatleben des Startenors nicht – zu Amouren gehören bekanntlich zwei. Zweisamkeit hat ein Ablaufdatum; in Taubers Falle trennt ihn der Tod von drei geliebten Frauen. Die Publikation, die Sie, liebe Leser, in Händen haben, heißt im Zusatz: »Ein Lesebuch«. Da darf Folgendes sein: Fiel bisher der Stoff der Beiträge unter die Kategorie »Gesang«, also in weiterem Sinne unter »Kunst«, so ist hier die Rede von »Liebe«. Der Musikschriftsteller Gottfried Franz Kasparek wechselt die Seiten, er versucht sich als Psychologe, wobei humorvolle Verweise mit unmissverständlich subjektiven Stellungnahmen abwechseln. Meiner Person, die sich schon in mehreren Publikationen mit Tauber beschäftigt hat, bescherten jedenfalls die »Frauenstücke« zur anspruchsvollen Kurzzeit-Ehefrau Carlotta Vanconti, zur Geliebten Mary Losseff, zur lieben Ehefrau Diana Tauber-Napier und zur späten Liebe Esther Moncrieff großes Amüsement! – Zwei Nachbemerkungen: Daniel O'Hara äußerte sich in seinem »Preface« der letztveröffentlichten Chronologien zu seiner Bekanntschaft mit Taubers Witwe Diana Napier. Er sei 1958 das jüngste Mitglied der kurz zuvor ins Leben gerufenen Richard Tauber Society geworden und habe die Tauber-Witwe, Vice-President der Society, getroffen und mit ihr korrespondiert. Für die schon erwähnten Ausgaben der Chronologien verfasste Mary Losseffs Enkelin Dr. Nicky Losseff ein berührendes »Foreword«. In sinngemäßer deutscher Übertragung daraus ein langer Satz: »[…] Obwohl die Art ihrer beider Freundschaft sich im Lauf der Zeit veränderte, sie beide auch neue Liebschaften eingegangen waren, wäre sie dennoch die erste gewesen, 'his generous nature' zu rühmen – hat er sie doch immer finanziell unterstützt und sie weiterhin besucht und ihr geschrieben bis zu seinem Ende, trotz der 'ravages', die Alkoholismus ihr zugefügt haben, ihr persönlich, ihrem Künstlertum und ihrem Aussehen.«

Ausgewählte erinnerungswürdige Tatsachen und Abläufe in historischer Zeit einer ästhetischen Gestaltung zuzuführen, dazu bedarf es einer Verschmelzung einer imaginierten Wirklichkeit (einer konkreten, nicht mehr fassbaren) und fiktionalisierter Bearbeitung. Was sich in dieser Buchproduktion zu einem Ganzen »ordnet«, hing trotz Zielsetzungen von Zufällen ab und erbrachte teils überraschende Ergebnisse. Anknüpfungspunkt für die Ausgangslage der Beiträge war Richard Tauber. Seiner erinnern sich noch viele Musikliebende. Die Zeit, in der er wirkte, das zu Ende gehende Habsburgerreich, die Zwischenkriegszeit und unmittelbare Nachkriegszeit, ist interessierten Menschen noch präsent durch Familiengeschichten und Zeitzeugenberichte. Die Namen berühmter bis weltberühmter Sängerinnen an Taubers Seite sind, wenn überhaupt, nur mehr einem kleinen Kreis von Musik-Historikern ein Begriff. Was sich alles, wenn man deren Lebensläufe über historische Quellen kennenlernt, an sinnlich begreifbaren Erlebniswelten auftut, ist durch die verschiedenen Herangehensweisen der Beiträgerinnen und Beiträger ein bunter Mix. Diejenigen, die dieses Buch lesen, können sich nicht nur erfreuen an einer abwechslungsreichen Lektüre, es stellt sich bei ihnen vielleicht auch die Überlegung ein: Eine der vornehmsten menschlichen Eigenschaften ist »Erinnerung« an Vergessene und ihre Schicksale…

Abbildungsverzeichnis

Abb. 1 Richard Tauber und Diana Napier am Wiener Opernball, 16. Januar 1937 (»Die Bühne«, Nr. 440, Januar 1937). Foto: Otto Skall. ANNO/Österreichische Nationalbibliothek

Abb. 2 Margit Bokor als 'Octavian' in der Oper *Der Rosenkavalier* von Richard Strauss. Aufführung der Wiener Staatsoper, 1937.
© Förster, Atelier / ÖNB-Bildarchiv / picturedesk.com

Abb. 3 Die Opernsängerin Selma Kurz.
Eugen Schöfer (Fotograf), Selma Kurz, verehel. Halban-Kurz (1874-1933), Sängerin (eigenhändige Widmung), 1907 (Gebrauch), Wien Museum Inv.-Nr. 46874, CC0 (https://sammlung.wienmuseum.at/objekt/445078/)

Abb. 4 Maria Reining und Richard Tauber am 30. Januar 1938 in *Das Land des Lächelns* in der Wiener Staatsoper. Foto: Atelier Willinger, Wien.
Sammlung Kai-Uwe Garrels

Abb. 5 Das interessante Blatt, 15.10.1908.
ANNO/Österreichische Nationalbibliothek

Abb. 6 Coverbild: Der Humorist, 20.10.1909.
ANNO/Österreichische Nationalbibliothek

Abb. 7 Die Bühne Nr. 169 (1928).
ANNO/Österreichische Nationalbibliothek

Abb. 8 Skizze der »Sensationstoiletten aus dem *Land des Lächelns*«, in: Die Stunde – Abendzeitung »Der Wiener Tag«, 28.9.1930.
ANNO/Österreichische Nationalbibliothek

Abb. 9 Jarmila Novotná, Opernsängerin und Lehárs erste »Giuditta«
ullstein bild - Atelier Jacobi

Abbildungsverzeichnis

Abb. 10 Richard Tauber und Käthe Dorsch in *Friederike*, Berlin Oktober 1928.
Sammlung Kai-Uwe Garrels
Abb. 11 Käthe Dorsch 1929. Foto: Elli Marcus.
Sammlung Kai-Uwe Garrels
Abb. 12 Franz Lehár, Richard Tauber und Käthe Dorsch bei der Uraufführung von *Friederike*. Berlin, 4. Oktober 1928.
© Votava / brandstaetter images / picturedesk.com
Abb. 13 Richard Tauber als Goethe in *Friederike* (»Der Ton«, November 1928).
Sammlung Marvin Bredefeld
Abb. 14 Richard Tauber und Oscar Straus in einem Inserat für Schallplattenaufnahmen aus *Marietta* mit Käthe Dorsch in der Titelrolle, Berlin Oktober 1929. (Foto: Alexander Schmoll)
Sammlung Kai-Uwe Garrels
Abb. 15 Rita Georg als Sonja in der Uraufführung von Franz Lehárs Operette *Der Zarewitsch* im Februar 1927 in Berlin (»Die schöne Frau«, Nr. 4, März 1927; Foto: Ernst Schneider).
ANNO/Österreichische Nationalbibliothek
Abb. 16 Rita Georg als Sonja in der Uraufführung von Franz Lehárs Operette *Der Zarewitsch* im Februar 1927 in Berlin (»Die schöne Frau«, Nr. 4, März 1927; Foto: Ernst Schneider).
ANNO/Österreichische Nationalbibliothek
Abb. 17 Gitta Alpár, Sopranistin, Schauspielerin, Tänzerin.
© ullstein bild - Gregor Harlip
Abb. 18 Silvester 1930 im Berliner Metropol-Theater, von links: Karl Jöken, Tino Pattiera, Gitta Alpár, Alfred Rotter, Vera Schwarz, Richard Tauber und Leo Schützendorf.
Quelle: Sammlung Kai-Uwe Garrels
Abb. 19 Fritzi Massary, um 1925.
akg-images / picturedesk.com
Abb. 20 Collage zur Premiere von Richard Taubers Operette *Der singende Traum* mit Richard Tauber, Ellen Schwannecke, Mary Losseff, Fritz Heller, Felix Grönenfeldt, Fritz Steiner und Sari »Zsa Zsa« Gabor, im Uhrzeigersinn (»Illustrierte Kronen-Zeitung«, 1. September 1934). Nach Fotos der Ateliers Dietrich & Co und Residenz.
ANNO/Österreichische Nationalbibliothek

Abbildungsverzeichnis 241

Abb. 21   Carlotta Vanconti und Richard Tauber in ihrer Berliner Wohnung, ca. 1927 (»Österr. Illustrierte Zeitung«, 13. Januar 1929).
ANNO/Österreichische Nationalbibliothek
Abb. 22   Carlotta Vanconti 1924 in Wien (»Wiener Salonblatt«, 14. Dezember 1924).
ANNO/Österreichische Nationalbibliothek
Abb. 23   Richard Tauber als Tokito und Mary Losseff als Sonja in Taubers *Der singende Traum*, September 1934 (»Wiener Salonblatt«, 21. Oktober 1934). Foto: Residenz-Atelier, Harry Jeidels.
ANNO/Österreichische Nationalbibliothek
Abb. 24   Carlotta Vanconti und Richard Tauber mit seinem Wagen im Wiener Prater (»Wiener Salonblatt«, 14. Dezember 1924).
ANNO/Österreichische Nationalbibliothek
Abb. 25   Filmplakat für den Stummfilm *Die Frau, die jeder liebt, Bist Du!* (1929) und Künstlerpostkarte mit Henny Porten.
Deutsche Kinemathek – Museum für Film und Fernsehen, Berlin (Plakat) und Sammlung Kai-Uwe Garrels (Karte)
Abb. 26   Richard Tauber und Henny Porten am 23. März 1927 bei der Schallplattenfirma Odeon. (»Der Ton« Nr. 3, Mai 1927).
Sammlung Marvin Bredefeld.
Abb. 27   Henny Porten im Stummfilm *Die Frau, die jeder liebt, Bist Du!* (1929).
Sammlung Kai-Uwe Garrels
Abb. 28   Henny Porten als Herzogin Amalia in *Komödianten*, 1940.
© akg-images / picturedesk.com
Abb. 29   Richard Tauber im Arbeitskittel, am 6. Oktober 1931 im Berliner Schallplattenstudio der Odeon. (»Wiener Bilder«, 6. November 1932).
ANNO/Österreichische Nationalbibliothek
Abb. 30   Maria Müller (Mueller). Die tschechische Sopranistin (1889 – 1958) trat in allen großen Opernhäusern Europas und Amerikas auf. Mit Richard Tauber stand sie als Marie in Smetanas *Die verkaufte Braut* und als Mimi in Puccinis *La Bohème* auf der Bühne.
Bains News Service. Library of Congress, Prints & Photographs Division, LC-DIG-ggbain-26293
Abb. 31   Konzertplakat Paganini.
Nordico Stadtmuseum Linz
Abb. 32   Richard Tauber (rechts im Bild), neben ihm Mary Losseff, beim Picknick, ca. 1930.

           Sammlung Daniel O'Hara (Pk 5697,156 (Losseff Picknick; Österreichische Nationalbibliothek).
Abb. 33   Richard Tauber und Mary Losseff in St. Moritz, ca. September 1930.
           Sammlung Daniel O'Hara (Pk 5697,154 (Losseff St. Moritz; Österreichische Nationalbibliothek)
Abb. 34   Maria Cebotari, Foto um 1935.
           akg-images / picturedesk.com
Abb. 35   Elisabeth Schwarzkopf
           ullstein bild - ullstein bild
Abb. 36   Hilde Güden (am Flughafen Schiphol, 1962).
           Nijs, Jac. de / Anefo (Fotograf); National Archives, CC0

Autorinnen und Autoren

Kai-Uwe Garrels

Kai-Uwe Garrels, geboren 1971 in Lübeck, lebt in Bad Ischl, schreibt und moderiert seit der Schulzeit. Studienabschlüsse in Verwaltungswirtschaft und Multimedia-Management in Kiel. Veröffentlichungen zu vorrangig kulturhistorischen Themen in Zeitschriften und Programmheften seit 1998. 2004–2007 Radiomoderation und -redaktion in Hamburg, dort auch gelegentliche Kleinkunst-Auftritte. 2008–2017 Dramaturgie für das Lehár Festival Bad Ischl. Hauptberuflich Öffentlichkeitsarbeit off- und online (für die Landesregierungen von Schleswig-Holstein und Hamburg, die Universität Wien und seit 2012 die »muki Versicherung« in Bad Ischl). 2017 erschien sein erstes Buch, die gemeinsam mit Heide Stockinger verfasste Biografie über seinen Lieblingssänger »Tauber, mein Tauber – 24 Annäherungen an den weltberühmten Linzer Tenor Richard Tauber«; 2020 gaben die beiden bei Böhlau das Franz Lehár-Lesebuch »Dein ist mein ganzes Herz« heraus.

Albert Gier

Prof. Dr. Albert Gier, geboren 1953 in Aachen, studierte von 1971 bis 1976 Romanische Philologie (Literaturwissenschaft), Germanistik und Mittellateinische Philologie in Bonn und Montpellier. Promotion 1976 mit einer Arbeit zur mittelalterlichen Theophiluslegende. 1976/77 in Bonn wissenschaftlicher Mitarbeiter bei einem Forschungsprojekt zu

Formen der mittelalterlichen Kurzerzählung. 1977 bis 1988 wissenschaftlicher Mitarbeiter in der Redaktion des Altfranzösischen Wörterbuchs (DEAF) in Heidelberg; dort 1984 Habilitation mit einer Arbeit zu Anatole France. 1986–1988 beurlaubt, Lehrstuhlvertretung in Frankfurt. 1988–2017 Professor für Romanische Philologie (Literaturwissenschaft) an der Universität Bamberg, seitdem im Ruhestand. Arbeitsschwerpunkte: französische (18.–20. Jh.) und italienische Literatur (13.–18. Jh.); Beziehungen von Literatur und Musik; Opern- und Operettenlibretti. Wichtigste Buchveröffentlichungen zu diesem Bereich: Das Libretto: Theorie und Geschichte einer musikoliterarischen Gattung, Darmstadt 1988 (TB-Ausgabe 2000); Wär' es auch nichts als ein Augenblick. Poetik und Dramaturgie der komischen Operette, Bamberg 2014.

Teresa Hrdlicka
Teresa Hrdlicka studierte Musikwissenschaft, Romanistik und Violoncello in Wien und schloss mit einem Dr. phil. ab. Nach einem Forschungsjahr in Rom war sie für die Gesellschaft der Musikfreunde in Wien (Archiv, Direktion) tätig. Von 2004 bis 2009 arbeitete sie als wissenschaftliche Beraterin für das Da Ponte Institut Wien. Sie verfasste Konzerteinführungen, Aufsätze und Programmheftbeiträge u. a. für die Wiener Philharmoniker und die Wiener Staatsoper. 2022 erschien ihr Buch »Das kaiserliche Sommertheater in Bad Ischl. Operette und Oper unter Kaiser Franz Joseph I.« und im Frühjahr 2024 das Buch »Komponisten auf Sommerfrische in Bad Ischl. Johannes Brahms, Anton Bruckner, Johann Strauss (Sohn), Franz Lehár, Leo Fall, Oscar Straus, Emmerich Kálmán.«

Marina Jamritsch
Marina Jamritsch, geboren 1959 in Villach; Studium der Klassischen Philologie, Romanistik und Sprachwissenschaft an der Universität Salzburg; seit 2018 Beiträgerin im Jahrbuch und in der Monatszeitschrift »Stretta« der »Freunde der Wiener Staatsoper« sowie im Richard Strauss-Jahrbuch.

Gottfried Franz Kasparek

Gottfried Franz Kasparek, geboren 1955 in Wien, lebt seit 1988 in Salzburg und ist Musikschriftsteller und Dramaturg. Für das Mozarteumorchester Salzburg und die Salzburger Kulturvereinigung gestaltet er Einführungen. Er war und ist auch als Gast für die Universität Mozarteum, die Stiftung Mozarteum, die Philharmonie Essen, das Sinfonieorchester Bern, das Festspielhaus St. Pölten, das Lehár Festival Bad Ischl und viele andere tätig. Von 2003 bis 2019 lehrte er Musikgeschichte am American Institute for Foreign Study an der Universität Salzburg. Er schreibt Programmtexte, Essays, Beiträge zu Musikbüchern und Rezensionen. Das Musiktheater, das Schaffen von Komponistinnen, vernachlässigte Literatur und die Musik unserer Zeit sind ihm besondere Anliegen. Seit 2020 arbeitet er als Dramaturg und Autor mit der Komponistin Johanna Doderer zusammen. Zu den Komponisten, für die er tätig war und ist, zählen Friedrich Cerha, Herbert Grassl, Hossam Mahmoud, Dieter Schnebel und Kurt Schwertsik. Seit 2012 tritt er mit seinen Erzählfassungen von Mozarts »Zauberflöte« und »Don Giovanni« mit Mitgliedern der Münchner Philharmoniker auf. Von 2009 bis 2019 war er Intendant des Festivals Mattseer Diabelli Sommer, wo er weiterhin leitend mitarbeitet. Im Jahr 2017 wurde ihm der Berufstitel Professor verliehen, seit 2018 ist er Präsident des Vereins der Freunde des Mozarteumorchesters.

Iris Mangeng

Iris Mangeng studierte Musikerziehung und Instrumentalmusikerziehung an der Universität Mozarteum Salzburg, Lehramt Englisch an der Leopold-Franzens-Universität Innsbruck, Gesang an der Universität für Musik und darstellende Kunst Graz und promovierte dort 2020 mit einer Dissertation über Frauenbilder in Alexander Zemlinskys Oper »Der Zwerg« im Licht der Jahrhundertwende. Ihr vielseitiger beruflicher Wirkungsbereich umfasst neben Lehr- und Forschungstätigkeit an österreichischen Musikuniversitäten (aktuell Senior Scientist an der Universität Mozarteum Salzburg) auch Moderation, Musikvermittlung sowie Musiktheaterdramaturgie. Neben Forschungsschwerpunkten im Bereich Geschichte des Gesangs, Musik(kultur) um 1900 sowie Instrumentalmusik der Spätromantik widmet sie sich auch der musikwissenschaftlichen und kulturhistorischen Genderforschung (u. a. der Rezeption von Komponistinnen und BIPoC-Komponist*innen).

Daniel O'Hara
Geboren am 13.9.1940 in Winchester, GB, gestorben am 21.2.2024 kurz nach der Fertigstellung seines Beitrags über Taubers Gesangspartnerinnen in England für die Publikation »Mit Richard Tauber auf der Bühne« in Saltburn-by-the-Sea, North Yorkshire. Nach einem Studium der Lebensmitteltechnologie, Mikrobiologie und Theologie erwarb er als Fulbright-Stipendiat in den USA einen Master-Abschluss. Er fühlte sich zur Sozialarbeit berufen und war sieben Jahre als Family Welfare Officer am High Court in London tätig. Nach dem Eintritt in den Ruhestand im Jahr 2000 konnte er sich voll seinen künstlerischen Neigungen und Begabungen widmen. Schon als Knabe faszinierten ihn aufziehbare Grammophone. Er sang in Schulchören und nahm an der Aufführung des *Messias* in der Royal Albert Hall teil. Er schloss sich als Tenor Amateur-Operngruppen an. Sein Betätigungsfeld war nun ein großes: Er hielt Vorträge über Sänger und die Geschichte der Tonaufnahmen. Er legte sich eine riesige Musiksammlung von Schellackplatten, Kassetten und CDs zu und wurde ein weltweit geachteter Experte für den Sänger Richard Tauber. Er schrieb für Musikzeitungen Aufsätze und Texte für CD-Booklets. Er gestaltete Musik-Radiosendungen. 2007 nahm er sein Lebenswerk in Angriff. Online erschienen immer wieder neue »Editions« einer Richard Tauber Chronology. Die zuletzt redigierte illustrierte Ausgabe erschien im September 2022. Sein Werk beträgt an die hundert Seiten, und in diesem – das ist nicht übertrieben! – ist jeder Tag des Sängerdaseins von Richard Tauber chronologisch aufgelistet. Gemäß seinem Naturell war es O'Hara ein Anliegen, dass seine Chronology online jedermann kostenfrei zugänglich ist. (Anm.: Daten fußen zum Teil auf Erinnerungen von Marion Werner-Jones, Lee Dickenson und Rosemary Nicholls.)

Ildikó Raimondi

Ildikó Raimondi, österreichische Kammersängerin und Integrationsbotschafterin, stammt aus einer ungarischen Familie aus Arad (Rumänien). Die Sopranistin war von 1991 bis 2020 Mitglied der Wiener Staatsoper und dort in mehr als 50 Opernpartien, von Pamina (Die Zauberflöte) bis Mimi (La Bohème), und von Susanna (Le Nozze di Figaro) bis Rosalinde (Die Fledermaus) zu hören. Gastspiele führten die in Wien lebende Künstlerin unter anderem an die Deutsche Oper Berlin, die Semperoper Dresden, die Bayerische Staatsoper München, an das Opernhaus Zürich, an das Opernhaus Valencia, an das Nationaltheater Budapest, an das Bolschoi Theater Moskau sowie nach Asien, Amerika und Japan. Ihre Engagements bei internationalen Festivals umfassen u. a. die Salzburger Festspiele, die Bregenzer Festspiele, die Wiener Festwochen, Musica Sacra Rom, das Edinburgh Festival, das Richard-Strauss-Festival Garmisch und das Beethovenfest Bonn. Ildiko Raimondi widmet sich mit besonderer Hingabe der zeitgenössischen Musik und deren Uraufführungen, was CD-Aufnahmen mit Musik von Cerha, Doderer, Rihm, Schmidinger und Eröd dokumentieren. Ihre Liederabende im Wiener Musikverein und in vielen Städten des In-und Auslands setzen immer wieder Maßstäbe. Mit dem von ihr und dem Tenor Herbert Lippert initiierten Operettenprojekt »O-MIA« (Operette Made In Austria) kann Ildikó Raimondi ihrer großen Leidenschaft für die Wiener Operette nachgehen. Seit 2016 finden jährlich Konzerte in Wien mit großem Erfolg statt. Dieses multimediale Event führt sie 2021 mit einer Konzerttournee nach China. Seit 2015 ist Ildikó Raimondi Professorin für Sologesang an der Universität Mozarteum Salzburg.

Heide Stockinger

Heide Stockinger, geboren 1941 in Wien, lebt seit 1950 in Linz. Bis 2011 Literaturredakteurin beim ORF, Radio OÖ. Veröffentlichung von Erzählungen in Anthologien, u. a. 1988 in der Phantastischen Bibliothek, Suhrkamp. Redaktionelle Betreuung von Rampe-Porträtheften (Oskar Zemme, Anna Mitgutsch). Acht Hörspiele. Literaturbearbeitungen, halbszenisch aufgeführt, u. a. 1999 »Eins und Doppel«, Briefwechsel Goethe mit Marianne und Jakob Willemer am Linzer Landestheater. Im Böhlau Verlag 2005 Herausgabe des Buches »Generationen erzählen« (mit Irene Riegler) und 2008 des Buches »Jung-Sein in Linz«. 2016 erschien die Erzählung »Moni, das Auge der Kamera«, 2017 das gemeinsam mit Kai-Uwe Garrels verfasste Buch »Tauber, mein Tauber – 24 Annäherungen an den weltberühmten Linzer Tenor Richard Tauber«. Im Böhlau Verlag 2020 (gemeinsam mit Kai-Uwe Garrels) Herausgabe des Franz Lehár-Lesebuchs »Dein ist mein ganzes Herz« und 2022 des Erich Wolfgang Korngold-Lesebuchs »Glück, das mir verblieb«. 1982 2. Jurypreis der oberösterreichischen Arbeiterkammer beim Wettbewerb »Literatur zur Arbeitswelt«. 1983 Martin-Luther-Hörspielpreis. 2007 Kulturmedaille der Stadt Linz.

Personenregister

Abraham, Paul 82
Achsel, Wanda 18, 19
Adorno, Theodor W. 45
Afanasiu, Gavril 206
Aichinger, Ilse 209
Albers, Hans 90, 91,103, 227
Albini, Srećko (Felix) 37
Alpár, Gitta (Regina Klopfer) 6, 10, 12, 40, 42, 52, 55, 95, 100 – 106, 200, 229, 230, 240
Alwin, Karl 33, 67
Amalia, Herzogin von Weißenfels 172, 173, 231, 241
Ambrus, Irene 100, 200
Amsel, Pepi 102
Anday, Rosette (Piroschka Andauer) 12, 18, 33, 182 – 184, 230, 235
Anzengruber, Ludwig 82
Ascher, Leo 40, 79

Baarová, Lida 102
Battistini, Mattia 22
Beecham, Thomas 197, 204
Beethoven, Ludwig van 21, 86
Belach, Helga 178
Benatzky, Ralph 81, 96
Bendow, Wilhelm 92

Berger, Erna 197, 207
Berger, Ludwig 80, 91, 92
Bernauer, Rudolf (Rudolph) 112, 115
Bernhardt, Sarah 59
Berté, Heinrich 195
Bie, Oscar 134 – 136, 228
Bienenfeld, Elsa 22
Bing, Rudolf 218
Bizet, Georges 16, 52, 66, 183
Bloch-Bauer, Charles 98, 99
Boeheim, Olly 171, 172
Böhm, Karl 208, 210, 212, 218
Bokor, Margit 18, 24, 28, 29, 33, 187, 188, 235, 239
Bollmann, Hans-Heinz 64, 87, 186
Bolváry, Geza von 145
Born, Claire 18, 33
Brammer, Frida 216, 218
Brammer, Jakob Julius 216
Brammer, Julius 115, 116
Brandl-Risi, Bettina 60
Brausewetter, Hans 91, 227
Brecht, Bertolt 88, 195
Bronnen, Arnolt 82
Brown, Nancy 200
Bruck, Reinhard 121
Bullard, Reneé 191, 193, 194, 222, 234

Personenregister

Bündsdorf, Karl 184, 231
Burg, Hansi 103
Busch, Fritz 207

Caruso, Enrico 28, 63–65, 223
Cattarius, Hedwig 210
Cebotari, Maria 12, 205–210, 220, 223, 232, 242
Charell, Eric 123
Christians, Mady 78
Christians, Rudolf 78
Clair, René 104
Claus, Lillie 40, 42
Clutsam, George Howard 148
Cochran, Charles Sir 196, 197
Coward, Noël 129–131
Csampai, Attila 70

d'Albert, Eugen 23, 102, 185
Dahlhaus, Carl 118
Daniel, Oskar 207
Debussy, Claude 68
Denemy, Elisabeth 9
Dermota, Anton 67, 182, 186, 204, 235
Dessau, Paul 195
Destinnová, Ema 63
Daubek, George und Jarmilá 64, 70
Daubek (Doubek), Jiří Baron 64
Diessl, Gustav 208, 210
Dietrich, Marlene 104, 144, 161, 162
Domgraf-Fassbaender, Willy 64
Dorsch, Christoph und Magdalena 78
Dorsch, Käthe 52, 75–81, 84, 85, 87–93, 103, 123, 159, 172, 173, 226–228, 231, 240
Dorsch, Klaus J. 179
Dostal, Nico 40
Downes, Olin 188
Duffie, Bruce 62, 68
Dumas, Alexandre, Sohn 90
Duse, Eleonora 61, 62

Eddy, Nelson 57
Einem, Gottfried von 210
Einstein, Albert 87
Elgar, Edward 148
Ervine, St. John 125
Esterhazy, Vera Agnes von 161

Fall, Leo 10, 41, 69, 78, 83, 111–113, 115–117, 121, 133, 196, 228, 244
Farkas, Karl 96
Farrar, Geraldine 215
Fearon, Josie 194, 198
Feydeau, Georges 82
Fischer, Betty 27, 112,
Fischer, Jens Malte 215, 220
Forst, Willi 166
Forstén, Philip (Filip) 36, 37, 39
Frank (France), Anatole 244
Frank, Bruno 125, 131
Frank, Hans 187
Franz Joseph I., Kaiser 244
Freund, Julius 108, 109, 111
Frey, Stefan 40, 41, 52, 59, 60, 87, 92, 114, 116, 226
Friedmann-Frederich, Fritz 84, 88, 114
Froelich, Carl 103, 174
Fröhlich, Gustav 102–104, 146, 169, 230
Fromental, Halévy 57
Fulda, Ludwig 79
Furtwängler, Wilhelm 66, 215

Gänzl, Kurt 113, 122, 123, 127
Geiringer, Fritz 216, 219
Geiringer, Max Cornelius 219
Genée, Richard 58
Georg, Rita 86, 95–99, 106, 229, 230, 240
Gerhart, Marie 18, 187, 188
Gerschwitz, Matthias 92
Gigli, Beniamino 208, 223
Gilbert, Jean 78, 83, 117, 121

Girardi, Alexander 38, 113
Gluck, Christoph Willibald 183
Goebbels, Joseph 102, 104, 170–174, 197
Goergen, Jeanpaul 179
Goethe, Johann Wolfgang von 75, 84–89, 227, 240, 248
Goldmark, Karl 29
Göring, Albert 169
Göring, Emmy 169
Göring, Hermann 91, 169, 227
Graarud, Gunnar 18
Granichstädten, Bruno 27
Grosavescu, Trajan 18
Grosch, Nils 59
Grotjahn, Rebecca 43, 59
Gruder-Guntram, Hugo 26
Grun, Bernard 149
Grünbaum, Fritz 126, 145
Gründgens, Gustaf 90, 91, 103, 167, 227
Grünwald, Alfred 115, 117, 126, 131
Grünwald, Hulda Sidonie 219
Guarnieri, Antonio 63
Güden, türkischer Presse-Attaché 217
Güden, Hilde (Hulda Geiringer) 57, 205, 206, 216–220, 223, 232, 242
Guttmann, Arthur 108

Halbe, Max 78
Hansen, Max 83, 123
Harlan, Veit 169
Hasé, Otto 178
Hauptmann, Gerhart 79, 82, 90, 153
Havel, Václav 70
Helletzgruber, Luise 235
Hendrik, John 194, 195, 234
Henius, Max 160
Herzer, Ludwig 86
Hesterberg, Trude 125
Hilbert, Egon 213
Himmler, Heinrich 174
Hinkel, Hans 208, 209

Hippler, Fritz 174
Hitler, Adolf 55, 63, 66, 131, 169, 171, 181, 187, 195, 203, 217, 230, 234
Hofmannsthal, Hugo von 133
Holberg, Gustaf 179
Hollaender, Friedrich 92, 143, 227
Hollaender, Victor 109
Hotter, Hans 205, 217
Hügel, Hans-Otto 48, 59
Hughes, Spike 49, 56, 60

Ibsen, Henrik 79, 82
Ihering, Herbert 134, 135, 227
Ivogün, Maria 212

Jacoby, Victor 114
Jarno, Georg 78
Jankuhn, Walter 123
Jauner, Franz von 107
Jefferson, Alan 211, 213, 214, 220
Jenbach, Belá 85
Jeritza, Maria 10, 20, 25, 33, 36, 39, 47–50, 112
Jessner, Irene 71
Jöken, Karl 105, 160, 240
Josky, Felix 168

Kalenberg, Josef 18
Kálmán, Emmerich 10, 40, 43, 83, 96, 98, 104, 113, 114, 139, 146, 200, 216, 244
Kamber, Peter 82, 83, 92
Kapeller, Karl 108
Kappel, Gertrude 22, 28
Karajan, Herbert von 58, 184, 213
Kartousch, Luise 27, 112, 122
Kasten, Jürgen 179
Kästner, Erich 87
Kaufmann-Asser, Wilhelm Ritter von 154, 159, 167, 170, 175, 231
Keppler, Ernst 212
Kern, Adele 12, 18, 185–187, 235

Kerr, Alfred 153
Kesteren, John van 57
Kesting, Jürgen 224
Kienzl, Wilhelm 19, 20, 24, 182, 187, 235
Kiepura, Jan 18, 67, 223
Killius, Rosemarie 206, 208, 209, 220
Kipnis, Alexander 70
Kiurina, Berta 19
Klaus, Ulrich J. 179
Klee, Ernst 220
Kleiber, Erich 141
Klemperer, Otto 63
Klimt, Gustav 98
Klotz, Volker 117, 118, 123
Knappertsbusch, Hans 32
Kochhann, Else 27
Kohout, Pavel 64
Konetzni, Anny (Anni) 18, 23, 24, 29, 185, 235
Konetzni, Hilde 187, 188, 197, 198, 235
Kopetzky, Judith 193, 201
Korb, Willi 177, 179
Korngold, Julius 18, 22, 26
Korngold, Erich Wolfgang 20, 27, 49, 52, 83, 150, 184, 193, 248
Koshetz, Nina 215
Kothis, Franz Peter 111
Krahl, Hilde 91
Kraus, Karl 87, 88
Krauss, Clemens 25, 185, 204, 217
Krausz, Michael 122
Krenek, Ernst 49, 185
Kreuder, Peter 143
Krips, Josef 19, 26, 56, 65, 184 – 187, 204, 205, 218, 220, 235
Ksirova, Jarmila 188, 235
Künneke, Eduard 90, 103, 187
Kunz, Erich 205
Kunz, Otto 183
Kurty (Kürty), Hella 191, 194, 195, 198
Kurz, Selma 12, 18, 22, 30, 50, 239

Lakner, Michael 89
Lajtai, Lajos (Liebermann) 96
Lamač, Karel 64
Lanza, Mario 65
Laye, Evelyn 196, 197
Lecocq, Charles 50
Legge, Walter 213, 215
Lehár, Franz 10, 11, 13, 25, 27, 40, 41, 52, 53, 64, 66, 67, 71, 72, 75, 76, 78, 84 – 89, 92, 95 – 97, 99, 100, 102, 103, 106, 112, 121, 123, 139, 141, 144, 145, 149, 154, 161, 165, 177, 179, 185, 186, 188, 191, 193, 196 – 198, 216, 226 – 230, 240, 243 – 245, 248
Lehár, Sophie 184
Lehmann, Lotte 10, 12, 18 – 21, 31, 33, 47, 56, 193
Leibnitz, Thomas 233
Leisner, Wulf 175
Leoncavallo, Ruggero 148, 188, 193
Leopoldi, Hermann 182
Leschetizky, Theodor 36, 37
Lessing, Gotthold Ephraim 80, 171
Lichtenstein, Eduard (Edi) 161
Liedtke, Harry 80
Lincke, Paul 111
Lingen, Theo 91, 169, 227
Linhardt, Marion 43, 59
Linke, Norbert 106
Linke, Paul 111
List, Emanuel 71
Löhner-Beda, Fritz 86
Lorenz, Max 57, 207
Losseff, Dimitri Alexander 146
Losseff, Mary 10, 137, 138, 143 – 147, 157, 194, 195, 198, 199, 236, 237, 240 – 242
Losseff, Nicky 146, 147, 237
Löwy, Siegfried 50, 51
Lubitsch, Ernst 175
Ludwigg, Heinz 76, 92, 179
Luise, Königin (von Preußen) 166, 167

Lund, Peter 89
Lynne, Carole 200

MacDonald, Jeanette 57
Mackeben, Theo 40, 103, 144
Mahler, Gustav 30, 184
Mahler-Werfel, Anna 129
Maikl, Georg 17
Mann, Heinrich 87
Manzel, Dagmar 120
Maria Theresia, Kaiserin 90, 112
Marischka, Hubert 112, 121
Markhoff, Franz 20
Martin, Frank 210
Marx, Josef 67
Masaryk, Jan 69, 71
Mascagni, Pietro 22
Massary, Fritzi 12, 13, 27, 36, 40, 42, 43, 46, 54–56, 59, 83, 88, 107–109, 111–123, 125–127, 129–136, 183, 227, 228, 240
Massenet, Jules 63
Massey, Ilona 57
Matala de Mazza, Ethel 53, 60
Materna, Amalie 50
Mayer, Louis B. 57
Mayr, Richard 21
Meinhard, Carl 115
Meisel, Will 169
Melba, Nellie 148, 215
Mendelssohn, Eleonora von 129
Messter, Oskar 153
Meyerinck, Hubert von 91, 92, 227
Millöcker, Carl 40, 50, 101, 103, 144, 210
Mittler, Leo 131
Moncrieff, Esther 147, 149, 236
Monti, Max 78
Moreau, Émile 168
Moser, Hans 169, 183
Mozart, Wolfgang Amadeus 10–12, 16, 18, 21, 24, 26, 49, 62, 65, 70, 100, 138, 139, 182, 183, 185, 186, 188–190, 197, 200, 204, 205, 210, 212, 214, 215, 217–219, 223, 230, 232, 235, 236, 245
Müller, Hans 79
Müller (Mueller), Maria 187–189, 235, 241
Müller-Marein, Josef 176
Munsel, Patrice 57

Napier-Tauber, Diana 14, 143, 147–149, 233, 236, 237, 239
Napoleon I., Kaiser 86, 122
Naylor, Robert 191
Nelson, Rudolf 111, 143
Nemeth, Maria 18
Nestroy, Johann 102
Neuber, Caroline 90, 171, 172, 231
Nietzsche, Friedrich 108
Nilius, Rudolf 193
Nixon, Marni 57
Novotná (Daubek, Doubek), Jarmila 10, 12, 19, 25, 61–73, 101, 144, 146, 187, 188, 196, 223, 228, 229, 235, 240

O'Hara, Daniel 13, 179, 191, 233, 234, 236, 242, 246
Oestvig, Karl Aagard 18
Offenbach, Jacques 41, 50, 63, 68, 84, 113, 134, 185, 187, 210, 218
Onegin, Sigrid 183
Ophüls, Max 64
Österreicher, Rudolf 78, 114

Paalen, Bella 20
Pabst, Georg Wilhelm 90, 172
Pallenberg, Max 126, 129
Panagl, Oswald 13
Papier, Rosa 186
Paulik, Anton 145
Paumgartner, Bernhard 186, 190
Paumgartner, Hans 186
Pauly, Rose 18

Perras, Margherita 12, 188, 189, 235
Peteani, Maria von 88
Petru, Josiè 37
Pfitzner, Hans 100
Piccaver, Alfred 18, 21, 48
Platte, Rudolf 92, 227
Poell, Alfred 205
Polgar, Alfred 115, 133
Ponselle, Rosa 215
Porten, Franz 153
Porten, Henny 13, 91, 151 – 179, 231, 241
Porten, Rose (Therese) 153
Pot, Cor 179
Prawy, Marcel 67, 69, 73
Prohaska, Jaro 66
Puccini, Giacomo 10, 17, 20, 49, 52, 62, 66, 100, 145, 151, 188, 189, 193, 207, 210, 215, 230, 241
Purcell, Henry 148

Quitta, Robert 114
Quissek, Heike 124

Rathkolb, Oliver 203, 204, 212, 214, 220, 232
Raucheisen, Michael 212
Reichenberger, Hugo 15, 224, 225
Reichenberger, Walter 15, 16
Reichert, Heinz 85
Reimann, Hans 169
Reiner, Fritz 194
Reinhardt, Hannes 176
Reinhardt, Heinrich 41
Reinhardt, Max 61 – 63, 65, 112
Reining, Maria 12, 18, 25, 26, 32, 66, 187, 188, 235, 239
Renner, Karl 198
Rethberg, Elisabeth 197, 215
Rex, Eugen 88
Richter, Bernt 115
Riegler, Irene 248

Rinaldini, Joseph 193
Risi, Clemens 60
Roda Roda, Alexander 145
Rode, Wilhelm 212
Roellinghoff, Karl (Charlie) 156
Romey, Detlef 179
Rosé, Arnold 33
Rossini, Gioacchino 100, 186, 213, 230
Rosvaenge, Helge 18, 210
Rotter, Alfred 76, 79, 80– 84, 92, 105, 123, 227, 240
Rotter, Fritz (Theaterunternehmer) 76, 79, 80-84, 92, 123, 227
Rotter, Fritz (Autor) 162
Roxy, Samuel Lionel (Rothafel, Rothapfel) 36, 54, 55
Rühmann, Heinz 169

Sahl, Hans 162
Salmhofer, Franz 45, 49, 55
Saltenburg, Heinz 76
Sardou, Victorien 168
Schalk, Franz 17, 21, 22
Schanzer, Rudolf (Rudolph) 111, 116, 117, 119, 122, 123
Schiller, Friedrich 90
Schläger, Antonie 50
Schlesinger, Robert 214, 220
Schmedes, Erik 18, 19
Schmidt, Dörte 59, 60
Schmidt, Joseph 146, 223
Schmidt, Ladislaus 165
Schmidt-Gentner, Willy 71
Schmitz, Oscar H.A. 148
Schneidereit, Otto 83, 108, 117, 142, 150, 179
Schnitzler, Arthur 82
Schock, Rudolf 178
Schoeck, Otmar 190
Schöffler, Paul 205, 207
Scholz, Dieter David 205, 213, 214, 220
Schöne, Lotte 18

Personenregister 255

Schrades, Hans Erich 212
Schreker, Franz 22, 193
Schrödter, Fritz 18
Schultz, Richard 108, 113, 114
Schubert, Franz 11, 184, 195
Schumann, Clara 146
Schumann, Elisabeth 18, 19, 21, 33
Schuschnigg, Kurt 26, 181, 185
Schwarz, David 37
Schwarz, Melanie 36, 37, 48
Schwarz, Vera 10, 12, 18 – 21, 26, 27, 35 – 59, 85, 89, 92, 100, 101, 105, 191, 223, 225, 226, 235, 240
Schwarzkopf, Elisabeth 12, 205, 206, 211 – 215, 220, 222, 223, 227, 232, 242
Scott, Stanley 193, 194
Seedorf, Thomas 59, 60
Seeler, Moriz 91, 92, 227
Seinemeyer, Meta 215
Seipel, Ignaz 20
Serak, Martha 27
Shaw, George Bernard 82
Sieben, Hansfried 179
Sinkovicz, Wilhelm 89
Sinsheimer, Hermann 166
Slezak, Leo 17, 18, 21, 52, 57, 121, 223
Slezak, Margarete 48, 57
Smetana, Bedřich 19, 62, 66, 71, 187, 189, 197, 210, 229, 241
Sollfrank, Martin 87, 93, 150, 179, 201
Spero, Eugen 112
Sperr, Martin 111
Steiner, Gabor 107, 108
Stern, Carola 108, 126
Stevens, Risë 57
Stolz, Robert 10, 41, 58, 59, 146, 216, 217
Straten, Eleonore van der 194
Straus, Oscar 27, 40, 41, 43, 64, 78, 83, 92, 93, 120 – 122, 126, 127, 131, 149, 240, 244

Strauss, Johann, Sohn 18, 27, 39, 41, 55, 66, 96, 114, 150, 183, 186, 200, 218, 244
Strauss, Richard 10, 12, 17, 20, 22, 28 – 33, 49, 65, 71, 100, 133, 138, 184, 187, 189, 198, 208, 210, 212, 215, 217, 219, 230, 239, 244, 247
Strindberg, August 82
Stucken, Eduard 80
Suchy, Margit 144, 195
Sudermann, Hermann 82
Suppé, Franz von 50
Szell, George 66, 71

Tauber, Max 155, 166, 177 – 179
Tauber, Richard Anton 9, 151, 176
Tautenhayn, Ernst 112
Thiel, Klaus 127, 129, 133
Thomas, Ambroise 17
Thorpe, Richard 65
Tiburtius, Joachim 175
Tischler-Ehrlich, Mathilde 16
Toscanini, Arturo 188, 197
Trotzki, Leo 198
Tschaikowsky, Pjotr Iljitsch 66, 182
Tschechowa, Olga 166
Tucholsky, Kurt 81, 133
Turnbull, Clive 166

Urban, Erich 86, 122
Ursuleac, Viorica 217

Vanconti, Carlotta 137, 139 – 141, 143, 150, 151, 154, 161, 176, 236, 241
Varna, Henri 98
Varnay, Astrid 57
Verdi, Giuseppe 10, 12, 21, 22, 49, 52, 56, 62, 63, 71, 100, 183, 185, 190, 208, 210, 218, 230
Vespermann, Curt 88
Vrieslander, Minni 158

Vyrubov, Alexander Alexandrovich 207, 208

Wagner, Heinrich Leopold 79
Wagner, Richard 22, 24, 29, 47, 54, 59, 66, 133, 156, 183, 184, 188, 212, 215
Wagner, Wieland 188
Wagner-Trenkwitz, Christoph 89
Waldoff, Claire 118
Wallerstein, Lothar 33, 185, 186
Wallmann, Margarete 56
Walter, Bruno 56, 65, 70, 121, 122, 183, 188, 189, 207, 208
Weber, Ludwig 205, 217
Wedekind, Frank 82
Weigel, Hans 91
Weihermüller, Manfred 180
Weill, Kurt 83, 88
Weinberger, Jaromir 63, 64, 144
Weingartner, Felix von 16, 24, 187
Weise, Hanny 165
Welisch, Ernst Friedrich Wilhelm 111, 112, 116, 117, 119, 122, 123
Werner, Oskar 90

Wessel Bagge, Niels, Baron 104
Wessely, Paula 90
Wessling, Berndt W. 21, 31
Wildbrunn, Helene 18
Wilde, Oscar 82
Wilhelm II., Kaiser 162
Wilhelmi, Ruth 91
Willemer, Marianne und Jakob 248
Willner, Arthur Maria 114
Wolf, Hugo 66, 184
Wolf-Ferrari, Ermanno 185
Wolkowicki, Stanislaus Maria 149
Wolzogen, Ernst von 108
Wörner, Hilde 88

Xeconty, Ferdinand 139, 141

Zeller, Carl 200
Zemlinsky, Alexander 102, 245
Zinnemann, Fred 64
Zweig, Stefan 187
Zuber, Barbara 46, 59